中国知识旅行地图册

ZHONGGUO ZHISHI LÜXING DITUCE

广东省地图出版社

图书在版编目(CIP)数据

中国知识旅行地图册/经纬文化工作室编. —广州：广东省地图出版社，2004.9
ISBN 978-7-80721-162-4

Ⅰ.中… Ⅱ.经… Ⅲ.中国-概况-地图集
Ⅳ.K92-64

中国版本图书馆CIP数据核字（2004）第082231号

策　　划：刘业华
撰　　文：梁玥琳　刘业华
设计制作：经纬文化工作室
审　　订：刘业华

中国知识旅行地图册

出版、发行：广东省地图出版社
社址：广州市环市东路468号　邮编：510075
印刷：广东金冠科技发展有限公司
开本：850×1168　1/32
印张：8
字数：370千字
地图：130幅
印次：2007年3月第7次印刷
印数：30001～35000
书号：ISBN 978-7-80721-162-4/K·1317
定价：25元
审图号：GS（2004）145号

本图册中国国界线系按照中国地图出版社1989年出版的1：400万《中华人民共和国地形图》绘制

编者的话

随着社会的进步，生活的富裕，交通的便利，出门旅行已成为国人生活的时尚，因此比以往任何时候都更为迫切地想了解全国各地的情况，以便制定自己喜爱的旅行线路。《中国知识旅行地图册》就是为喜欢旅行的人士特别是青少年认识中国、了解中国、走遍中国提供亲切的知识享受而又实际的帮助。

本地图册分为三大部分：中国知识扫描、自然与人文景观透视、分省旅行导航，从总体到专题再到局部逐渐深入。中国知识扫描着重从自然、社会、经济的角度介绍中国的情况。自然与人文景观透视则着重从旅游资源的角度分类型介绍各景观分布，并抽出专题作了重点介绍。分省旅行导航以省级行政单位为单元，每单元有省情介绍、分省全貌地图、城市地图、景区地图、亮点点击、风物链接、知识补给站、艺术视野、名人专区、民俗节庆、民族民风、特产快递、美食情报等专题，从多角度、多层次描述和挖掘旅行所需的知识，如地理、历史、自然、人文、社会等方面，并配有大量精美的图片。

本地图册从材料的组织到编辑加工的每一过程，都力求围绕科学性、趣味性和艺术性进行，希望能为您献上一份"知识的圣餐"，一次"心灵的旅行"。

本地图册在编辑过程中得到有关方面的大力支持和帮助，并参考了大量资料，在此谨表衷心的谢意。

我们力求奉献给读者的永远是最好的地图图书，但难免存在某些缺憾，甚至错漏，恳请读者批评指正，以便及时订正。

目录 CONTENTS

中国知识扫描

自然与人文景观透视

分省旅行导航

中国知识扫描

ZHONGGUO ZHISHI SAOMIAO

中国概述

中华人民共和国位于亚洲东部、太平洋西岸。疆域为：南起南海曾母暗沙，北至漠河北黑龙江主航道，南北长5500多公里；东自黑龙江和乌苏里江汇流处，西至帕米尔高原，东西宽5200多公里。全国陆地面积960多万平方公里，约占亚洲陆地面积的1/4。人口12.95亿，约占世界总人口的20%。

政治制度

人民代表大会制度是中国的根本政治制度。中国共产党领导的多党合作和政治协商制度，是中国的一项基本政治制度。

国家机构

中华人民共和国的国家机构包括：执政党机关——中国共产党中央委员会；军事机关——中央军事委员会；国家主席；国家权力机关——全国人民代表大会和地方各级人民代表大会；国家行政机关——国务院和地方各级人民政府；国家审判机关——最高人民法院、地方各级人民法院和军事法院等专门人民法院；国家检察机关——最高人民检察院、地方各级人民检察院和军事检察院等专门人民检察院；人民政协机关；社会团体机关。

简史

中国是世界四大文明古国之一，有文字记载的历史约4000多年，经历了原始社会、奴隶社会、封建社会、半殖民地半封建社会等几个社会阶段。1949年10月1日中华人民共和国成立。

民族与宗教

中国是一个民族大家庭，共有56个民族。其中汉族人口最多，约占全国人口的91.6%。其余主要少数民族中人口超过百万的有壮、回、维吾尔、彝、苗、满、蒙古、土家、布依、朝鲜族等。部分居民信奉佛教、伊斯兰教、基督教、道教。

语言文字

汉语为通用及官方语言，汉字为通用及官方文字。除回、满两个民族通用汉语外，其余53个少数民族都使用本民族的语言。有文字的民族有21个。

汉语由于历史与地理条件的影响，根据语言特点分成七种方言：北方方言、吴方言、湘方言、赣方文、客家方言、粤方言和闽方言。

国土面积

中国陆地国土面积约960万平方公里，仅次于俄罗斯和加拿大，居世界上第三位。海洋国土面积约300万平方公里。陆上疆界长2万多公里，大陆海岸线1.8万公里，岛屿岸线1.2万公里。

知识补给站

全国人民代表大会

简称“全国人大”。中华人民共和国最高国家权力机关。由省、自治区、直辖市、特别行政区和军队选出的代表组成。每届任期五年。常务委员会为其常设机关。全国人大的职权是：修改宪法、监督宪法的实施；制定和修改法律；选举中华人民共和国主席、副主席；根据中华人民共和国主席的提名，决定国务院总理的人选；根据国务院总理的提名，决定国务院其他组成人员的人选；选举中央军事委员会其他组成人员的人选；选举最高人民法院院长和最高人民检察院检察长；审查和批准国民经济和社会发展计划；批准省、自治区和直辖市的建置；决定战争和和平的问题，以及宪法规定由它行使的其他职权。

人民大会堂

■ 行政区划

中国现行行政区划，全国划分为23省、5个自治区、4个直辖市、2个特别行政区。

■ 地形特征

中国地貌类型复杂多样。既有雄伟广大的高原，也有大小不等的盆地；既有起伏不平的山地、丘陵，也有坦荡肥沃的平原。中国的地势自西而东呈三级阶梯下降。最高处为青藏高原，平均海拔4000米以上，被世人誉为“世界屋脊”。喜马拉雅山脉主峰珠穆朗玛峰，海拔8848米，是世界第一高峰。

■ 气候特征

中国大部分地区处于温带和亚热带，属东亚季风气候。南部部分地区处于热带，北部则靠近寒带。东北夏短而温凉，冬长而寒冷；南部炎热多雨；东部沿海地区温暖湿润，四季分明；西北内陆地区干旱少雨；青藏高原是中国特殊的高寒地区。年降水量自东南向西北由1500毫米递减至50毫米以下。

■ 河流、湖泊和海洋

中国河流众多，河流总长度达42万公里，流域面积在1000平方公里以上的河流就有1500多条。长江全长6300公里，是中国最长的河流，为世界第三大河。黄河是中国第二大河，全长5464公里，乃是中国古代文明的发祥地，中华民族的摇篮。塔里木河长约2137公里，是中国最长的内陆河。著名的京杭大运河，始凿于公元前五世纪，全长约1800公里，是世界上开凿最早、最长的人工河。

中国拥有众多的湖泊。鄱阳湖是最大的淡水湖，面积约3583平方公里；青海湖是最大的咸水湖，面积约4583平方公里。

沿东部海岸从北到南依次是渤海、黄海、东海和南海。

■ 自然资源和工农业

中国自然资源丰富，已探明储量的矿藏有100多种，其中煤、锡、铁、金、银、铜、石油等储量居世界重要地位。中国工业初具规模，主要工业部门包括原材料、能源、冶金、化学、机械、轻纺工业，电子、宇航、原子能等，门类齐全，许多工业产品居世界前列。

中国是古老的农业国。农业在国民经济中占很大比重，农业人口多而耕地少。水稻、小麦、玉米、薯类、大豆是主要的粮食作物，棉花、油料、糖料、麻、烟草为五大经济作物。农村正从单一的农业生产结构向农、工、商综合发展的产业结构转变。

青藏高原

■ 中国人民政治协商会议

在中国共产党的领导下由中国共产党、各民主党派（中国国民党革命委员会、中国民主同盟、中国民主建国会、中国民主促进会、中国农工民主党、中国致公党、九三学社、台湾民主自治同盟）、无党派民主人士、人民团体（中国共产主义青年团、中华全国总工会、中华全国妇女联合会、中华全国青年联合会、中华全国工商业联合会、中国科学技术协会、中华全国台湾同胞联合会、中华全国归国华侨联合会）、少数民族和各界的代表，台湾同胞、港澳同胞和归国华侨的代表，以及特别邀请的人士组成。每届任期五年。每年举行一次全体会议，平时组织委员进行一些专门活动，就国家的大政方针策、地方重要事务、统一战线中的重大问题进行协商，通过提出意见和建议的形式进行参政议政；对国家机关的工作和国家宪法、法律的执行情况进行民主监督。

横断山脉

社会团体

是当代中国政治生活的重要组成部分。《社会团体登记管理条例》规定，成立社会团体必须提交业务主管部门的批准文件。现全国性社团有近2000个，由国家财政拨款的社团有近200个。其中中华全国总工会、中国共产主义青年团 、中华妇女联合会、中国文联、中国科协、中华侨联、中国作协、中国法学会、中国对外友协、中国贸促会、中国残联、宋庆龄基金会、中华新闻协会、中华台联、黄埔军校同学会、中国外交学会、中国红十字总会、中国职工思想政治工作研究会、欧美同学会等19个社团政治地位比较特殊，社会影响广泛。

动植物资源

中国是世界上野生动植物种类最多的国家之一，脊椎动物有4400多种，占世界总数的10%以上。拥有百余种珍稀野生动物，有活化石之称的大熊猫被誉为中国的国宝。花卉植物种类极多，其中牡丹有“花中之王”的美誉。

经济体制

建立了社会主义市场经济体制，市场在资源配置中的基础作用显著增强，以公有制为主体、个体和私营等非公有制经济共同发展的格局基本形成。经济增长方式逐步由粗放型向集约型转变。

交通

中国现已形成海陆空全面发展的立体交通网络格局。到2002年底，全国公路通车里程达到176.52万公里，其中高速公路2.51万公里。目前，全国公路网密度达到18.4公里/百平方公里。

中国内河航道里程已达12.15万公里，现有内河主要港口70多个，码头泊位5000多个。长江是中国内河航运的“黄金水道”，南京港是中国最大的内河港口。中国沿海主要港口有20多个，其中上海港是世界十大贸易港口之一。

铁路总营运里程达到7.19万公里，其中复线里程达到2.31万公里，电气化里程达到1.79万公里。

民航定期航班机场达到141个。航线条数达到1176条。其中，国内航线1015条，通航130个城市；国际航线161条，通航33个国家的62个城市。

教育事业

中国现已形成了包括基础教育（学前教育、小学至初中的九年义务教育、普通高中教育、残疾儿童的特殊教育和扫盲教育）、高等教育、民办教育、网络教育、职业教育与特殊教育全面发展的教育体系。

金融、保险

中国现行由中央银行调控和监督、国家银行为主体、政策性金融与商业性金融分工、多种金融机构合作、功能互补的金融体系。

三大国家工程

西电东送：利用西部水力、煤炭资源，建设输电通道将电送往东部城市。

西气东输：铺设一条穿越新疆、甘肃、宁夏、陕西、山西、河南、安徽、江苏、上海9省、市、自治区全长4200公里的管道，起于新疆轮南，止于上海，将西部丰富的天然气送往华北及东部城市。

南水北调：将长江流域、淮河流域的水通过人工、天然水道输送到北方地区，解决北方水资源短缺问题，实现长江、黄河、淮河、海河四大流域水资源的合理配置。

国旗、国徽、国歌、首都

■ 国旗

中华人民共和国国旗是五星红旗。国旗旗面呈长方形，其长与宽之比为三比二，颜色为红色，象征革命；旗面左上方缀有黄色五角星五颗，黄色表示光明。一星较大，居左，代表中国共产党；四星较小，各有一角正对着大星的中心点，呈扇形环绕于大星之右，代表中国人民。五颗星的相互关系象征中国共产党领导下的全国各族人民大团结。

国旗

■ 国徽

中华人民共和国国徽中间是五星照耀下的天安门，周围是谷穗和齿轮。谷穗、五星、天安门、齿轮为金色，圆环内的底子及垂绶为红色。天安门是“五四”运动的发源地，是中华人民共和国成立庆典的场所，象征中国人民自“五四”运动以来的新民主主义革命斗争和以工人阶级领导的以工农联盟为基础的人民民主专政的新中国的诞生。

国徽

■ 国歌

1949年9月27日中国人民政治协商会议第一届全体会议通过：以《义勇军进行曲》为中华人民共和国代国歌，2004年3月14日在《中华人民共和国宪法》中予以确认。

义勇军进行曲

（田汉词　聂耳曲）

起来！
不愿意做奴隶的人们！
把我们的血肉，
筑成我们新的长城！
中华民族到了最危险的时候，
每个人被迫着发出最后的吼声。
起来！
起来！
起来！
我们万众一心，
冒着敌人的炮火前进！
前进！
前进！

■ 首都

1949年10月1日改北平市为北京市，定为中华人民共和国首都。它既是全国政治、经济、科技、文化和教育中心，亦是举世闻名的历史文化名城，是我国七大古都之一。现辖16区2县，总面积1.7万平方公里，人口1382万人。市花为月季花和菊花，市树为侧柏和国槐。

版图沿革

中国历史年代简表

朝代		起讫	都城	今地
夏		约前21世纪	安邑	山西夏县
		—前17世纪	阳翟	河南禹州
商		约前17世纪	亳	河南商丘
		—前11世纪	殷	河南安阳
周	西周	约前11世纪—前771	镐京	陕西西安
	东周	前770—前256	洛邑	河南洛阳
秦		前221—前206	咸阳	陕西咸阳
汉	西汉	前206—公元25	长安	陕西西安
	东汉	25—220	洛阳	河南洛阳
三国	魏	220—265	洛阳	河南洛阳
	蜀汉	221—263	成都	四川成都
	吴	222—280	建业	江苏南京
晋	西晋	265—317	洛阳	河南洛阳
	东晋	317—420	建康	江苏南京
南朝	宋	420—479	建康	江苏南京
	齐	479—502	建康	江苏南京
	梁	502—557	建康	江苏南京
	陈	557—589	建康	江苏南京
北朝	北魏	386—534	平城	山西大同
			洛阳	河南洛阳
	东魏	534—550	邺	河北临漳
	西魏	535—556	长安	陕西西安
	北齐	550—577	邺	河北临漳
	北周	557—581	长安	陕西西安
隋		581—618	大兴	陕西西安
唐		618—907	长安	陕西西安
五代	后梁	907—923	汴	河南开封
	后唐	923—936	洛京	河南洛阳
	后晋	936—947	汴	河南开封
	后汉	947—950	汴	河南开封
	后周	951—960	汴	河南开封
宋	北宋	960—1127	开封	河南开封
	南宋	1127—1279	临安	浙江杭州
辽		907—1125	皇都(上京)	内蒙古巴林左旗
大理		937—1254	太和城	云南大理
西夏		1032—1227	兴庆府	宁夏银川
金		1115—1234	会宁	黑龙江阿城
			中都	北京
			东京(开封)	河南开封
元		1271—1368	大都	北京
明		1368—1644	京师	北京
清		1616—1911	北京	北京

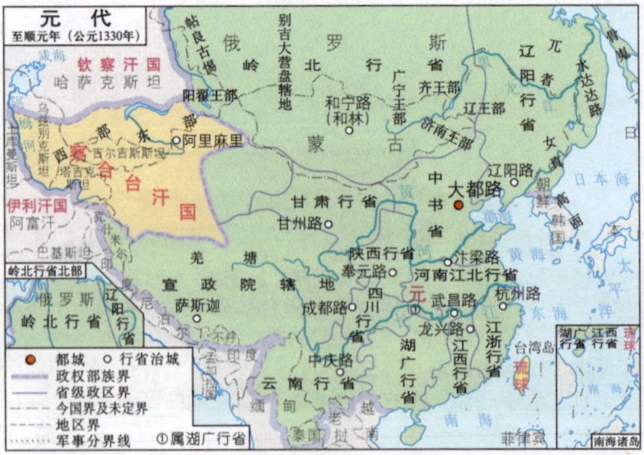

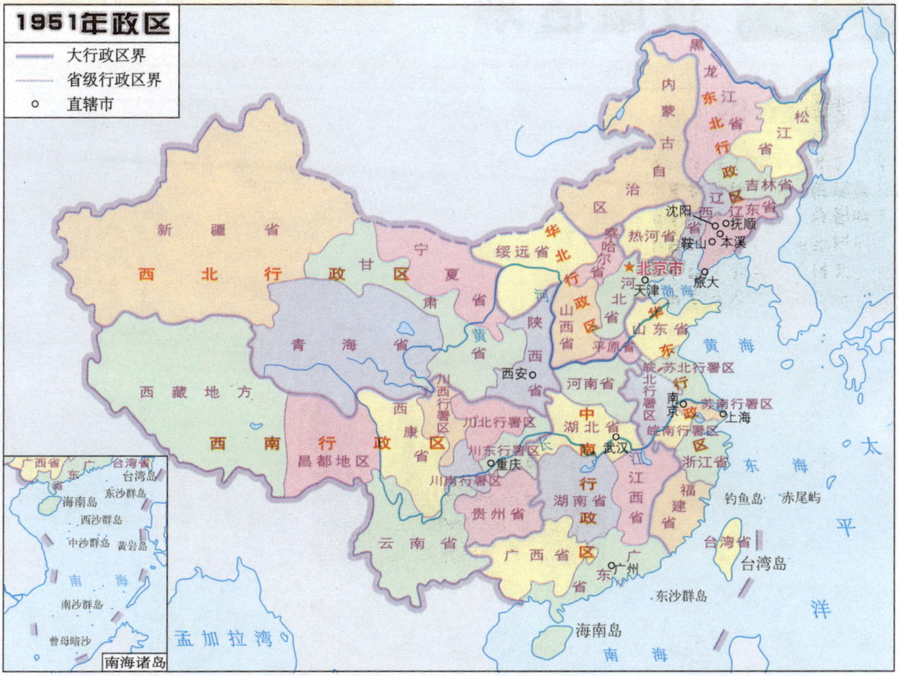

版图　版：户籍，图：地图。春秋战国时期的一种疆域户籍地图。始见《周礼·天官·司会》。记有都、鄙、赞、里等行政单位的范围和人员。还记载有奴隶主的封地和人口，相当于后世的行政区划图。汉以前就有属国必须献版图的制度，献版图犹如献江山，故“版图”一词亦泛指国家疆域。

秦代　东起大海，西抵陇西，北到长城，南讫南海。定都于咸阳，推行郡县制。前后共设48郡，分辖近千个县。

唐代　公元618年唐朝建立，至7世纪后半叶时，北界包有今贝加尔湖和叶尼塞河上游，西北曾到达里海，东北至日本海，东、南到海。唐初改郡为州（府），重要地区设都督府，边远民族地区设都护府，实行州（府）、县制，贞观元年划分10道，安史之乱后增至40余道，形成道、州（府）、县三级制。

元代　元代疆域东、南濒海，西到今新疆，西南包括西藏、云南，北面包括西伯利亚大部，抵达北冰洋，东北到鄂霍次克海。元朝是中国历史上疆域最辽阔的朝代，为有效管辖，实行行省制度，共设中书省和11行省（后改为15个），确立行省、路、州、县制，在藏族地区设宣政院，其它少数民族地区设王都、宣慰司等。

中华人民共和国　1949年成立，其疆域西至新疆帕米尔高原，东到黑龙江与乌苏里江主航道的汇合处，东南到台湾省，包括钓鱼岛、赤尾屿，南到南海南沙群岛的曾母暗沙，北至黑龙江省漠河以北黑龙江主航道的中心线。现行政区基本划分为省（自治区，直辖市，特别行政区），县（自治县）和乡（镇）三级。

■ 灿烂辉煌的文化

在漫长的历史岁月中，勤劳智慧的各族人民创造了灿烂的文化。早在春秋时期就出现了老子、孔子等思想家，孙子撰写了世界著名的兵书《孙子兵法》。四大发明造纸、印刷术、指南针和火药是对人类文明的伟大贡献。张衡发明的地动仪比欧洲第一台地动仪早1700多年，华佗制造的麻沸散是世界上最早采用的麻醉药剂，祖冲之计算的圆周率比欧洲要早1100多年，《授时历》与现行公历相同但比现行公历早300年，药学著作《本草纲木》是我国古代医药学的杰出代表。此外，我国古代的绘画、雕塑、音乐等也都是世界艺术宝库中的璀璨明珠。

行政区划

公元前221年秦统一中国后，全国推行郡县制，至东汉光武年间逐步确立州治。唐贞观年间，形成道、州（府）、县三级制。明代实行行省（承宣布政使司）、府（州）、县（州）制，在全国共设2直隶、12承宣布政使司。清初设1直隶、18布政使司，改省后共设26个省级行政区。清乾隆年间，在省之上设总督，省以下设道。民国以后至1929年，全国设28省。中华人民共和国成立后，除沿袭省县制外，增加了地级建制，实行民族区域自治，扩大城市功能。分为四级，第一级为省、自治区、直辖市、特别行政区；第二级为地区、盟、自治州、地级市；第三级为县、自治县、旗、自治旗、县级市；第四级为乡、民族乡、镇。

省、自治区

是中国地方最高一级的行政区域单位。省原指省宫禁之地，后因尚书、中书、门下等官署设于禁宫之内，习惯上称为省。魏、晋时有中书省、门下省、内史省、秘书省、殿中省等。上述省皆为中央行政机构，不统辖地方之府州县。现行的省制始于元代。自治区是行政地位相当于省一级的民族自治地方。

特别行政区

是根据中华人民共和国宪法，按照“一国现制”的原则，在必要时设立的实行特殊制度的地方行政区域，由中央人民政府直辖，并享有高度自治权。1997年7月1日，香港回归祖国，成立了第一个特别行政区。

市

在中国古代有三层意思：一是贸易场所；二是购买；三是交易。现在通常所说的市是指国家根据一定的标准（主要人口规模、社会经济发展水平、公用建设基础状况等），在以城市为主的地区设置的一种行政区域单位，有直辖市、地级市、县级市三种。

县

是中国现行的基本行政区域单位。古称帝王所居之地即王畿为县。县制始于春秋时期。据考证，县最早出现在楚国。楚武王（公元前740－前690）灭权国，改建为县，开县之先河。自治县是行政地位相当于县一级的民族白治地方。

乡、民族乡

乡是中国现行的农村基层行政区域单位。民族乡是少数民族地方的农村基层行政区的单位。

领海、毗连区、专属经济区

根据《联合国海洋法公约》，海洋被划为九个不同的海域，除内水外，领海基线向海一面的海洋，因法律地位不同而分为领海、毗连区、专属经济区等。

知识补给站

领海

《中华人民共和国领海及毗连区法》第二条规定：“中华人民共和国领海为邻接中华人民共和国陆地领土和内水的一带海域。”该法第三条规定：“中华人民共和国领海的宽度从领海基线量起为十二海里。中华人民共和国领海基线采用直线基线法划定，由各相邻基点之间的直线连线组成。中华人民共和国领海的外部界限为一条其每一点与领海基线的最近点距离等于十二海里的线。”

毗连区

《中华人民共和国领海及毗连区法》第四条规定：“中华人民共和国毗连区为领海以外邻接领海的一带海域。毗连区的宽度为十二海里。中华人民共和国毗连区的外部界线为一条其每一点与领海基线的最近点距离等于二十四海里的线。”

专属经济区

《中华人民共和国专属经济区和大陆架法》规定：“中华人民共和国的专属经济区，为中华人民共和国领海以外并邻接领海的区域，从测算领海宽度的基线量起延至200海里（约370公里）。”

中国行政区划简表

省级（全称）	北京市	天津市	河北省	山西省	内蒙古自治区	辽宁省	吉林省	黑龙江省	上海市	江苏省	浙江省	安徽省	福建省	江西省	山东省	河南省	湖北省
简称	京	津	冀	晋	内蒙古	辽	吉	黑	沪	苏	浙	皖	闽	赣	鲁	豫	鄂
省会所在地	北京	天津	石家庄	太原	呼和浩特	沈阳	长春	哈尔滨	上海	南京	杭州	合肥	福州	南昌	济南	郑州	武汉

省级（全称）	湖南省	广东省	广西壮族自治区	海南省	重庆市	四川省	贵州省	云南省	西藏自治区	陕西省	甘肃省	青海省	宁夏回族自治区	新疆维吾尔自治区	香港特别行政区	澳门特别行政区	台湾省
简称	湘	粤	桂	琼	渝	川或蜀	黔或贵	滇或云	藏	陕或秦	甘或陇	青	宁	新	港	澳	台
省会所在地	长沙	广州	南宁	海口	重庆	成都	贵阳	昆明	拉萨	西安	兰州	西宁	银川	乌鲁木齐	香港	澳门	台北

地形

中国主要山脉简表

名称	主峰	海拔(m)
喜马拉雅山	珠穆朗玛峰	8 844
昆仑山	公格尔山	7 649
天山	托木尔峰	7 443
祁连山	祁连山	5 547
巴颜喀拉山	年保玉则峰	5 369
阿尔泰山	友谊峰	4 374
秦岭	太白山	3 767
太行山	五台山	3 058
南岭	猫儿山	2 142
大兴安岭	黄岗梁	2 029

中国主要高原简表

名称	面积(km^2)	海拔高度(m)
青藏高原	约230万	3 000－5 000
内蒙古高原	100万	1 000－1 500
云贵高原	40万	1 000－2 000
黄土高原	约40万	800－2 000

中国主要平原简表

名称	面积(km^2)
东北平原	约35万
华北平原	约30万
长江中下游平原	约20多万
珠江三角洲平原	约1.1万

中国主要盆地简表

名称	面积(km^2)	海拔高度(m)
塔里木盆地	约53万	778－1 300
准噶尔盆地	约38万	200－1 000
柴达木盆地	约20万	2 600－3 000
四川盆地	约20万	300－600

中国主要河流简表

河名	长度(km)	流域面积(km^2)
长江	6 300	1 808 500
黄河	5 464	752 443
黑龙江	4 440	891 100
珠江	2 214	442 000
淮河	1 000	269 150

中国主要湖泊简表

湖名	位置	面积(km^2)	水质
青海湖	青海	4 635	咸
鄱阳湖	江西	5 100	淡
洞庭湖	湖南	2 740	淡
太湖	江苏	2 420	淡

中国地形复杂多样，山川秀丽。有绵延不绝的崇山峻岭，辽阔宏伟的高原，群山环抱的盆地和起伏平缓的丘陵以及一望无际的平原。山地、高原和丘陵约占全国陆地面积的65%，盆地和平原约占全国陆地面积的35%。地势西高东低，呈阶梯状分布，自西向东逐级下降。第一阶梯由青藏高原构成，海拔多在4000米以上，号称“世界屋脊”。珠穆朗玛峰海拔8844.43米，为地球之巅。自青藏高原北缘的昆仑山－祁连山一线往北和高原东缘的岷山－邛崃山－横断山脉一线往东，为中国地势的第二阶梯。大兴安岭－太行山－巫山－雪峰山一线向东，多为低矮的丘陵和坦荡的平原，为中国地势的第三阶梯。

长江流域

长江是中国最长的河流。流域面积180万平方公里，横跨11个省级行政区。长江流域自然条件优越，人口稠密，是中国经济发展水平较高的地区之一。流域内风景秀丽、文化古迹众多，有许多驰名中外的风景旅游区和大面积的自然保护区。

黄河流域

黄河流域横跨9个省级行政区，面积75.2万平方公里。自古就是中国农业经济开发地区。黄河流域上游地区的水能资源、中游地区的煤炭资源、下游地区的石油和天然气资源十分丰富，被誉为我国的“能源流域”。黄河流域是中华民族的发祥地，人文景观极其丰富。

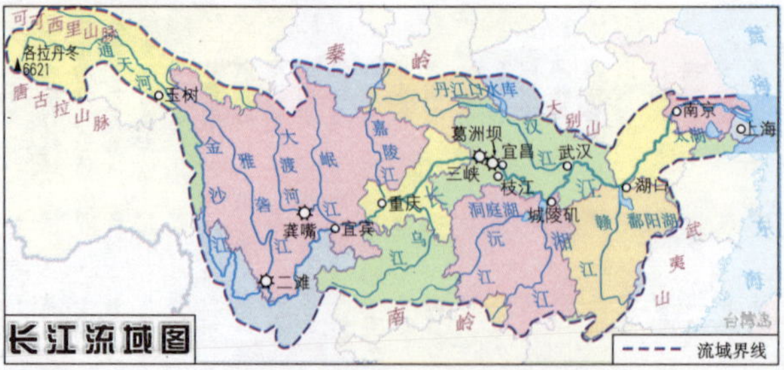

长江流域图

黄河流域图

俄罗斯
蒙古
乌兰巴托
库苏古尔湖
乌布苏湖
友谊峰 4374
塔城
阿勒泰
准噶尔盆地
乌鲁木齐
吐鲁番盆地
哈密
库尔勒
若羌
阿尔金山
祁连山
祁连山 5547
柴达木盆地
格尔木
青海湖
西宁
青藏高原
各拉丹冬峰 6621
唐古拉山
那曲
念青唐古拉山
拉萨
珠穆朗玛峰 8844.43
巴颜喀拉山
年保玉则峰 5369
贡嘎山 7556
峨眉山 3098
成都
四川盆地
重庆
贵阳
昆明
云贵高原
兰州
银川
呼和浩特
恒山 2016
五台山 3058
内蒙古高原
黄岗梁 2029
大兴安岭
黄土高原
太原
石家庄
张家口
北京
天津
济南
泰山 1524
山东半岛
华北平原
郑州
嵩山 1440
西安
华山 2160
太白山 3767
合肥
南京
上海
长江口
杭州湾
舟山群岛
杭州
武汉
庐山 1474
南昌
长沙
衡山 1289
福州
台北
玉山 3997
台湾岛
澎湖列岛
广州
香港
澳门
南宁
东沙群岛
海南岛
海口
五指山 1867
北部湾
琼州海峡
河内
万象
泰国
曼谷
马德望
金边
泰国湾
湄公河口
西沙群岛
中沙群岛
黄岩岛
南沙群岛
曾母暗沙
南海
马尼拉
吕宋岛
巴布延群岛
巴坦群岛
巴林塘海峡
菲律宾
巴拉望岛
苏禄海
棉兰老岛
苏禄群岛
苏拉威西海
万鸦老
斯里巴加湾市
文莱
马来西亚
马来半岛
吉隆坡
新加坡
印度尼西亚
纳土纳群岛
仰光
缅甸
达卡
孟加拉国
廷布
不丹
加德满都
尼泊尔
印度
孟加拉湾
恒河口
伊洛瓦底江
萨尔温江
湄南河
黑河
哈尔滨
长春
沈阳
东北平原
小兴安岭
长白山
辽东半岛
大连
渤海
渤海海峡
黄海
平壤
朝鲜
汉城
韩国
济州岛
朝鲜海峡
对马海峡
日本海
日本
东海
钓鱼岛
赤尾屿
琉球群岛
冲绳岛
北回归线
太平洋
温州湾
台湾海峡
长江
黄河
珠江
北京
天津
太行山
安阳
济南
小浪底
旧孟津
郑州
开封
流域界线

气候

中国大陆性季风气候显著

以大兴安岭—阴山—贺兰山—巴颜喀拉山—冈底斯山一线为界，我国东部地区属季风区。每年9月至次年4月，干冷的冬季风从西伯利亚和蒙古高原吹来，气候寒冷干燥、南北温差很大；每年的4月至9月，暖湿的夏季风从东部和南部海洋吹来，气候普遍高温多雨、南北温差很小。我国西北内陆地区为非季风区。西南的青藏高原，因为地势高，全年气温都较低，是中国的高寒地区。与同纬度其他地区相比，中国内陆夏季的气温偏高，冬季的气温偏低，气温的年较差、日较差明显，属于典型的大陆性气候。

根据热量条件的不同，中国从南至北可以划分为热带、亚热带、暖温带、中温带和寒温带等几个温度带，青藏高原为高山气候区。秦岭—淮河是我国自然地理上南方与北方的分界线。秦岭—淮河以北大部分地区处于温带，气候温和，四季分明。秦岭—淮河以南的大部分地区处于亚热带，琼及台、粤、滇南部等少数地区处于热带。根据水分条件的不同，中国从东南到西北可划分为湿润、半湿润、半干旱、干旱四类地区。中国各地年平均降水量差异很大，降水量从东南向西北逐渐减少。东南沿海年降水量可达1500毫米以上，而西北内陆多在200毫米以下。

中国气候类型分布图

中国温度带分布图

中国季风区干湿区分布图

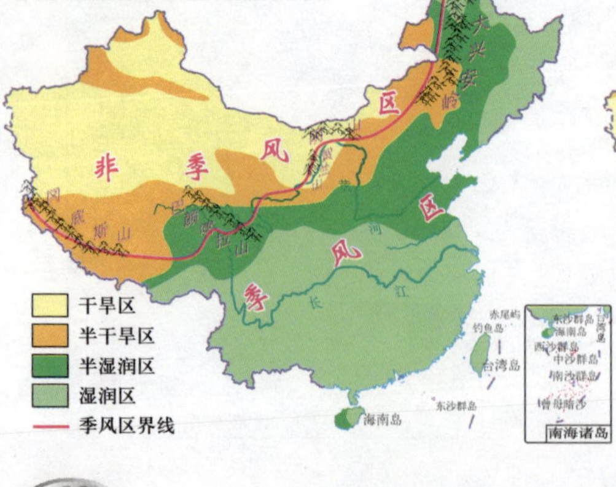

中国年降水量分布图

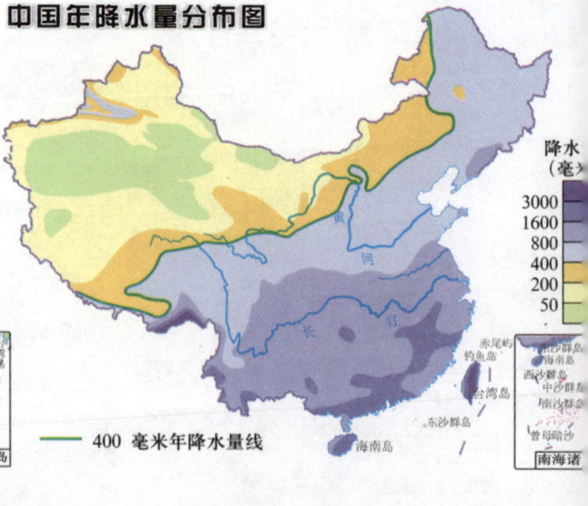

■二十四节气

由于地球公转时，北极总是倾斜地指向北极星，即黄赤交角的存在，使地球表面上阳光照射角度有规律的变化，同一地点在一年内的不同月份所获太阳光热不同，所以就有四季之分。在我国远古时期的华夏民族对四季的变化就有很深刻的认识，为了方便地安排农事活动，我们的祖先把一年分为二十四个节气，即：立春，雨水，惊蛰，春分，清明，谷雨，立夏，小满，芒种，夏至，小暑，大暑，立秋，处暑，白露，秋分，寒露，霜降，立冬，小雪，大雪，冬至，小寒，大寒。

二十四节气是我们的祖先长期总结天文、气象与农业之间的相互关系而创造出来的，它准确地反映了地球与太阳之间的关系，是我们的祖先了不起的科学发现。人们根据季节的变化确定农时，所以它也是农业生产的法宝。人们将二十四节气编成朗朗上口的歌谣，千百年来在中华大地上传唱。

二十四节气歌

春雨惊春清谷天，
夏满芒夏暑相连。
秋处露秋寒霜降，
冬雪雪冬小大寒。

地球的公转与二十四节气

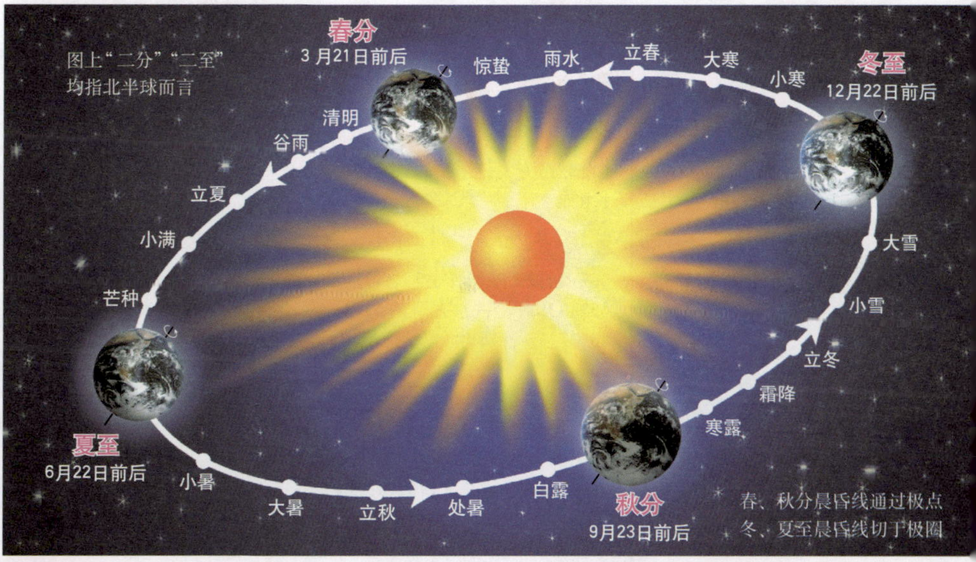

二十四节气	小寒	大寒	立春	雨水	惊蛰	春分	清明	谷雨	立夏	小满	芒种	夏至	小暑	大暑	立秋	处暑	白露	秋分	寒露	霜降	立冬	小雪	大雪	冬至
季节	我国夏历冬季		我国夏历春季						我国夏历夏季						我国夏历秋季						我国夏历冬季			
公历	1月		2月		3月		4月		5月		6月		7月		8月		9月		10月		11月		12月	

人口

中国人口分布图

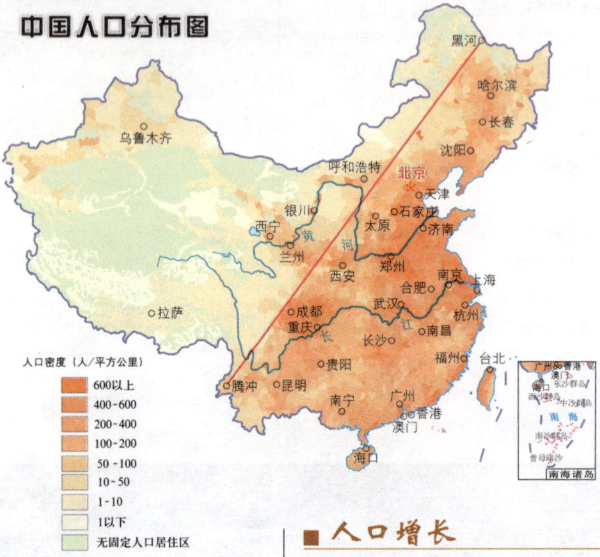

中国是世界上人口最多的国家，据全国第五次人口普查结果，人口总数达12.9亿，占世界人口的1/5以上。

人口分布情况

东部沿海地区人口密集，西部高原地区人口稀少。江苏、山东、河南、台湾等省人口密度高达500人/平方公里；西北地区的内蒙古、新疆、青海、西藏四个省区人口密度不到10人/平方公里。

人口增长

祖国大陆31个省、自治区、直辖市和现役军人的人口，同第四次全国人口普查1990年7月1日0时的113368万人相比，十年零四个月增加13215万人，增长11.66%。年均增加1279万人，年平均增长率为1.07%。

总人口性别构成

祖国大陆31个省、自治区、直辖市和现役军人的人口中，男性为65355万人，占总人口的51.63%；女性为61228万人，占总人口的48.37%。性别比（以女性为100，男性对女性的比例）为106.74。

年龄构成

祖国大陆31个省、自治区、直辖市和现役军人的人口中，0～14岁的人口为28979万人，占总人口的22.89%；15～64岁的人口为88793万人，占总人口的70.15%。65岁及以上的人口为8811万人，占总人口的6.96%。同1990年第四次全国人口普查相比，0～14岁人口的比重下降了4.80个百分点，65岁及以上人口的比重上升了1.39个百分点。

各种受教育程度人口

祖国大陆31个省、自治区、直辖区和现役军人的人口中，接受大学（指大专以上）教育的4571万人；接受高中（含中专）教育的14109万；接受初中教育的42989万人；接受小学教育的45191万人（以上各种受教育程度的人包括各类学校的毕业生、肄业生和在校生）。

历代人口变化

中国有人口记录始于西汉平帝元始二年（公元2年）。封建社会前期，战乱不断，人口发展缓慢，至清朝才有较大增长。下面为历代人口最高记录：（单位：万人）

西汉：5959
隋代：4601
唐代：5291
北宋：4673
元代：5883
明代：6659
清代：41298
民国初年：48830
1949年：54000

中国民族分布图

中国有56个民族，汉族以外的民族统称少数民族。少数民族人口超过100万以上的有壮、满、回、苗、维吾尔、彝、土家、蒙古、藏、布依、侗、瑶、朝鲜、白、哈尼、黎、哈萨克、傣族等族，其中壮族人口最多，达1800万人；珞巴族人口最少，不足3000人。

汉族分布在全国各地，主要聚居在黄河、长江、珠江三大流域的中下游和东北平原。55个少数民族分布主要分布在东北、华北、西北、西南的边疆地区。各民族长期以来形成了大杂居、小聚居、交错分布的总体格局。

民族构成

祖国大陆31个省、自治区、直辖市和现役军人的人口中，汉族人口为115940万人，占总人口的91.59%；各少数民族人口为10643万人，占总人口的8.41%。同1990年第四次全国人口普查相比，汉族人口增加了11692万人，增长了11.22%；各少数民族人口增加了1523万人，增长了16.70%。

全国人口分布数据表

人口数：万人

注①：福建省（不含金门、马祖等岛屿）

②：台湾省和金门马祖等岛屿

地区别	人口数	地区别	人口数	地区别	人口数	地区别	人口数	地区别	人口数	地区别	人口数
河南省	9256	湖南省	6440	辽宁省	4238	山西省	3297	新疆维吾尔自治区	1925	宁夏回族自治区	562
山东省	9079	湖北省	6028	江西省	4140	重庆市	3090	上海市	1674	青海省	518
广东省	8642	安徽省	5986	黑龙江省	3689	吉林省	2728	北京市	1382	西藏自治区	262
四川省	8329	浙江省	4677	陕西省	3605	甘肃省	2562	天津市	1001	中国人民解放军现役军人	250
江苏省	7438	广西壮族自治区	4489	贵州省	3525	内蒙古自治区	2376	海南省	787		
河北省	6744	云南省	4288	福建省①	3471	台湾省②	2228	香港特别行政区	678	澳门特别行政区	44

本数据为全国第五次人口普查数据。

传统节日

舞狮子

财神

传统节日的形成过程，是一个民族或国家的历史、文化长期积淀凝聚的过程，它是人类社会发展到一定阶段的产物。中国的传统节日从远古发展而来，有很强的内聚力和广泛的包容性，与中华民族源远流长的悠久历史一脉相承，它们大多和天文、历法、数学以及后来划分出的节气有关。从这些流传至今的节日风俗里，还可以清晰地看到古代人民社会生活的精彩画面。

我国的大部分节日在先秦时期就已初露端倪。最早的风俗活动和原始崇拜、迷信禁忌有关。此外，融合凝聚在节日里的神话传奇故事、宗教、历史人物等内容也使中国的节日有了深沉的历史感。历代的文人雅士、诗人墨客为节日所谱写的许多脍炙人口的千古名篇，也使我国的传统节日渗透出深厚的文化底蕴。

我国主要的传统节日定型于中国统一后的第一个大发展时期——汉代。到唐代时，节日已转为娱乐礼仪型，许多体育、享乐的活动内容出现，并很快成为一种时尚流行开来。从此，节日变得欢快喜庆、丰富多彩，成为真正的佳节良辰。

我国是个多民族的国家，各民族都有自己的文化习俗，众多的民族节日，是一份有待挖掘的文化宝藏。

春节

春节

也称过年。是中华民族最隆重的传统佳节。自汉武帝太初元年（公元前104年）始，确定农历正月初一为“岁首”，春节的时间固定并一直延续至今。我国民间传统春节习俗主要有祭灶、扫尘、贴春联、贴门神、贴年画、倒贴“福”字、吃团年饭、祭祖、守岁、压岁钱、放鞭炮、拜年、接财神等。另外，舞狮、舞龙、扭秧歌、观灯等大型民间活动也为春节增添了许多喜庆色彩。

春节的来历

春节，在中国已经有了数千年的历史。“春节”和农业生产密不可分，在新石器时期，先人们就发现了春夏秋冬四季交替的规律，在西周初年已经有了一年一度在新旧交替之际人们聚集在一起庆祝丰收和祭祚的风俗活动。汉武帝时制定历法，以现今的农历正月为岁首，俗称过年。民国时，改用阳历，将农历正月初一改称为“春节”。

元宵节

也叫“灯节”或“灯夕”。西汉文帝正式将农历正月十五定为元宵节，意为农历新年里的第一个月圆之夜。也有传说元宵节的来历与汉文帝、汉武帝正月十五夜祭祀太乙神有关。而元宵节张灯、赏灯的习俗则与汉明帝提倡佛教、“燃灯表佛”有关。我国民间元宵节习俗主要有观灯、灯谜竞猜、吃元宵、秧歌比赛和文艺汇演等活动。

龙灯

清明节

是我国历法中的二十四节气之一，节期在公历每年4月5日左右。自唐代，清明节与纪念介子推的寒食节融合在一起，逐渐形成了节期内扫墓、禁火寒食、郊游踏青、荡秋千、放风筝和插柳等习俗。

端午节

节期为农历五月初五。始于春秋战国之际，相传是为了纪念屈原农历五月初五日投汨罗江。因古代“端”与“初”同义，“午”与“五”同音，故名端午节。亦有沐兰节、天中节、端阳节、女儿节、地腊节（道教称谓）之称。端午节期间的主要风俗有赛龙舟、吃粽子、悬艾蒿、插菖蒲、挂香包、饮雄黄酒等。这些习俗反映了我国人民对于爱国忧民、刚直不阿的优秀人物历来都怀有一种崇敬和爱戴之情。

赛龙舟

包粽子、赛龙舟的来历

粽子又称角黍。相传战国时期，楚国三闾大夫屈原在辅佐楚怀王时，因主张彰明法度、举贤任能和联齐抗秦等一系列变革，遭到一帮妒贤嫉能的旧贵族的反对和陷害而革职。顷襄王时又被放逐，长期流浪于沅湘流域。不久楚国郢都被秦军攻破，楚国濒临灭亡。屈原深感自己空有一腔政治抱负和爱国热情却无法施展，也无力挽救楚国的危亡，遂于五月五日纵身投入汨罗江中而亡，民众得知后，恐其尸体遭鱼虾争食损伤，用菰芦叶包上黍米煮成粽子投入江中，并出动大小船只搜寻打捞。人们为了纪念他，每年五月五日都要煮粽子、划船，渐渐形成了现在每年五月初五煮粽子，赛龙舟的习俗。只是到近世粽子中的黍换成了糯米。

中秋节

农历八月十五为中秋节，亦名“仲秋节”、“月夕”、“月节”等。其起源与古代秋祀、拜月习俗有关。中秋节是一个象征团圆美好的节日，是中国仅次于春节的重要节日。节期主要风俗活动有祭拜月神、赏月、赏桂和吃月饼等。

农业及土地利用

中国土地利用现状

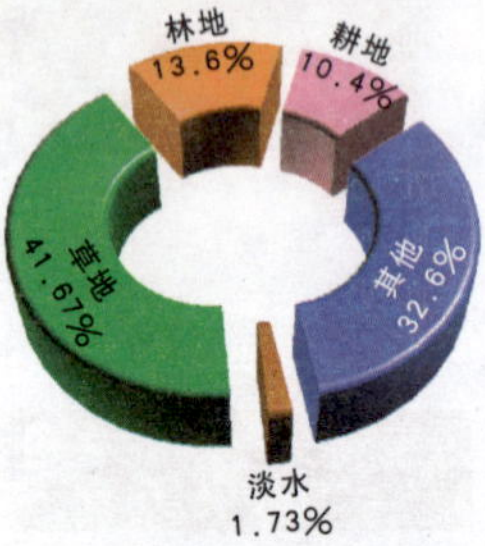

我国农业历史悠久，栽培品种繁多。主要农产品中粮食、棉花、油菜籽、烟草、肉类、蛋类、水产品、蔬菜、水果等的总产量居世界首位。茶叶、大豆、糖料、花生等的产量居世界前列。随着生产发展，农产品的人均占有量也明显提高。2001年，粮食人均占有量为356公斤，肉、蛋和水产品人均占有量分别为49.9公斤、18.1公斤和34.4公斤，已超过世界平均水平。

水稻、小麦、玉米、薯类、大豆是我国的主要粮食作物。棉花、油料、糖料、麻、烟草为我国五大经济作物。我国的商品粮基地主要有太湖平原、洞庭湖平原、鄱阳湖平原、成都平原、珠江三角洲、江汉平原、江淮地区、松嫩平原、三江平原等地。商品棉基地主要有江汉平原、长江下游滨海、沿江平原、冀中南、鲁西北和豫北平原、黄淮平原以及南疆等地。花生和油菜是我国最重要的油料作物，花生主要分布在我国东部的暖温带、亚热带、热带的沙土和丘陵地区；油菜是我国播种面积最大的油料作物，主要分布在长江流域，在黄淮海平原、辽宁和黑龙江以及华南地区

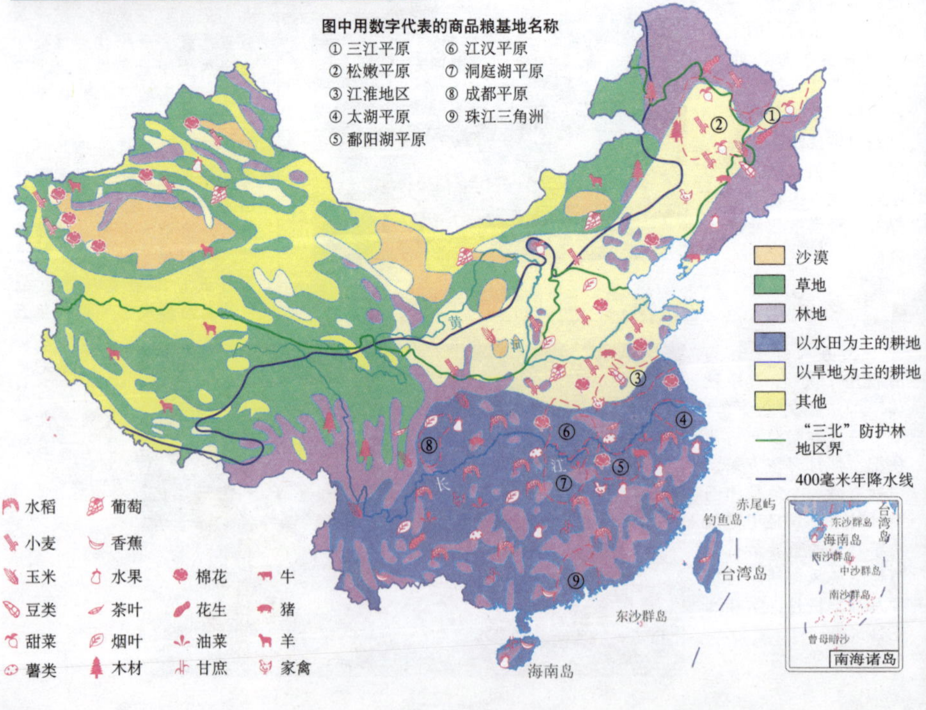

也有种植。甘蔗和甜菜是我国最重要的糖料作物，甘蔗主要分布于我国南方的台湾、广东、广西、福建、云南等省区；甜菜主要分布于我国北方的黑龙江、吉林、内蒙古、新疆等地。

我国可利用草地面积3亿多公顷。天然牧场主要分布在内蒙古、新疆天山和阿尔泰山之间的盆地及青藏高原。牲畜种类主要有猪、牛、羊、马、驴、骡、骆驼、鸡、鸭、鹅、兔等400多种。西北部牧区多放牧牛、羊、马、骆驼等牲畜，东南部农村以舍饲猪、牛、家禽最为普遍。自改革开放以来，由于畜牧业发展很快，肉、禽、蛋、奶和皮革制品等畜产品的产量成倍增长，并大量出口。

改革开放后，我国渔业生产的重点在人工养殖上，同时大力发展远洋渔业生产，水产品产量大幅度提高，平均每年以200万吨的速度增长。目前，我国已创办了20多个远洋渔业公司，并在国外建立了独资或合资公司。

土地利用

土地资源类型多样

我国土地资源丰饶，耕地、林地、草地、荒漠、滩涂等都有大面积分布。耕地、森林及草原面积的绝对数量均居世界前列，其中耕地面积15.6亿亩，居世界第四位；森林面积18.7亿亩，居世界第六位；草地资源约60亿亩，居世界第二位。

东北平原、华北平原、长江中下游平原、珠江三角洲和四川盆地是耕地分布最为集中的地区。东北平原大部分是黑色沃土，盛产小麦、玉米、大豆、高粱、亚麻和甜菜。华北平原大多是褐色土壤，土层深厚，农作物有小麦、玉米、谷子、棉花等。长江中下游平原地势低平，河流和湖泊星罗棋布，是我国主要的水稻、淡水鱼产区，素称“鱼米之乡”，还盛产茶叶和桑蚕。四川盆地多为紫色土壤，气候暖湿，农作物可四季生长，盛产水稻、油菜和甘蔗。

东北地区的大兴安岭、小兴安岭和长白山区，是中国最大的天然林区，其次就是西南天然林区。云南省南部的西双版纳是我国少有的热带阔叶林区，森林植物达5000多种，有“植物王国”之称。

在我国从东北到西南绵延3000多公里的广阔草原上，分布着许多畜牧业基地。内蒙古草原是我国最大的天然牧场，出产著名的三河牛、三河马和蒙古绵羊。新疆天山南北也是重要的天然草场和牲畜良种基地，出产著名的伊犁马和新疆细毛羊。

土地资源空间分布不均衡

我国山地、高原多，平原、盆地少。山区（包括山地、丘陵和比较崎岖的高原）面积约占土地总面积的2/3。

耕地比重小，而且分布不均匀。长江以北平原广，耕地资源占全国的63.9%，但水资源只占全国的17.2%；长江以南则正相反。耕地资源、森林资源90%以上集中在由大兴安岭向西南至青藏高原东缘一线以东，即大约在年降水量400毫米等值线以东的湿润、半湿润地区；天然草地相对集中于北部和西部。

人均土地资源不足

土地按人口平均计算的相对数量则很少，人均土地面积只有世界平均水平的1/3，人均耕地面积与卓地面积亦只有1/3，人均森林面积只有1/6。目前我国人均耕地只有1.3亩，有1/3省市人均耕地不足1亩，有666个县低于联合国确立的人均0.8亩警界线，463个县低于人均0.5亩的危险线。

后备土地资源不足

全国待开发的土地资源约10.9亿亩，居全国未利用土地资源的28.27%，其中可开发的宜耕地约2亿亩。按60%垦殖率计，可开垦耕地仅有约1.2亿亩。而相比之下，印度人口居世界第二位，但耕地面积有25亿亩，人均3亩，还有15亿亩的后备耕地资源。

矿产资源和能源

中国矿产资源的主要特点

1. 矿产资源总量丰富，人均资源相对不足；

2. 矿产品种齐全配套，资源丰度不一；

3. 矿产质量贫富不均，贫矿多，富矿少；

4. 超大型矿床少，中小型矿床多；

5. 共生伴生矿多，单矿种矿床少。

矿产资源

矿产资源是指富集于地壳中或出露于地表达到工农业利用要求的有用矿物。中国成矿地质条件优越，矿产资源总量丰富。现已发现的矿产有168种，探明储量的矿产有153种，其中能源矿产8种，金属矿产54种，非金属矿产88种，水气矿产3种，是世界上矿产资源最丰富、矿种齐全配套的少数几个国家之一。探明储量居世界第一位的矿产有钒、钛、锌、钨、铋、锑、稀土、菱镁矿、萤石、硫铁矿、重晶石、石膏、叶蜡石、汞等。探明储量居世界第二位的矿产有钼、煤、磷、石棉、石墨等。煤炭、石油、天然气等三种能源矿产的储量分别居世界第二、第十一、第二十一位。

石墨矿石

中国非能源矿产分布图

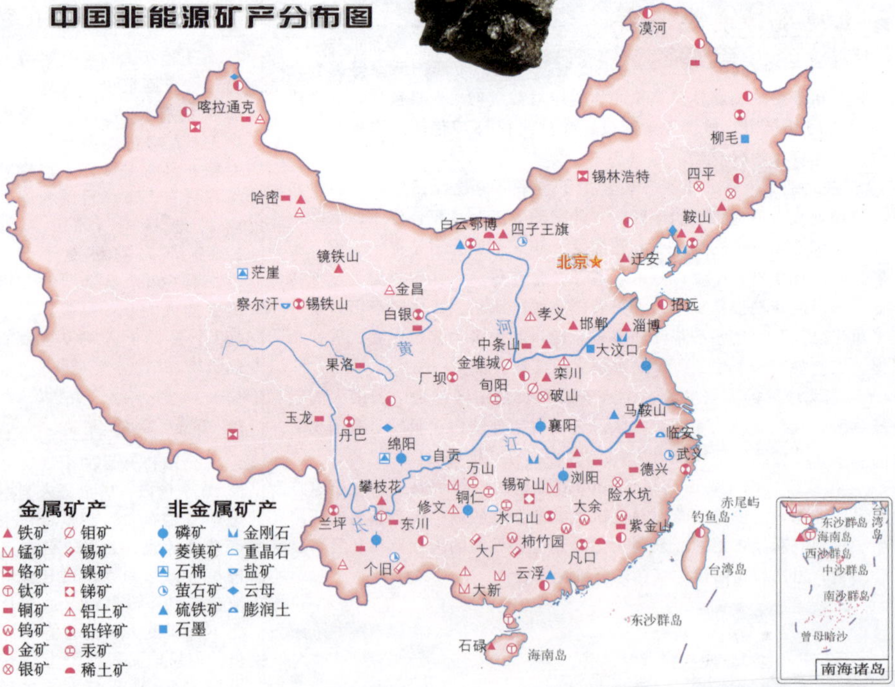

■ 能源

能源可分为常规能源和新能源。煤、石油、天然气等常规能源是当今世界上最主要的能源资源，太阳能、风能、海洋能、地热能、生物质能、核聚变能等是新能源。我国的能源资源储量丰富。其中煤炭资源储量居世界前列。我国煤炭资源主要分布在山西、内蒙古、陕西、河南、山东、河北一带，以及安徽和江苏北部，新疆、云南、贵州、黑龙江等省区也不少。山西煤的探明储量占全国的1/3，是我国主要的煤炭基地。已探明的石油主要分布在东北和华北，新疆塔里木盆地、吐鲁番－哈密盆地和准噶尔盆地的油气资源前景可观，已开发了大庆、胜利、辽河、华北、中原等大油田。近海大陆架油气资源在进一步勘测之中。我国水能资源极为丰富，蕴藏量达6.8亿千瓦，居世界第一位。主要分布在西南、中南及黄河上游地区，目前仅开发利用了不足10%，绝大部分尚未开发利用。在东南沿海常规能源缺乏的工业发达地区，我国正发展新能源的利用，已建成了大亚湾、秦山等一批核电站。羊八井是我国最大的地热电站。

海上钻井平台

中国煤、石油、天然气资源分布图

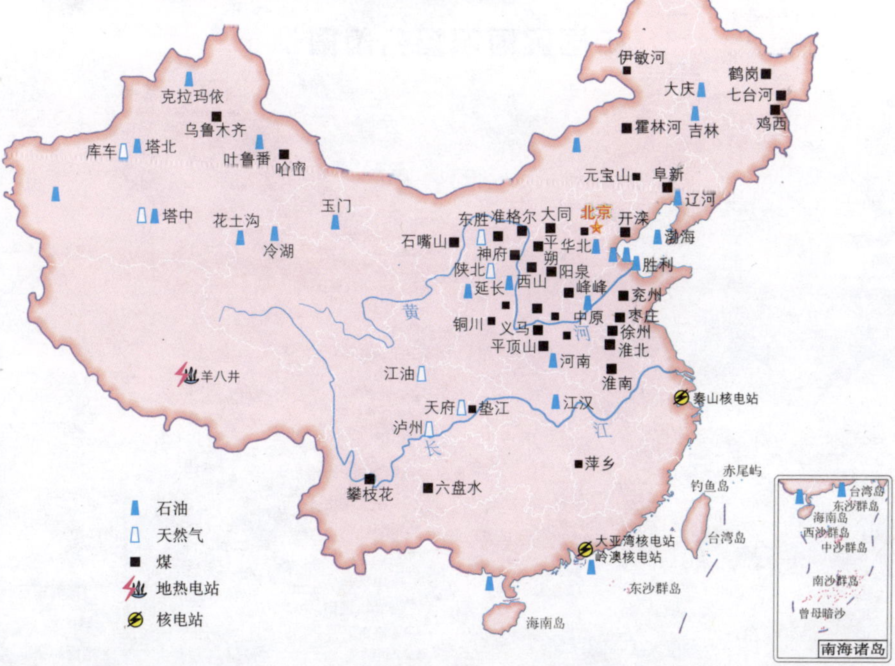

铁路、航空

中国主要铁路里程表（单位：公里）

线路	起讫点	距离
京广线	北京——广州	2295
京沪线	北京——上海	1463
京哈线	北京——哈尔滨	1288
京九线	北京——九龙	2311
京包线	北京——包头	828
滨洲线	哈尔滨——满洲里	950
长图线	长春——图们	529
沈吉线	沈阳——吉林	446
陇海线	兰州——连云港	1779
皖赣线	芜湖——贵溪	670
兰新线	兰州——乌鲁木齐	1892
包兰线	包头——兰州	1006
成渝线	成都——重庆	504
宝成线	宝鸡——成都	673
襄渝线	襄樊——重庆	850
焦柳线	焦作——柳州	1645
黔桂线	贵阳——柳州	607
渝黔线	重庆——贵阳	438
贵昆线	贵阳——昆明	644
成昆线	成都——昆明	1108
湘黔线	株洲——贵阳	821
湘桂线	衡阳——凭祥	1021
浙赣线	杭州——株洲	947
鹰厦线	鹰潭——厦门	694
南昆线	南宁——昆明	811
集通线	集宁——通辽	973

■ 铁路

我国铁路可以分为南北大干线和东西大干线。南北大干线以首都北京为枢纽，主要有：京广线、京沪线、京九线、京哈线；东西大干线是以郑州为枢纽，包括陇海线和兰新线。现兰新线已由乌鲁木齐向西延伸，与哈萨克斯坦境内的铁路相连，形成由连云港直通荷兰鹿特丹港的欧亚大陆桥。此外，我国在多山的西南地区建设了新的铁路干线，主要有成渝线、宝成线、成昆线、南昆线等。在新疆维吾尔自治区新建成南疆线。到2001年底，全国铁路总营运里程达到7.01万公里，其中复线里程达到2.26万公里，电气化里程达到1.7万公里。

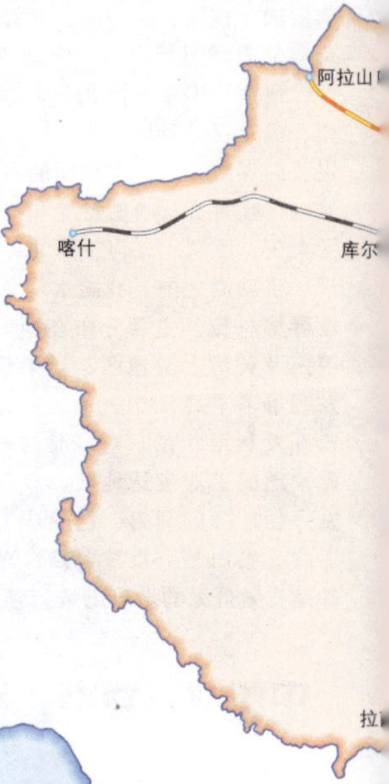

中国民航机场分布图

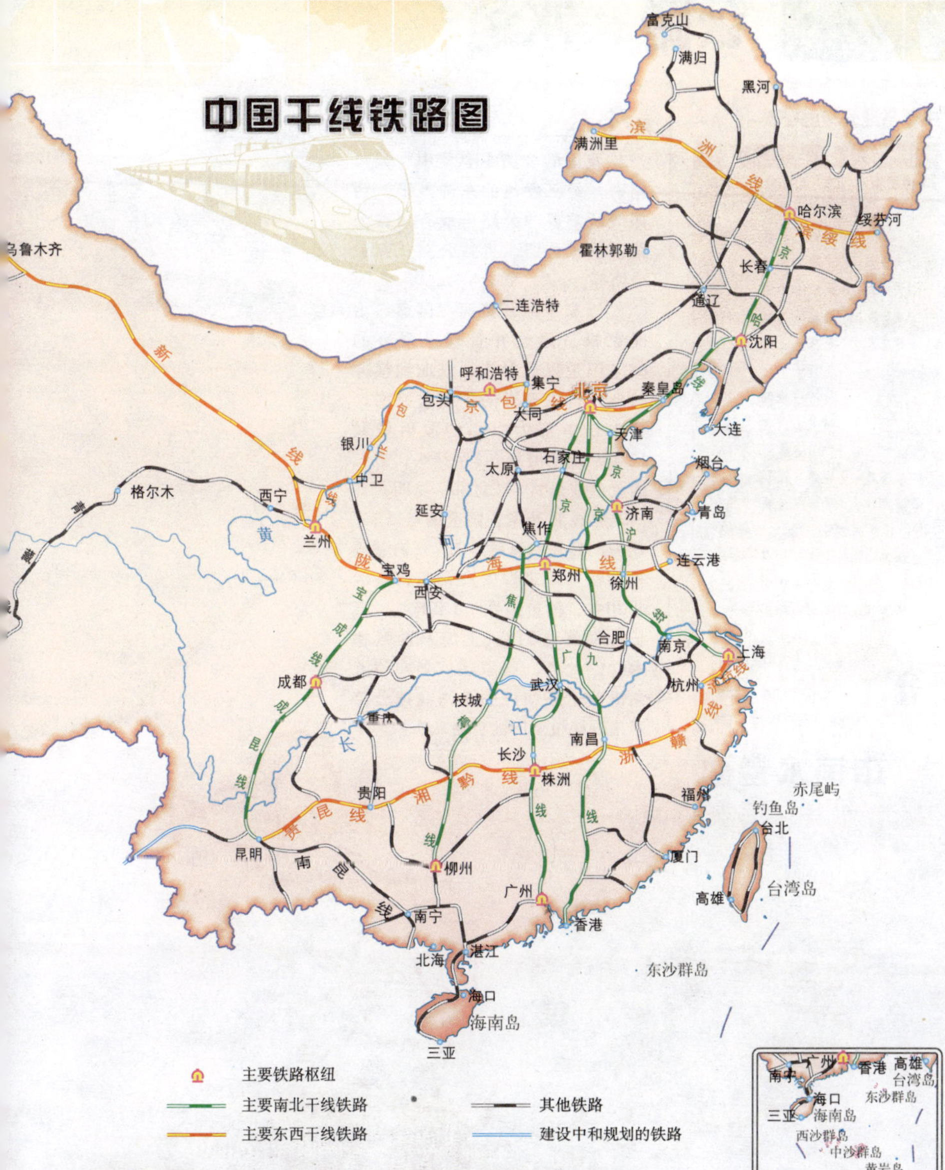

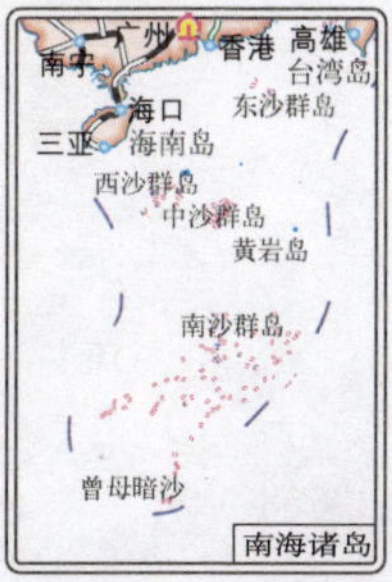

■航空

全国现有三大航空运输集团：中国航空集团公司、中国东方航空集团公司、中国南方航空集团公司；三大服务保障集团：中国民航信息集团公司、中国航空油料集团公司、中国航空器材进出口集团公司。北京、上海、广州、香港是全国四大航空港。

公路、水运

主要高速公路里程表(单位：公里)

线路	起讫点	里程
京津塘高速	北京-天津-塘沽	142
京哈高速	北京－沈阳	656
	沈阳－长春	297
沈大高速	沈阳－大连	375
京沪高速	北京－上海	1262
济青高速	济南－青岛	318
沪宁高速	南京－上海	274
京珠高速	北京－信阳	995
	长沙－耒阳	220
	韶关－广州	308
	广州－珠海	135
广深高速	广州－深圳	123
深汕高速	深圳－汕头	286
海南环岛高速		638
桂海高速	桂林－北海	650
西南通道	成都－重庆	340
	成都－绵阳	93
	遵义－六寨	415
兰新－陇海高速	奎屯－乌鲁木齐	436
	天水－开封	960
	连云港－徐州	75

公路

我国的公路主要集中在人口稠密，经济发达的东部地区。西部地区重要的公路干线有川藏公路、滇藏公路、青藏公路、新藏公路等。

国家干线公路简称国道，由国家投资建设并管理，现有的68条国道以放射线、纵向和横向的形式构成全国的干线公路网。其中以首都为中心的放射线共12条，国道编号以1字开头，最长的放射线是108（北京－昆明）；南北纵线共26条，国道编号以2字开头，最长的纵线是207（内蒙锡林浩特－广东海安）；东西横线共30条，国道编号以3字开头，最长的横线是318（上海－西藏樟木）。此外，国家还规划在建五条纵线七条横线的全国高速公路网络，连接全国的省会城市。

中国水运图

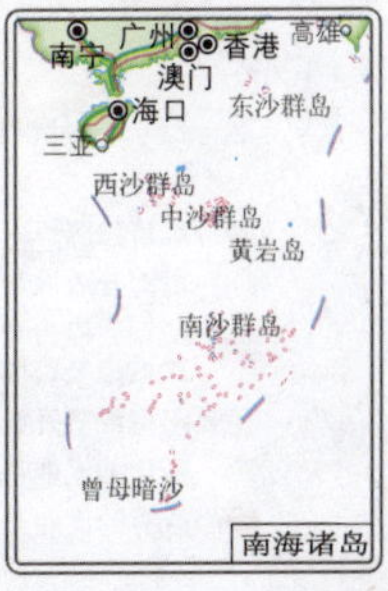

■ 水运

我国大陆海岸线绵延1.8万余公里，大小河流总长达22万公里，为中国发展内河运输和海上运输提供了便利。

长江是内河航运的“黄金水道”，南京港是我国最大的内河港口。海上运输分北方和南方两大航区。北方航区以上海、大连为中心；南方航区以广州为中心。沿海有上海、大连、天津、秦皇岛、广州、香港、深圳、湛江等主要港口20多个，其中上海港是世界十大贸易港口之一，年吞吐量超过亿吨。

经济区

中国地域辽阔，各地区间经济也存在一定差异，由此将中国经济区域划分为7个：(1)环渤海地区：北京、天津、河北、山东、辽宁、山西；（2）东北地区：黑龙江、辽宁、吉林；(3)长江三角洲地区：上海、江苏、浙江；（4）中部地区：湖北、湖南、江西、河南、安徽；(5)珠江三角洲和东南沿海地区：广东、福建；(6)西南地区：重庆、四川、贵州、云南、广西、海南、西藏；(7)西北地区：陕西、新疆、内蒙古、甘肃、宁夏、青海。

我国主要的工业基地有沪宁杭工业基地、京津唐工业基地、辽中南重工业基地、珠江三角洲轻工业基地。工业明显集中在东部沿海工业地带、长江沿岸工业地带、陇海－兰新沿线工业地带。

经济地区

中国工业区分布

京津唐工业区

京津二市与其毗邻的冀东地区唐山、秦皇岛和廊坊三个地级市共同组成京津唐经济核心区，按其整体的经济发展水平和密集程度，在全国仅次于珠江三角洲和长江三角洲两大经济核心区，而高于环渤海南北两侧的辽中南和山东半岛地区。其直接经济腹地包括河北、山西、内蒙古西部、宁夏和陕北部分地区。

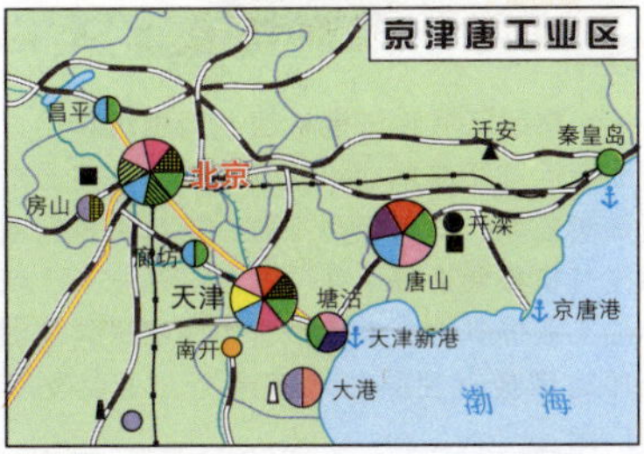

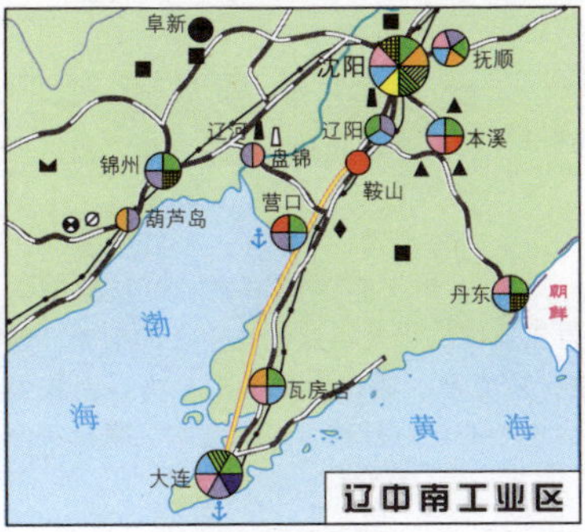

辽中南工业区

是中国重要的老工业基地之一，以沈阳、大连为中心，包括鞍山、本溪、抚顺、辽阳等工业城市。拥有鞍山钢铁公司、抚顺煤矿、大连造船厂等大型企业。以重工业为主，近年来轻工业发展也较快。

图 例

主要工业部门

- 钢铁工业
- 汽车制造工业
- 有色冶金工业
- 航空航天工业
- 机械制造工业
- 建筑材料工业
- 电子电器工业
- 造纸工业
- 化学工业
- 铁矿开采工业
- 石油加工业
- 制糖工业
- 纺织工业
- 采煤
- 食品工业
- 高新技术产业园区
- 造船工业
- 核电站
- 玩具制造工业
- 水电站
- 石油开采
- 火电站

主要矿产

- 煤
- 锰
- 石油
- 钼
- 天然气
- 铅锌
- 铁
- 菱镁矿
- 铜
- 磷
- 输油管
- 铁路
- 高速公路

珠江三角洲工业区

是全国重要的商贸中心和外贸出口基地，现已形成包括保税区、经济特区、经济技术开发区、沿海开放城市等多层次对外开放格局。珠三角还是全国重要的旅游中心。珠三角内重要的经济核心城市有广州、深圳、珠海、佛山、江门、中山、东莞、惠州等。

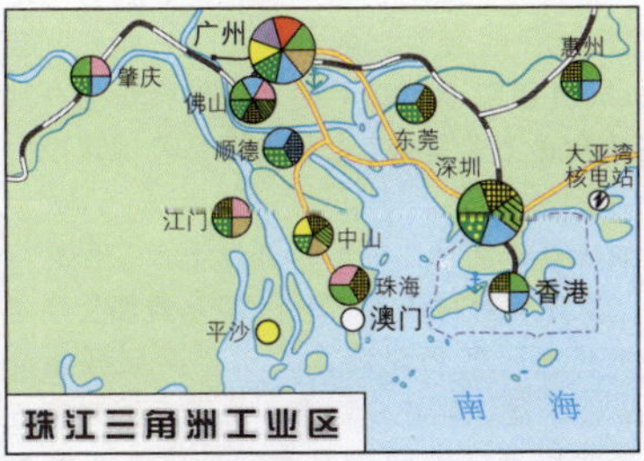

沪宁杭工业区

长江三角洲集“黄金海岸”与“黄金水道”于一身，在中国“T”字型发展的交接点上。包括上海市及江浙两省内的14个地级以上城市。长三角工业部门齐全，形成了以加工业为主体的完整强大的工业体系，其中机械制造业、纺织化工、钢铁工业等部门最为发达。

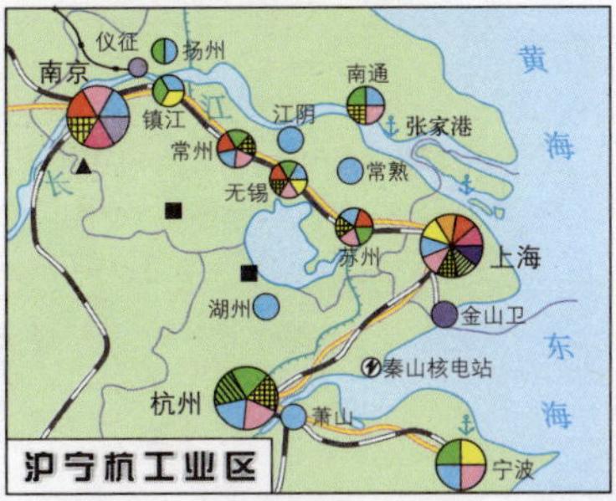

陇海—兰新沿线工业地带

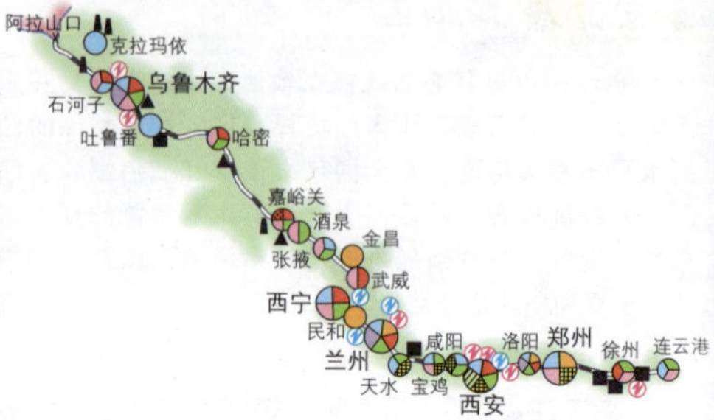

东起江苏连云港，西到新疆阿拉山口，地处欧亚大陆桥东端。沿陇海－兰新铁路分布有徐州煤炭工业、郑州轻纺工业、洛阳机械工业、西安飞机机械制造等工业、兰州石油化工、新疆的石油工业等基地。本地带位于西欧通往亚洲、太平洋地区最近便的陆地通道上，工业发展的前景广阔。

长江沿岸工业地带

是依托长江黄金水道，由沿海深入内地，综合性较强的一个地带，工农业发达、人口众多、矿产和水能资源丰富。包括沪宁杭综合工业区，以及以武汉为中心的钢铁、轻纺等工业基地，以宜昌、重庆为中心的电力、钢铁等工业基地，以贵州乌江水电站为中心的矿业基地，以六盘水、攀枝花为中心的煤炭、钢铁工业基地等。

西部大开发

西部大开发

西部地区包括陕西、甘肃、青海、宁夏、新疆、四川、重庆、云南、贵州、西藏、广西、内蒙西部等十二个省、市和自治区，拥有土地面积538万平方公里，占全国国土面积的56%。拥有总人口3.34亿（截至2002年），占全国人口的23%。西部地区是中国主要的农业生产基地、能源基地、原材料工业基地和重工业基地，在中国国民经济建设中占有十分重要的地位。

2000年，中国西部开发全面展开。新开工的西部开发十大工程有：西安至南京铁路西安至合肥段、重庆至怀化铁路（渝怀线）、西部公路建设、西部地区机场建设、重庆市高架轻轨交通、柴达木盆地轮南－西宁－兰州天然气输气管道、四川紫坪铺和宁夏黄河沙坡头水利枢纽、中西部退耕还林（草）和生态建设及种苗工程、青海钾肥工程、西部高校基础设施建设。工程的建设使西部地区成为新的投资热土。从2001年起，国家在资金投入、投资环境、对外开放、发展科教和吸引人才等方面均为西部地区提供了优惠政策。

自然与人文景观透视

ZIRAN YU RENWENJINGGUAN TOUSHI

中国的世界遗产

截至2006年，中国有33项41处遗产列入《世界文化与自然遗产名录》。

■ 文化遗产

明清故宫
颐和园
天坛
长城
周口店“北京猿人”遗址
承德避暑山庄及外八庙
平遥古城
曲阜孔府、孔庙、孔林
莫高窟
秦始皇陵及兵马俑
苏州古典园林
武当山古建筑群
拉萨布达拉宫、罗布林卡、大昭寺
丽江古城
大足石刻
皖南古村落－西递、宏村
明清皇帝陵寝：
- 明显陵
- 清东陵
- 清西陵
- 明十三陵
- 明孝陵

龙门石窟
云冈石窟
高句丽：
- 王城、王陵及贵族墓葬

沈阳故宫
盛京三陵：
- 永陵、福陵、昭陵

殷墟
澳门历史城区

■ 自然遗产

九寨沟风景名胜区
黄龙风景名胜区
武陵源风景名胜区
三江并流风景名胜区
四川大熊猫栖息地

■ 文化与自然遗产

泰山
黄山

世界遗产可分为文化遗产、自然遗产、文化与自然双遗产、文化景观遗产、人类口头及非物质遗产五种类型。

为了避免世界范围内文化或自然遗产的自然或人为损坏或丢失，联合整个国际社会，为参与保护具有突出的普遍价值的文化和自然遗产提供集体性援助，联合国教科文组织大会于1972年10月17日至11月21日在巴黎举行的第十七届会议上，通过了《保护世界文化和自然遗产公约》，同时决定建立《世界文化与自然遗产名录》和《处于危险的世界遗产目录》。被列入《世界文化与自然遗产名录》的世界遗产将作为全人类的共同遗产得到保护，同时将得到“世界遗产基金”等的资助。这将有助于遗产所在国通过保护世界遗产的总政策，并采取相应法律、科学、技术、行政和财政等具体措施，建立专门机构，致力于保护世界遗产的教育和宣传计划，努力增强本国人民对文化和自然遗产的赞赏和尊重；有助于世界范围内文化和自然遗产的确定、保护、保存、展出和遗留后代。

■ 世界文化遗产

世界文化遗产包括以下内容：

❶ 文物：具有突出、普遍价值的建筑物、雕刻和绘画，具有考古意义的成分或结构，铭文、洞穴、住区及各类文物的综合体。

❷ 建筑群：从历史、艺术或科学角度看，因其建筑的样式、同一性及其在景观中的地位，具有突出、普遍价值的单独或相互联系的建筑群。

❸ 遗迹：从历史、美学、人种学或人类学角度看，具有突出、普遍价值的人造工程或人与自然的共同杰作以及考古遗址地带。

世界文化遗产 布达拉宫

世界自然遗产：三江并流

■ 世界自然遗产

世界自然遗产包括以下内容：

❶ 从美学或科学角度看，具有突出、普遍价值的由地质和生物结构或这类结构群组成的自然面貌；

❷ 从科学或保护角度看，具有突出、普遍价值的地质和自然地理结构以及明确划定的濒危动植物物种生态区；

❸ 从科学、保护或自然美角度看，具有突出、普遍价值的天然名胜或明确划定的自然地带。

PATRIMONIO MUNDIAL · WORLD HERITAGE · PATRIMOINE MONDIAL

世界遗产标志

峨眉山－乐山大佛
武夷山
青城山－都江堰

■ 文化景观遗产

庐山风景名胜区

■ 人类口头及非物质遗产

昆曲
古琴

■ 文化遗产图案

象征着文化遗产和自然遗产之间相互依存的关系。中央的正方形是人类创造的象征，圆圈代表大自然，两者密切相连。这个标志呈圆形，既表示全世界，也表示着它需要人类给予保护。

中国的世界生物圈保护区

建立生物圈保护区的意义

生物圈保护区是受到保护的陆地、海岸带或海洋生态系统的代表性区域，是在联合国教科文组织“人与生物圈计划”倡导下发展起来的。生物圈保护区在发挥保护资源功能的同时，还承担着促进资源可持续利用的发展功能和开展科学研究、环境监测、教育培训、生态旅游、信息交流等后勤支持功能。

生物圈保护区是根据“世界生物保护区网络法规框架”设立，在联合国教科文组织“人与生物圈计划”范围内得到国际上承认的地区。生物圈保护区按功能可以划分为核心区、缓冲区和过渡区三部分。我国已有21个保护区加入世界生物圈保护区网络。

鼎湖山自然保护区

位于广东省肇庆市境内，是我国建立的第一个自然保护区（1956年），面积1133公顷，于1980年加入联合国教科文组织国际“人与生物圈”保护区网络，主要保护对象为南亚热带常绿季雨林及珍稀动植物。

本区地处北回归线，因受太平洋季风影响，绿洲极少，鼎湖山因而被誉为“北回归线沙漠带上的绿洲”。区内的天然森林为世界上特殊的森林类型之一，有高等植物有2400多种，其中属于国家重点保护植物的有桫椤、苏铁等数十种，特别是有以鼎湖山命名的“模式标本”植物20多种。保护区内有高等动物100余种，其中属于国家重点保护动物的有豹、苏门羚等。具有很高的科研价值，是开展生态系统定位研究的理想场所。

卧龙自然保护区

位于四川省阿坝藏族自治州汶川县境内，为青藏高原向四川盆地过渡的高山峡谷区。保护区面积20万公顷，1979年加入联合国教科文组织国际“人与生物圈”保护区网，主要保护对象为大熊猫及森林生态系统。

本区动植物区系组成复杂，起源古老。保护区内的大熊猫约占我国现存总数的十分之一。保护区的设立对稳定和发展现存大熊猫野外种群，全面、有效地保护大熊猫栖息地，进而从根本上拯救大熊猫有重要意义。保护区内有高等动物348种，昆虫1700种，其中有大熊猫、金丝猴等国家保护动物41种。区内植物科数占全国科数的47%，有高等植物1810种。特别是区内保存有666公顷的珙桐纯林和混交林，以及国家重点保护植物水青树、连香树等。

■ 南麂列岛自然保护区

位于浙江省平阳县鳌江港以东海域，总面积为201.6平方公里。南麂列岛良好的亚热带海洋季风气候，特殊的海洋水文和地质地貌条件，形成了特殊的生态环境和生物群落。这里共有海洋生物1851种，其中贝类421种，大型栖藻类174种，微小型藻类459种，均占我国海洋贝藻类总数的20%以上，并在分布上展现了温带、热带两种区系特征和地域上的断裂分布现象。被誉为“贝藻王国”和“贝藻基因库”。2002年该区被联合国科教文组织列为生物多样性管理示范区，并由此获得“全球环境基金”的资助，这必将对我国和全球生物多样性保护产生重大影响。

■ 锡林郭勒草原自然保护区

位于内蒙古自治区锡林浩特市境内，总面积107.86万公顷。1997年晋升为国家级自然保护区，同年被联合国教科文组织接纳为“人与生物圈”自然保护区网络成员。

锡林郭勒草原是我国境内最有代表性的草原之一，有各类植物1319种，各类野生动物109种。其主要保护对象为草甸草原、典型草原、沙地疏林草原和河谷湿地生态系统，是我国目前最大的草原与草甸生态系统类型的自然保护区，也是欧亚大陆草原区亚洲东部草原亚区保存比较完整的原生草原部分，在草原生物多样性的保护方面占有重要的位置。1995年与澳大利亚的普克马克生物保护区结成“姐妹保护区”。

■ 中国的世界生物圈保护区

卧龙（四川省）
黄龙（四川省）
丰林（黑龙江省）
茂兰（贵州省）
九寨沟（四川省）
白水江（甘肃省）
鼎湖山（广东省）
梵净山（贵州省）
神农架（湖北省）
长白山（吉林省）
天目山（浙江省）
武夷山（福建省）
宝天曼（河南省）
盐城海滨（江苏省）
博格达峰（新疆维吾尔自治区）
西双版纳（云南省）
高黎贡山（云南省）
南麂列岛（浙江省）
山口红树林（广西壮族自治区）
锡林郭勒草原（内蒙古自治区）
赛罕乌拉（内蒙古自治区）

注:资料截至2004年。

国家重点生态保护区域和中国国际重要湿地

建立生态功能保护区的意义

为了全面实施可持续发展战略，坚持不懈地搞好生态环境保护，落实环境保护基本国策，巩固生态建设成果，保持流域、区域生态平衡，减轻自然灾害，确保国家和地区生态环境安全，努力实现祖国秀美山川的宏伟目标；为了保证经济社会健康发展，实现中华民族伟大复兴的需要，国家提出在江河源头区、重要水源涵养区、水土保持的重点预防保护区和重点监督区、江河洪水调蓄区、防风固沙区和重要渔业水域建立生态功能保护区，对这些区域的现有植被和自然生态系统应严加保护，防止生态环境的破坏和生态功能的退化。

惠东港口湿地

于广东省惠州市惠东县港口镇，面积400公顷。该湿地地处中国南海的大亚湾与红海湾交界处，东北西三面环山，南面濒海，有东西向约1000米长，70米宽的沙滩带，其沙粒大小适中，坡度倾斜较缓，周围寂静，一直以来是幼龟和雌龟栖息地，也是中国大陆目前惟一的绿海龟按期成批的洄游产卵的场所，是我国目前惟一的海龟自然保护区。

湿地及保护湿地的重要性

湿地可分为广义和狭义两种。狭义的湿地是陆地与水域之间的过渡地带；广义的湿地指不问其为天然或人工、长久或暂时之沼泽地、泥炭地或水域地带，带有或静止或流动、或为淡水、半咸水或咸水水体者，包括低潮时水深不超过6米的水域，可包括邻接湿地的河湖沿岸、沿海区域以及湿地范围的岛屿。我国湿地面积约为6594万公顷（不含江河、池塘等），占世界湿地的10%，位居亚洲第一位，世界第四位，其中有21块湿地被列为国际重要湿地。

湿地有许多非常重要的功能，它涉及人类的生存环境。保护湿地就是保护人类的生存环境：

湿地是生命和人类文明的摇篮；

湿地被称作地球的“肾”，为人类提供必不可少的直接利用产品，主要有水资源、湿地动植物资源、湿地矿产和湿地能源等；

湿地有重要的间接利用价值，如流量调节、气候调节、生物多样性展示与保护、海岸保护等；

湿地

- 海洋／海岸湿地——分12类，主要有
  - ❶ 浅海水域
  - ❷ 河口
  - ❸ 泻湖
  - ❹ 滩涂
- 内陆湿地——分20类，主要有
  - ❶ 河流
  - ❷ 湖泊
  - ❸ 沼泽
  - ❹ 冻土
- 人工湿地——分10类，主要有
  - ❶ 水产养殖
  - ❷ 盐池
  - ❸ 水库

塔里木河生态功能保护区

塔里木河是中国最长的内流河，穿流于塔里木盆地北缘，全长2137公里。塔里木河流域是国家级的棉花基地、新疆重要粮食和名优瓜果基地、全国重要的石油化工基地和国家21世纪能源战略接替区。

20世纪50年代以来，大量开荒造田、粗放落后的灌溉方式、设施薄弱的水利基础和缺乏流域总体规划等许多人为因素加剧了塔里木河断流与生态环境急剧恶化。国务院已经把塔里木河列入国家大江大河治理计划。国家环保总局于2002年9月初步通过了新疆环境保护科学研究所承担完成的《塔里木河生态功能保护区规划》，此举必将会在保护西部生态环境及实现可持续发展，缩小东西部差距，繁荣新疆少数民族地区经济等方面发挥巨大的作用。

鄱阳湖生态功能保护区

位于江西省永修、星子、新建三县境内，地处鄱阳湖西岸赣江和修水汇合处，面积22400公顷。1992年被列入“世界重要湿地名录”，主要保护对象为湿地生态系统、珍稀候鸟及留鸟。

保护区地处鄱阳湖的西北角，气候适宜，沼泽星罗棋布，水草繁茂，鱼虾众多，是候鸟理想的越冬地。全区有鸟类286种，100余万只，其中国家级保护鸟类21种。国家一级保护鸟类有白鹤、白头鹤、大鸨、白鹳、黑鹳、金雕等7种。这里是目前世界上最大的白鹤越冬地，数量最多时可达3000只，约占全球白鹤的95%。这里也是迄今发现的世界上最大的越冬鸿雁群体所在地。该保护区已逐步成为世界保护、研究鸟类的重要基地。

黑龙江兴凯湖国家级自然保护区

位于黑龙江省密山市境内，由大兴凯湖（国内部分），小兴凯湖及其周围的湖积平原组成，总面积2224.82平方公里，主要保护对象为湿地生态系统和珍禽。

本区气候温暖湿润，沼泽广布，是南北候鸟迁徙的停歇地和留鸟的栖息地，鸟类资源十分丰富，共有180余种，其中丹顶鹤、白鹳、天鹅、白枕鹤等为国家重点保护鸟类。区内还有国家重点保护野生动物白尾海雕和本地区特有植物—兴凯松。此外，该保护区与俄罗斯兴凯湖国家自然保护区相连，可以通过两国合作，建立国际自然保护区。

国家重点生态保护区域

草海（贵州）
长江源（青海省）
黄河源（青海省）
秦岭山地（陕西省）
塔里木河（新疆维吾尔自治区）
若尔盖－玛曲（四川省）
阴山北麓科尔沁沙地（内蒙古自治区）

中国国际重要湿地

洪河（黑龙江省）
兴凯湖（黑龙江省）
向海（吉林省）
扎龙（黑龙江省）
达赉湖（内蒙古自治区）
崇明东滩（上海市）
盐城（江苏省）
大丰（江苏省）
山口红树林（广西壮族自治区）
湛江红树林（广东省）
惠东港口（广东省）
米埔和后海湾（香港特别行政区）
东寨港（海南省）
大连斑海豹（辽宁省）
西鄂尔多斯（内蒙古自治区）
青海湖鸟岛（青海省）
鄱阳湖（江西省）
东洞庭湖（湖南省）
西洞庭湖（目平湖）（湖南省）
南洞庭湖（湖南省）
三江（黑龙江省）
注：资料截至2004年。

国家级自然保护区

■ 建立自然保护区的意义

自然保护区的建立，为人类提供了研究自然生态系统的天然“本底”，在保持地表基本生态过程和生态系统，保存物种遗传基因的多样性，保护自然遗迹，保证物种和生态系统的永续利用等方面均有重要的意义。自然保护区的建立还在减缓经济发展对资源和环境的压力和损害，加强国际合作与学术交流，扩大自然科普知识宣传和提高国民的自然保护意识等方面发挥着重要的作用。

■ 国家级自然保护区

北京　松山

天津　古海岸与湿地、中上元古界、八仙山

河北　围场、泥河湾、昌黎黄金海岸、雾灵山、小五台山

山西　芦芽山、莽河、庞泉沟、历山

内蒙古　科尔沁、汗马、西鄂尔多斯、锡林郭勒草原、大青沟、达来诺尔、贺兰山、白音敖包、赛罕乌拉、辉河、达赉湖、图牧吉、大黑山、乌拉特

辽宁　大连斑海豹、北票、鸭绿江、蛇岛一老铁山、恒仁老秃顶子、仙人洞、白石砬子、医巫闾山、双台河口

吉林　长白山、向海、莫莫格、伊通火山、天佛指山

黑龙江　洪河、兴凯湖、五大连池、凉水、东北黑蜂、三江、扎龙、七星河、丰林、牡丹峰、呼中、挠力河

江苏　盐城沿海滩涂、大丰麋鹿

浙江　南麂列岛、天目山、大盘山、清凉峰、凤阳山一百山祖、古田山

安徽　升金湖、金寨天马、扬子鳄、牯牛降、鹞落坪

自然保护区又称“自然禁伐禁猎区”(Sanctuary)、自然保护地（Nature Protected Area），是指为了保护珍贵和濒危动、植物以及各种典型的生态系统，保护珍贵的地质剖面，为进行自然保护教育、科研和宣传活动提供场所，并在指定的区域内开展旅游和生产活动而划定的特殊区域的总称。我国目前的自然保护区分国家级和省级2级，其中国家级自然保护区共有190处。

■ 江苏盐城沿海滩涂珍禽自然保护区

位于江苏省北部黄海海岸，包括东台、大丰、射阳、滨海、响水等五县市沿海滩涂，海岸线全长582公里，面积45.3万公顷，是中国第一个也是最大的海洋湿地自然保护区。1992年加入联合国“人与生物圈”保护区网。

区内沼泽湿地众多，动植物资源丰富，主要保护对象为滩涂湿地生态系统和以丹顶鹤为代表的多种珍禽。这里共有鸟类达379种，其中属国家一级保护鸟类9种，二级保护鸟类33种。这里是世界最大的丹顶鹤越冬地，是国际濒危物种黑嘴鸥的重要繁殖地，也是东北亚与澳大利亚候鸟迁徙的重要停歇地。保护区内还有植物约480种，其他动物1086种（其中国家二级保护动物河麂数量为全国之最），约占中国海岸带生物多样性种类的1/8。保护区还是我国少有的高濒危物种分布地区之一，已有29种被列入世界自然保护联盟的濒危物种红皮书中。

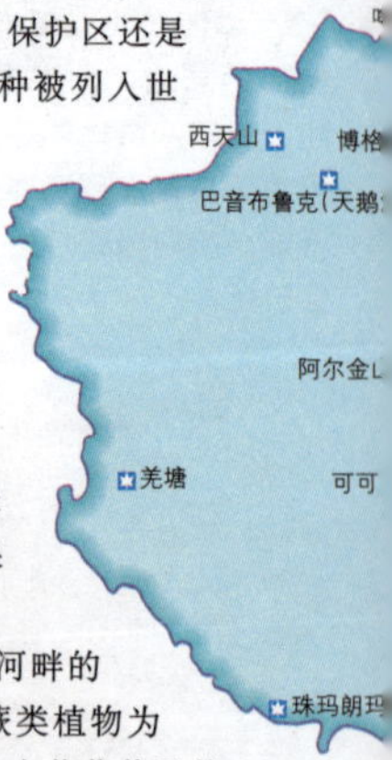

■ 贵州赤水桫椤自然保护区

桫椤是距今2亿多年前恐龙时代的珍稀孑遗常绿树蕨，广布于热带地区。在中国主要分布于台湾、福建、广东、广西、四川、贵州、云南和西藏东南部，多生于海拔100～800米的林下沟边、溪边或林缘湿地，为中国一级保护植物。

赤水桫椤自然保护区位于贵州省北部赤水河畔的坡麓地带，面积13300公顷。是国内第一个以蕨类植物为保护对象的自然保护区，主要保护对象为桫椤和小黄花茶及其生态环境。区内生长着4万余株的桫椤，为国内罕见。还有其他蕨类植物近200种，种子植物500余种，其中国家重点保护植物7种；还分布有野生动物300余种，其中国家重点保护动物18种。该保护区的建立对桫椤等亚热带珍稀物种的保护和研究具有重要意义。

■ 青海可可西里自然保护区

位于青海省玉树藏族自治州治多县和曲麻莱县境内，总面积4.5万平方公里。主要保护对象为青藏高原特有野生动植物及其生态环境。本区地处青藏高原腹地，平均海拔在4600米以上，自然景观以高寒草原和高寒草甸为主，是青藏高原特有珍稀动物栖息和繁衍的场所。现已发现哺乳动物29种，其中11种为青藏高原特有，属国家一、二级保护动物有12种。藏野驴、野牦牛、藏原羚和藏羚等动物资源数量较大，总数达3万～4万只。另有鸟类53种，爬行类1种，鱼类6种。该保护区的建立，对于保护和研究青藏高原珍稀野生动植物种和原始状态的高原生态系统均具有重要的意义。

■ 海南三亚珊瑚礁自然保护区

位于海南省三亚市境内，海陆总面积为8500公顷，1990年经国务院批准建立，主要保护对象为珊瑚礁及由珊瑚礁构成的典型热带海洋生态系统与海洋生物物种。

三亚沿海自然环境良好，区内水质优良，海水透明度高。水下分布着100余种礁珊瑚，礁群发育良好，并栖息着多种鱼、虾、贝、藻和其他门类的海洋生物，属典型的岸礁生态系统，具有独特的生态和科研价值，同时也是开展海洋生态旅游的好场所。

福建 武夷山、厦门海洋珍稀物种、梅花山、龙栖山、深沪湾、虎伯寮

江西 井冈山、鄱阳湖、武夷山、桃红岭

山东 马山、黄河三角洲、长岛、成山头

河南 黄河故道鸟类湿地、伏牛山、太行山、董寨、宝天曼、鸡公山、南阳恐龙蛋化石群

湖北 神农架、石首麋鹿、五峰后河、长江天鹅洲白鳍豚、长江新螺段白鳍豚、青龙山恐龙蛋化石群

湖南 张家界、八大公山、都庞岭、东洞庭湖、壶瓶山、莽山、桃源洞、小溪

广东 湛江红树林、南岭、车八岭、丹霞山、鼎湖山、内伶仃岛－福田、象头山、惠东港口海龟

广西 木论、大瑶山、北仑河口、岑岗、花坪、防城金花茶、山口红树林、合浦营盘港－英罗港德良、大明山

海南 三亚珊瑚礁、东寨港、大田、大洲岛、坝王岭、尖峰岭

重庆 金佛山、缙云山

四川 九寨沟、四姑娘山、贡嘎山、美姑大风顶、攀枝花苏铁、龙溪－虹口、若尔盖湿地、唐家河、卧龙、长江合江雷波段珍稀鱼类、马边大风顶、蜂桶寨、长宁竹海、王朗、亚丁

贵州 赤水桫椤、茂兰、梵净山、草海、南滚河、习水、雷公山

云南 西双版纳、无量山、苍山洱海、哀牢山、贡山、白马雪山、分水岭

西藏 珠穆朗玛峰、墨脱、羌塘、察隅

陕西 周至、太白山、朱鹮、佛坪、牛背梁

甘肃 兴隆山、瓜州极旱荒漠、祁连山、白水江、则岔、民勤连古城、青海湖

宁夏 贺兰山、灵武白芨滩、沙坡头、六盘山、罗山

青海 隆宝、可可西里、青海湖、孟达、三江源

新疆 阿尔金山、巴音布鲁克、喀纳斯、西天山、博格达峰、甘家湖梭梭林

注：资料截至2004年。

国家级森林公园

珙桐

珙桐

珙桐是双子叶植物纲蔷薇亚纲珙桐科的一种。树高8～20余米，落叶乔木。因其花远看像白鸽，故有“中国鸽子树”之称。主要分布于中国四川、湖北、湖南西部、贵州北部和云南东北部，广东北部也有分布，在海拔1600～2000米的高山地区较为常见。

这一中国特产的珍贵植物，是距今6000万年前新生代第三纪古热带植物区系的孑遗物种，是国家一级重点保护植物。

阿里山神木——红桧

红桧是常绿乔木，树高可达60米，胸径可达6.5米，有“亚洲树王”之称，又因其长寿而称“神木”，树龄多可达2000～3000岁。为我国特有树种，主要产于我国台湾中央山脉、阿里山、北插天山等海拔1000～2400米的高山密林间。其材质轻软细密、坚实耐用、色泽美观，且有悦人的香气。木材耐湿性强，加工后有光泽，是台湾针叶树中的一级木材，为造船、制作家具及建筑的良好材料，也可作观赏树种。

箭毒木

箭毒木属桑科，俗称“见血封喉”，常绿乔木，生长在西双版纳海拔1000米以下的常绿林中，树高可达30多米。春夏之际开花，果实像红色小梨，成熟后呈紫黑色，味极苦，含毒素，不能食用。它的杆、枝、叶都有含剧毒的白色乳汁，人或动物破皮见血的伤口上只要沾上这种汁液，便会很快死去。当地民谚有“七上八下九不活”的说法，即中毒后最多走九步必死无疑。经分析，它的汁液中含有见血封喉甙、铃兰毒甙、铃兰毒醇甙等多种有毒物质，具有强心、加速心律的作用，在医学上有一定研究价值。

箭毒木在我国广东、广西及海南的热带森林中稍有分布，是国家三级保护植物。

箭毒木

建立国家级森林公园的意义

森林植物具有滞留沙尘、净化空气、增加空气中的负氧离子含量等功能。某些森林植物还可以分泌含有杀菌素的挥发性气体，具有较强的消毒杀菌作用。林地面积越大、森林覆盖率越高，其保健功能越明显。

森林公园是以大面积森林为基础，生物资源丰富，自然景观、人文景观相对集中的具有一定规模的生态郊野公园。它具有旅游功能、生态功能、保护功能和木材生产功能等。1982年，中国第一个国家森林公园在湖南张家界成立。到1996年底，全国已建立不同类型、不同层次的森林公园811处。

■ 滇金丝猴

滇金丝猴属灵长目、猴科、仰鼻猴属，为国家一级保护动物，也是世界濒危物种。主要分布在我国云南省境内，多栖息于海拔3000米以上的高山暗针叶林带，活动范围为2500米到5000米的高山，是世界上栖息海拔高度最高的灵长类动物和最适应高寒气候的一种猴子。滇金丝猴是一种以植食性为主的杂食猴类。它们主要以长苞冷杉、丽江云杉等树木的嫩叶以及松针、松果、嫩竹等为食，并嗜食一种叫做“松萝”的地衣类寄生植物，也觅食一些昆虫，如蜘蛛等。

除我国外，这一稀世珍宝在世界上仅有法国、英国等极少数国家的博物馆中收藏有若干标本。

滇金丝猴

注：资料截至2004年。

国家地质公园

国家地质公园

北京　石花洞、延庆硅化木、十渡

天津　蓟县

河北　阜平天生桥、涞源白石山、秦皇岛柳江、赞皇嶂石岩、涞水野三坡

山西　壶口瀑布

内蒙古　克什克腾、阿尔山

辽宁　朝阳鸟化石

吉林　靖宇火山矿泉群

黑龙江　五大连池、嘉荫恐龙、伊春花岗岩石林

江苏　苏州太湖西山

浙江　临海、常山、雁荡山、新昌硅化木

安徽　黄山、浮山、淮南八公山、齐云山、牯牛降

福建　宁化天鹅洞群、晋江深沪湾、太姥山、大金湖、漳州滨海火山

江西　庐山、龙虎山

山东　山旺、枣庄熊耳山－抱犊崮、东营黄河三角洲

河南　嵩山、焦作云台山、宝天曼、王屋山、嵖岈山、西峡伏牛山

湖南　张家界、崀山、郴州飞天山

广东　湛江湖光岩、丹霞山、阳春凌宵岩、佛山西樵山

广西　资源、百色乐业大石围天坑群、北海涠洲岛火山

海南　海口石山火山群

重庆　武隆岩溶、黔江小南海、长江三峡

四川　龙门山、自贡恐龙、海螺沟、安县生物礁、大渡河、九寨沟、黄龙、兴文石海

贵州　关岭化石群、兴义、织金洞、绥阳双河洞

云南　石林、澄江动物群、腾冲火山、禄丰恐龙、玉

在地球演化的漫长地质历史时期，由于内外营力的综合作用，形成了众多不可再生的地质自然遗产。如有重大观赏和重要科学研究价值的地质地貌景观，有重要科考价值的古人类遗址、古生物化石遗迹和典型的地质灾害遗迹等。为了对这些自然遗产进行保护和合理开发，联合国教科文组织常务委员会第156次会议(1999年4月15日，巴黎)提出了创建世界地质公园计划。近期目标是每年在全球建立20处世界地质公园，以期将来实现在全球建立500处地质公园的远景目标。

我国是世界地质公园计划试点国家之一。先后审批了3批共85家国家地质公园。其中有12家被评为世界地质公园。除地质公园外，我国还建立地质遗迹自然保护区87处（国家级8处）。

北京延庆硅化木地质公园

位于北京延庆县白河两岸，距北京市区100公里，总面积226平方公里，是全国唯一以典型、稀有、珍贵的硅化木群为主体的国家地质公园。硅化木是地质历史时期的植物经硅化与变质作用形成的，又称木化石，形成于约距今1.4亿～1.8亿年的侏罗纪火山沉积盆地中，是研究华北地区中生代地质历史时期古地理、古气候演化的重要佐证。园内有华北地区规模最大、保存最完整的木化石群，露出地表展示的硅化木有57株，质地坚硬，纹理清晰，最长15米，一般直径0.6米～1.5米，最粗达2.5米。

全园分为地质科普、风光旅游、农家乐生态旅游等5大区域，已形成集科研、教学、科普、观光旅游、休闲度假为一体的地质公园。

福建漳州滨海火山地质公园

位于福建省漳州市漳浦县、龙海市滨海地带，总面积318.64平方公里，主要地质遗迹类型为火山地质地貌。该园地处太平洋西岸、欧亚大陆东缘新生代火山喷发带的重要地域，由距今2600万年至700万年间火山喷发的玄武岩构成典型的火山地质地貌景观。是世界四大火山地貌景观之一，并以其独特的形状成为全国火山地质构造的标准。隆教乡牛头山古火山口被誉为“海底兵马俑”。

该园不仅在学术上是研究太平洋西岸和欧亚大陆东缘的地质、地貌、气候、生态和地震等学科不可多得的科研基地，更以其独特的海蚀地貌和绵延近百里的数十处天然海滨浴场，成为旅游观光、度假和科学普及的重要基地。

■四川自贡恐龙国家地质公园

自贡是恐龙的故乡，从1915年发现四川盆地第一块恐龙化石至今，多达160多处的化石埋藏点和完整的恐龙化石骨架使自贡成为恐龙研究专家关注的焦点。位于自贡城东约10公里处的大山铺恐龙化石遗址发掘于1972年，是中国最著名的恐龙化石产地之一。这里的化石埋藏丰富，门类众多，主要属于侏罗纪早、中期这个恐龙由原始到进化演变的关键时期，填补了国际恐龙研究资料中的薄弱环节，对有关生物的进化，确立、古地理、古气候的变迁都有重要意义。

1986年，被誉为“东方地上龙宫”的中国自贡恐龙博物馆开馆，主要陈列大山铺恐龙化石埋藏现物及出土化石，具有很高的科研价值和游览观光价值。

龙黎明—老君山
西藏　易贡
陕西　翠华山山崩、洛川黄土
甘肃　敦煌雅丹、刘家峡恐龙、景泰黄河石林、平凉崆峒山
青海　尖扎坎布拉
宁夏　西吉火石寨
新疆　布尔津喀纳斯湖、奇台硅化木—恐龙
注：资料截至2004年。

国家级重点风景名胜区

■ 国家级重点风景名胜区

北京 八达岭－十三陵、石花洞
天津 盘山
河北 秦皇岛－北戴河、承德避暑山庄和外八庙、野三坡、苍岩山、嶂石岩、西柏坡－天桂山、崆山白云洞
山西 五台山、恒山、黄河壶口瀑布、北五当山、五老峰
内蒙古 扎兰屯
辽宁 鞍山千山、鸭绿江、金石滩、大连海滨－旅顺口、兴城海滨、凤凰山、本溪水洞、青山沟、医巫闾山
吉林 松花湖、仙景台、防川、“八大部”－净月潭
黑龙江 镜泊湖、五大连池
江苏 江苏太湖、南京钟山、云台山、蜀岗瘦西湖、三山
浙江 杭州西湖、富春江－新安江、雁荡山、嵊泗列岛、普陀山、溪口－雪窦山、天台山、楠溪江、莫干山、双龙、仙都、江郎山、仙居、浣江－五泄、方岩、百丈漈－飞云湖
安徽 黄山、九华山、天柱山、琅琊山、齐云山、采石、巢湖、花山谜窟－渐江、太极洞
福建 武夷山、清源山、鼓浪屿－万石山、太姥山、桃源洞－鳞隐石林、金湖、鸳鸯溪、海坛、冠豸山、鼓山、玉华洞、

壶口瀑布

■ 腾冲地热火山

热海大滚锅

位于滇西腾冲县境内。有热海、来凤山、火山湖、火山群、云峰山等5处风景区。境内分布着火山锥90多座，气泉、热泉、温泉等80多处。火山群规模大、保存完好，被誉为“天然的地质自然博物馆”。腾冲是我国第二大热气田，其中最著名的有硫磺塘大滚锅、黄瓜箐热气沟和澡塘河高温沸泉等。这里还是大树杜鹃和云南茶花的故乡。

■ 嵊泗列岛

位于我国第一大群岛舟山群岛的北部，是我国惟一一处国家级列岛风景名胜区，以其“碧海奇礁、金沙渔火”的海岛风光著称于世。风景区分为泗礁、嵊山——枸杞、花绿、洋山等四大景区，约有60多处景点。有“国际锚地”之誉的绿华港、有“南方北戴河”之称的基湖和南长涂沙滩，还是唐朝鉴真和尚六渡扶桑、明朝郑和七下西洋等重要历史事件的发生地，是一处集自然与人文景观于一体的旅游胜地。

■ 黄河壶口

位于山西省吉县境内晋陕峡谷之中。河床宽由约300～500余米变成约30～50米宽，河水从20余米高的断层石崖飞泻直下，听之如万马奔腾，视之如巨龙鼓浪，遂有“天下黄河一壶收”之说。壶口瀑布四时景色各不相同：春见琼宫惊倾，玉屑飞溅；夏观浊浪翻卷，万雷轰鸣；秋登高远眺，其来形去势，一目了然；冬看万马收缰，冰桥飞架。有壶口秋风、禹帽夕照、孟门夜月、石窝宝镜、千丈龙槽、管头红叶、斗法龟牛、睡女峰等自然景观和清代长城、明清码头、旱地船道等人文景观。

■ 长江三峡

位于重庆市东部和湖北省西部。是国务院首批公布的国家级重点风景名胜区。它西起重庆奉节县白帝城，东至湖北宜昌南津关，全长192公里，包括瞿塘峡、巫峡、西陵峡三大峡区和几处宽谷，以瞿塘雄、巫峡秀、西陵险及观三峡云雨而驰名。在三峡第一支流大宁河上，有龙门、巴雾、滴翠等小三峡，景色更是秀美。三峡沿岸的名胜古迹主要有丰都名山、忠县石宝寨、云阳张飞庙、奉节白帝城、巴人悬棺、屈原故里、昭君故里和黄陵庙等。

十八重溪、青云山

江西　庐山、井冈山、三清山、龙虎山、仙女湖、三百山、梅岭－滕王阁、龟峰

山东　泰山、博山、青岛崂山、胶东半岛海滨、青州

河南　鸡公山、洛阳龙门、嵩山、王屋山－云台山、石人山、林虑山

湖北　东湖、武当山、大洪山、隆中、九宫山、陆水

湖南　衡山、武陵源、岳麓山、洞庭湖－岳阳楼、崀山、韶山、猛洞河、桃花源

广东　惠州西湖、肇庆星湖、西樵山、丹霞山、白云山、罗浮山、湖光岩

广西　桂林漓江、桂平西山、花山

海南　三亚热带海滨

重庆　缙云山、长江三峡、金佛山、四面山、芙蓉江、天坑地缝

四川　峨眉山、四姑娘山、黄龙寺－九寨沟、青城山－都江堰、剑门蜀道、蜀南竹海、贡嘎山、西岭雪山、石海洞乡、邛海－螺髻山、白龙湖、光雾山－诺水河、天台山、龙门山

贵州　黄果树、龙宫、织金洞、㵲阳河、红枫湖、荔波樟江、赤水、马岭河、都匀半蓬山－剑江、九洞天、九龙洞、黎平侗乡

云南　石林、大理、西双版纳、三江并流、腾冲地热火山、昆明滇池、玉龙雪山、瑞丽江－大盈江、九乡、建水、普者黑、阿庐

西藏　雅砻河

陕西　华山、宝鸡天台山、临潼骊山、黄帝陵、合阳洽川

甘肃　鸣沙山－月牙泉、麦积山、崆洞山

青海　青海湖

宁夏　西夏王陵

新疆　天山天池、博斯腾湖、库木塔格沙漠、赛里木湖

注：资料截至2004年。

名城与古迹

七大古都

北京、安阳、洛阳、开封、西安、南京和杭州是中国历史上的七大古都。他们曾经是中国古代的政治、经济和文化中心，历史文化悠久，建筑风格各具特色，名胜古迹众多，从多方面反映了中国古代各个时期的政治、经济、文化发展水平及其特征，是中外旅游者了解中国古代文明的窗口。

京杭大运河

京杭大运河是世界上最长的人工运河，始凿于公元前5世纪的春秋末期，经隋、元两代大规模扩展，始通达洛阳和北京。现存京杭大运河南起杭州，北至北京，全长1801公里，沟通了海河、黄河、淮河、长江、钱塘江五大水系。它既是运输的重要通道，也为今天的南水北调创造了条件。

古格王国遗址

古丝绸之路

古丝绸之路是一条连接亚、欧、非三大洲的陆上交通线，是中国汉代开创的将中国的丝织品等从长安（今西安）起，经康居、安息（今伊朗）、叙利亚运往地中海各国的一条道路。它全长7000多公里，在中国境内的总长约为4000多公里。

古丝绸之路中第一条是沿着昆仑山北麓到达安息，直至印度洋，称为南道。第二条顺天山南侧行走，越过帕米尔高原，到达中亚和波斯湾等地，称为汉北道，后改称为中道。西汉以后天山北路出现了通往地中海各国的北道（即北新道）。丝绸之路自西汉时期形成，至唐代时达到鼎盛，历经1000多年，为中西方文化交流做出了重大的贡献。

中国世界纪念性建筑遗产保护名录

1. 云南剑川沙溪寺登街区
2. 中国长城
3. 陕西大秦宝塔和修道院
4. 上海欧黑尔·雪切尔犹太教堂

纪念胜地

中共一大会址

位于上海市卢湾区兴业路76号，这是一幢建于1920年的具有上海地方风格的石库门楼房，1921年7月23日，中国共产党第一次全国代表大会就在楼下一间18平方米的客厅内召开。毛泽东、何叔衡、董必武、陈潭秋、王尽美等13人，代表全国53名党员出席了大会，大会通过了党纲和决议，宣告了中国共产党的成立。

中共一大会址

鸦片战争

1840年6月，英国借口清政府销毁鸦片，派军舰封锁珠江口，第一次鸦片战争正式爆发。这场战争以1842年8月清政府与英国签订不平等的《中英南京条约》而宣告结束；1856年，英法殖民者借口“亚罗号事件”和“马神甫事件”，联合对清政府发动了以向中国倾销商品和掠夺廉价原料为目的的新一轮侵略战争，这次战争是第一次鸦片战争的继续和扩大，史称第二次鸦片战争。第二次鸦片战争以1860年中英《北京条约》、中法《北京条约》和中俄《北京条约》等不平等条约的签订而宣告结束。

鸦片战争的结束标志着中国开始沦为半殖民地半封建社会，也标志着中国历史进入反帝反封建的旧民主主义革命时期。鸦片战争成为中国历史的转折点，是中国近代史的开端。

辛亥革命

是1911年10月10日爆发的中国资产阶级民主主义革命。1911年清政府出卖铁路修筑权，激起全国人民的反对，10月10日，武昌城内的湖北新军工程营的革命士兵在熊秉坤、金兆龙等的率领下发动了武昌起义，12日占领了武汉三镇。武昌起义爆发后，各省纷纷响应，2个月内有鄂、湘、陕、赣、晋、滇、黔、苏、浙、皖、桂、粤、闽、川等省宣布独立。1912年1月1日孙中山在南京宣誓就职中华民国临时大总统，2月12日，清帝被迫退位，结束了清王朝260多年的统治。3月袁世凯窃取了辛亥革命的胜利果实。辛亥革命虽然推翻了清政府和中国两千多年的封建统治，但没有完成中国人民反帝反封建的民主主义革命任务。

红军长征

1934年10月，中央革命根据地第五次反“围剿”失败，中共中央机关和中央红军（红一方面军）被迫撤出中央革命根据地，实行战略转移，开始了长征。在此前后，红四方面军和红二方面军也先后撤出根据地，进行了长征。1935年10月19日，中央红军到达陕北吴起镇，行程二万五千里、纵横11个省，终于实现了战略大转移。1936年10月，红军一、二、四方面军胜利会师甘肃会宁等地，结束了长征。

长征途中，1935年1月，中共中央在贵州遵义召开政治局扩大会议，会议确立了毛泽东在党和红军中的领导地位，在极其危急的情况下，挽救了红军，挽救了中国革命，标志着中国共产党在政治上走向成熟。

抗日战争

1937年7月7日，卢沟桥事变爆发，日本侵略军发动了全面侵华战争。在随后的8年抗日战争中，中国共产党坚持抗日民族统一战线和独立自主原则，依靠广大人民群众，实行全面抗战路线，制订了持久战的战略方针，开辟了广阔的敌后战场，建立了敌后抗日民主根据地，与日军进行了英勇而顽强的斗争。1945年8月，日本帝国主义宣布无条件投降，中国人民终于赢得了100多年来反抗外敌侵略的第一次完全胜利。

二七纪念塔

人民英雄纪念碑

旅游与线路

中国旅游标志

中国旅游标志

中国旅游业的图形标志为“马踏飞燕”，马踏飞燕又名铜奔马，1969年于甘肃武威市雷台景区内的一座东汉时期镇守张掖的张姓武官及其妻合葬墓中出土。1971年9月，郭沫若从甘肃省博物馆中发现这件稀世珍品，并定名为“马踏飞燕”。铜奔马高34.5厘米，长45厘米，重7.15千克，它三足腾空，右后蹄踏一只飞鸟，头上鬃毛扬起指向翘尾，它体态矫健，神势若飞，给人以腾云凌雾一跃千里之感。1985年选为中国旅游业的图形标志，象征中国旅游业发展一日千里，前程似锦。

马踏飞燕

中国地域辽阔，地形复杂多样，名山大川、奇洞秀湖、飞瀑流泉、珍禽异兽，奇花异草等自然旅游资源极其丰富。中国历史悠久，文化底蕴深厚，历史古迹、文化艺术、民族风情等人文景观的数量也为世界各国所罕见。四季出游，高原寻梦，海滨踏浪，访古探幽，都会让你在不知不觉中放飞心情，深深陶醉。

中国旅游资源分区图

主要旅游线路

万里长城游

长城是汉族统治者为抵御北方游牧民族的军事威胁而建造的防御设施。以规模最大，建造时间最长，成为举世闻名的世界之最，被视为中国文化的象征。此线可游览河北的山海关、金山岭长城，北京的八达岭、慕田峪长城，天津的黄崖关长城，甘肃的嘉峪关。

神州精华游

此线撷取中国旅游资源之精华，集山水风光、历史文化和民俗风情于一体。是一条最佳也是国内外游客选择最多的旅游路线。

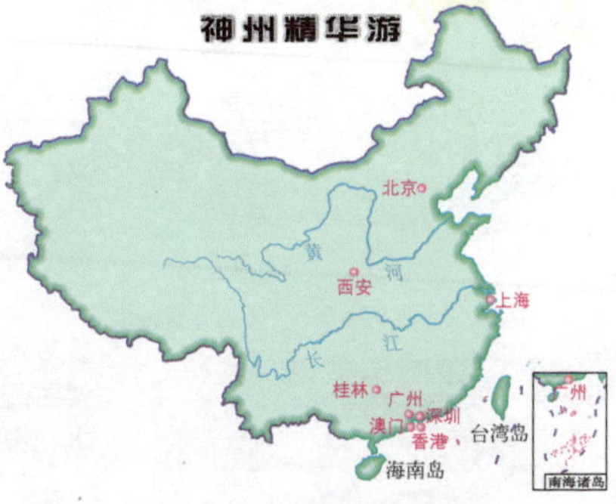

黄河风情游

此线不但可领略黄河的磅礴气势，峡谷平湖等胜景和两岸独特风光，更能饱览沿途名胜古迹、乡风民俗。主要景点有：甘肃的炳灵寺、黄河铁桥、刘家峡水库、黄河水车园；宁夏的黄河上游乘羊皮筏子畅游黄河；山西的壶口瀑布；河南的黄河游览区。

长江山水风情游

长江以她博大胸怀孕育了华夏大地丰富灿烂的文化，用甘甜的乳汁滋养着繁衍不息的炎黄子孙，而且以其神奇的造化之力，造成了众多的美不胜收的山水名胜。从长江口溯流而上，沿江有上海、南通、苏州、无锡、常州、镇江、南京、芜湖、九江、武汉、宜昌、重庆、宜宾、攀枝花等大中城市；有太湖、黄山、庐山、长江三峡等闻名中外的风景名胜区。随着举世瞩目的三峡工程竣工，长江三峡又会增添出更为美好的景观。

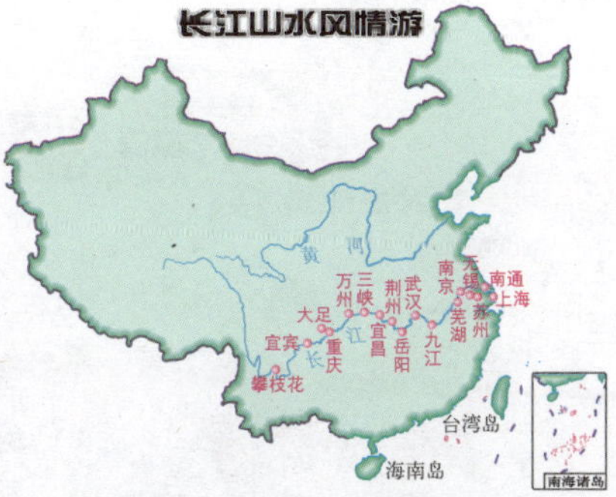

大自然奇山异水游

在祖国960万平方公里的土地上，奇山异水，数不胜数，神州五岳天下知名，黄山之松云石泉，更在五岳之上。此外峨眉之雄秀，庐山之明洁，武陵源之奇峰林海，漓江之清纯，九寨沟之秀美……均令游人流连忘返。

丝绸之路游

这是一条重温二千多年以前古丝绸之路的风土人情的旅游线路，沿线分布着众多的古窟、佛寺、丰富多彩的宗教艺术、20多个少数民族的风土人情等人文景观和黄土高原、戈壁沙漠、绿洲火洲等自然景观。主要名胜有秦始皇陵兵马俑、火焰山、天山天池等。

■ 江南水乡游

江南水乡江湖交错，水网纵横，小桥流水、古镇小城、田园村舍、古典园林如诗如画。主要景点有杭州西湖、苏州园林、周庄、绍兴东湖、无锡蠡园等。

■ 西南少数民族风情游

位于祖国西南的云、贵、川、桂、藏都是多民族省区。他们淳朴的民风，独特的地域文化及生活习俗，构成了一幅幅浓郁多彩的风情图画，而西南地区雄伟壮观的山岳风光和古建名胜，为旅游者西南之行增添无限情趣。

■ 冰雪风光游

东北三省冰雪之旅，是冬游的上选线路。哈尔滨观冰灯、冰雕、冰帆，长春赏雾凇，亚布力滑雪等都是其引人入胜的旅游项目。

■ 七大古都游

这条线路非常适合于对中国历史、文化艺术感兴趣者。沿着这条路线，可以看到古代的宫殿、寺院、石窟、建筑、陵墓以及众多的文物。

■ 海韵、湖光度假游

度假休闲是中国旅游新的趋势，此线的主要景区有：三亚亚龙湾、青岛崂山、厦门鼓浪屿、秦皇岛北戴河、大连金石滩等。

■ 宗教文化游

自古名山多寺庙！所以，游客在欣赏自然美景的同时，更应细细体味蕴涵于其中的宗教人文意境。

❶ 佛教之旅

北京（卧佛寺、雍和宫等）、山西（五台山等）、安徽（九华山等）、浙江（普陀山等）、四川（峨眉山、乐山大佛等）、青海（塔尔寺等）、西藏（布达拉宫、大昭寺等）。

❷ 道教之旅

山东（崂山等）、河南（嵩山）、山西（恒山）、陕西（华山、终南山等）、湖南（衡山）、江西（龙虎山）、湖北（武当山）、四川（青城山等）。

❸ 伊斯兰教之旅

福建（泉州清净寺）、广州（怀圣寺）、杭州（真教寺）、扬州（仙鹤寺）、北京（牛街清真寺）、西安（化觉寺）、新疆（艾提尕清真寺）。

分省旅行导航

FENSHENG LÜXING DAOHANG

北京市

长途区号：010

邮政编码：100000

北京市是中央直辖市，中华人民共和国首都。春秋时称蓟，为燕国都；三国时置幽州，隋置涿郡，唐重设幽州；辽置幽都府，为陪都南京，又名燕京；以后金称中都，元置燕京路，后改称大都，设大兴府；明洪武元年（1368年）置北平府，永乐元年（1403年）改顺天府，永乐十九年（1421年）定为京师；1644年，清迁都于此。民国初年定都称北京，1928年，改名北平，设为北平特别市，兼为河北省省会；1938年改为北京特别市；抗日战争期间被日军侵占；1945年抗战胜利后仍为北平市；1948年被定为中华民国的陪都。1949年10月1日改北平市为北京市，定为中华人民共和国首都。全市面积1.7万平方公里，人口1143万（居全国第27位），有汉、回、满、蒙古等民族。

本市地处华北平原西北边缘，东南距渤海150公里。西有西山，属太行山余脉，主峰东灵山海拔2303米，为本市最高峰；北有军都山，属燕山山脉；东南部为平原，由永定河、潮白河等河流冲积而成，海拔50米左右，平原约占全市总面积的38%；永定河为本市最大河流，潮白河上游有本市最大的密云水库；永定河、潮白河、北运河、拒马河等为过境河流，均属海河水系。

本市冬季寒冷，夏季炎热，春季多风沙，秋高气爽，是较为典型的暖温带半湿润大陆性气候。年平均气温8℃～12℃，1月−7℃～−4℃，7月25℃～26℃。年平均降水量约600毫米，且多集中在夏季。

郊区、郊县平原区主产粮、棉、蔬菜，山区则产果品。京西稻为著名优良品种。密云小枣、京白梨、良乡板栗、北京鸭是著名土特产。

工业有冶金、煤炭、机械制造、石油、化工、电力、仪表、电子、建材等部门。京西煤矿是我国大型无烟煤生产基地，首都钢铁总公司是我国10大冶金企业之一，燕山石化总厂是我国石化基地之一。

北京是全国铁路、公路、民航交通总枢纽。有京广、京九、京沪、京哈、京包、京原、京秦等主要铁路干线辐射全国；已建成京沪（北京－上海）、京珠（北京－珠海）、京沈（北京－沈阳）、京津塘、八达岭等高速公路和京通（北京－通州）快速路。首都国际机场是全国3大国际机场之首。

北京是我国科技教育和文化中心，既有北

艺术视野

■ 京　剧

戏曲剧种，流行全国，被称为“国粹”。清乾隆五十五年（1790年）四大徽班进京演出，后与汉剧、秦腔、昆曲经过长期相互交流、融合、演变、发展而成。唱腔基本是板腔体，伴奏以京胡、鼓、锣等民族乐器。京剧的道具、服装、人物、造型、面部化妆（脸谱）都不追求逼真，而是夸张、精练、注意象征性、装饰性。在京剧舞台上还常可看到技艺性很强的高难动作，加强了京剧的艺术魅力。程长庚、谭鑫培、梅兰芳等是一代京剧大师。

■ 景泰蓝

又名铜胎掐丝珐琅，是北京特有的瓷铜相结合的工艺美术品，因为在明代景泰年间极为盛行，所用釉料以蓝色居多，故习惯上称为景泰蓝。做法是用细扁铜丝在铜胎上掐成各种富于民族风格的图案花纹，充填珐琅质的色釉烧制，然后磨光，镀金而成，工艺过程非常复杂。景泰蓝造型优美，花纹精巧，色彩华丽，金碧辉煌，明清时期主要作为官廷用品，在官廷内生产。清代后期，民间制作逐渐发展起来，并开始作为出口商品，深受各地消费者的喜爱。

大、清华等著名高等学府，又有中科院、社科院等科研机构；有国家图书馆、故宫博物院等重要文化研究基地。北京是举世闻名的历史文化名城，我国七大古都之一，作为国都的历史已逾800年，因此，北京的古建筑、名胜古迹最为集中：拥有我国最大的宫殿建筑，最大的皇家园林，最华丽的寺庙陵寝，众多的名人故居。主要名胜古迹有：明清故宫、长城、周口店北京猿人遗址、颐和园、天坛、天安门广场、天安门城楼、人民大会堂、毛主席纪念堂、北海公园、明十三陵、雍和宫、圆明园遗址、香山，以及中华世纪坛、世界公园、北京四合院等。

北京烤鸭享誉海内外，北京果脯、京八件等是著名传统产品，景泰蓝（珐琅瓷）以其精湛的工艺、华贵的色彩畅销全球。王府井步行街、西单、东单、西四、东四、前门、大栅栏等是著名的商业街。

民俗采风

■ 庙会

北京的庙会历史悠久，起源于辽代，元、明两代渐盛。分为平时轮流开放和年节开放两种。庙会的规模与庙宇的位置、庙宇的影响大小有很大关系。庙会期间，庙宇信徒云集，民间艺人也要前来演出，游人如织，商贾云集。庙外两旁的大道上各种土特产品、风味小吃摊、花鸟虫鱼集市等令人目不暇接。近年来，北京的庙会影响较大的有龙潭庙会、地坛庙会、白云观庙会和雍和宫大法会等。

中华世纪坛

亮点点击

故宫

明清故宫

1987年列入《世界文化遗产名录》。旧称紫禁城，是明清两代皇宫（共有24位皇帝）。位于北京南北中轴线上，天安门的北面。建于明永乐四年至十八年（1406－1420年），南北长961米，东西宽753米，总面积约72万平方米，有房屋9000多间，分外朝和内廷两大部分。整个建筑按中轴线对称分布，层次分明，主体突出，是中国现存规模最大、最完整的古建筑群。现为故宫博物院，珍藏历代艺术品和明清宫廷历史文物100多万件。

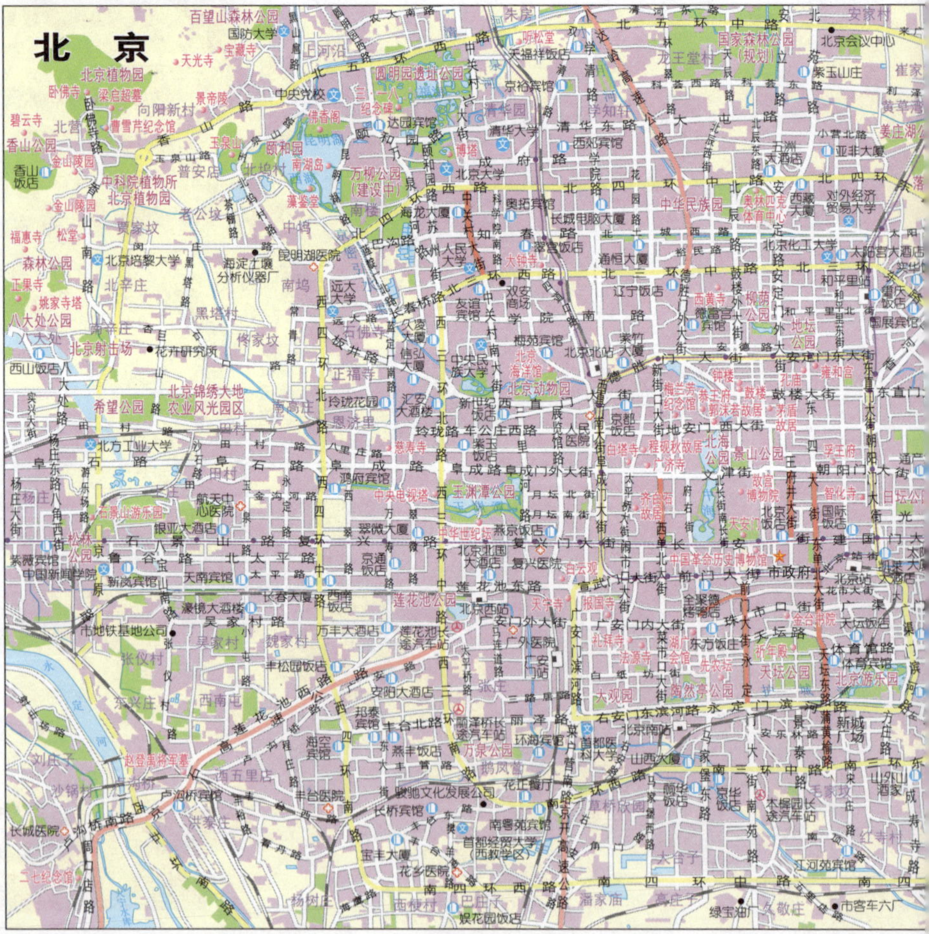

天　坛

1998年列入《世界文化遗产名录》。位于永定门内大街东侧，原为明清两代帝王每年冬至祭天、正月上辛日祈谷、孟夏求雨的场所。始建于明永乐十八年（1420年），占地面积273万平方米。天坛的围墙呈回字形，是按照古代“天圆地方”之说建造的，其南部为方形，象征地象；北部为圆形，象征天象。主要建筑均为圆形以象征天，有圜丘、皇穹宇和祈年殿等。祈年殿是天坛的主体建筑，坐落在有三层汉白玉的祈谷坛上，殿身中央四柱代表四季，外围两排各12根檐柱，分别代表12个月和12个时辰，同时这24根檐柱象征24节气。天坛是我国现存最大的古代庙坛建筑群，亦是世界建筑艺术的珍贵遗产。

祈年殿

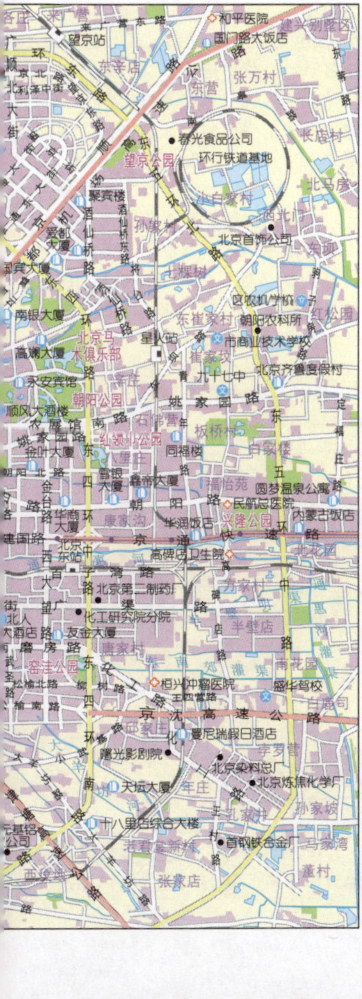

长　城

长城是世界古代七大建筑奇迹之一，中国古代最宏伟的军事防御工程，于1987年被列入《世界文化遗产名录》。

长城的修筑始于公元前七世纪东周列国时期，后有秦朝、汉朝和明朝三次修筑高潮。它西起嘉峪关，东到鸭绿江畔的虎山南麓，全长12700余里。现保存较好。主要用于发展旅游业的有山海关、八达岭和嘉峪关三段长城。

美食情报

北京烤鸭

原是元、明、清历代宫廷的御膳，后来逐渐传入民间。北京烤鸭用的鸭子是北京特产的填鸭，脯发达，肌肉丰满，皮薄、肉嫩。烤熟后，趁热将肉削成片。吃时，将鸭肉抹上特制的甜面酱，加上葱白或黄瓜条，卷在荷叶薄饼或夹在空心烧饼里，油而不腻，味道十分鲜美。北京烤鸭店以便宜坊和全聚德最为著名。坐落在米市胡同的金陵老便宜坊烤鸭店，开业于明朝嘉靖年间，距今已有400多年历史，以传统的焖炉烤鸭著称；始创于清同治三年(1864年)的前门外全聚德烤鸭店，以创制挂炉烤鸭闻名，有“中华个人食之精品”的美誉。

北京烤鸭

涮羊肉

起源于我国北方少数民族地区，十七世纪中叶传入北京。北京涮羊肉以其选料精、肉片薄、调料精美、调配适当而著称。早年在北京吃涮羊肉最好的去处是前门外肉市上的正阳楼。自民国初年至今，位于东安市场北侧的东来顺羊肉馆生意日渐兴旺，现成为北京最为著名的涮羊肉馆。

十三陵

颐和园

1998年列入《世界文化遗产名录》。原为清代皇帝的行宫和御园。始建于清乾隆十五年（1750年），咸丰十年（1860年）被英法联军所毁、光绪十四年（1888年）慈禧挪用海军经费重建，改称颐和园。全园占地290万平方米，主要由万寿山、昆明湖和宫廷区组成，为我国4大名园之一，在中外园林艺术史上有极高的地位。

周口店“北京猿人”遗址

1987年列入《世界文化遗产名录》。位于房山区城西周口店，距市区50公里。自1929年12月在周口店龙骨山北坡一个大洞穴中发现了完整的“北京猿人”头盖骨后，周口店“北京猿人”遗址便闻名于世。据考证，约50至20万年前，北京猿人便在这里栖身。除此之外，这里还发现了距今约10万年的新洞人化石和约1.8万年前的山顶洞人化石及其他脊椎动物化石遗址20多处，构成了一个天然的生物史和人类史“博物馆”。周口店“北京猿人”遗址是目前世界上发现直立人化石、用火遗迹和原始文化遗存最丰富的古人类文化遗址。

十三陵

位于昌平区西北郊的军都山南翼和平原交界处，距北京约44公里。这里呈弧形排列着明朝自成祖朱棣至思宗朱由俭等13个帝王的陵墓。明十三陵从永乐七年（1409年）始建长陵起，至崇祯十七年（1644年）修建思陵止，历时200余年，其工程之大，耗时之长，在中国陵墓营建史上绝无仅有。十三陵中著名的定陵是明第十三代万历皇帝的陵墓，于1956年开始发掘，先后出土各类文物3000余件，1959年建立了定陵博物馆。2003年作为明清皇家陵寝列入《世界文化遗产名录》。

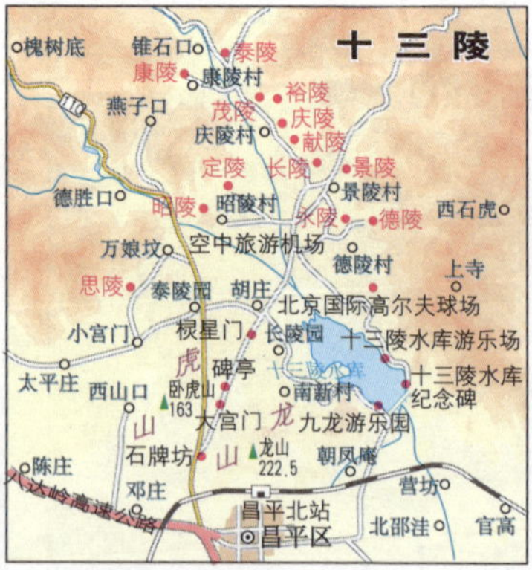

风物链接

■ 天安门广场

位于北京市中心，东西宽500米，南北长880米，面积44万平方米，可容纳100万人举行盛大集会，是世界上最大的广场。天安门广场是1949年10月1日宣告中华人民共和国成立的大会场。1919年的“五四”运动在这里爆发。天安门广场是中外游客必游胜地，在这里游览、摄影和参观早晚的国旗升降旗仪式。

■ 雍和宫

位于北二环路雍和宫大街东侧，是北京规模最大的喇嘛寺。原是清胤禛的雍王府，胤禛当皇帝后，便改为喇嘛寺。主体建筑有天王殿、正殿、永佑殿、法轮大殿、万福阁等。整个寺院前后风格各异，前半部疏朗开阔，后半部紧凑有序。殿阁交错，飞檐纵横，宇脊勾连，气势轩昂，具有汉、蒙、满、藏诸民族建筑风格融为一体的独特艺术风格。

■ 卢沟桥

位于市区西南永定河上，始建于金大定二十九年（1189年），是北京现存最古老的的联拱石桥，被誉为“世界上最好的、独一无二的桥”，是我国12世纪晚期桥梁建筑史上的一颗明珠。桥全长266.5米，宽7.5米，为11孔不等跨圆弧拱，桥墩前尖后方，呈船形，迎水面砌作分水尖。桥身两侧石雕护栏各有望柱140根，柱头上雕刻石狮485只，形态各异，栩栩如生。桥两头各竖两通御碑，为清代康熙、乾隆二帝所立。1937年7月7日，侵华日军在此制造了“卢沟桥事变”，中国人民抗日民族自卫战争从此开始。

军事博物馆

知识补给站

■ 军事博物馆

位于复兴路9号，是我国惟一的大型综合性军事历史博物馆，向国庆10周年献礼的首都十大建筑之一。馆内基本陈列为古代战争馆、近代战争馆、第一次国内革命战争馆、第二次国内革命战争馆、抗日战争馆、第三次国内革命战争馆和兵器馆。

馆藏文物不仅展示中国共产党领导下的人民革命武装斗争和中国人民解放军的历史，而且反映整个中华民族上下五千年的军事史、战争史和兵器史。

■ 自然博物馆

位于崇文区天桥南大街，是建国后创建的第一座自然科学类综合博物馆。由四个基本陈列和一个恐龙世界博览馆组成。馆藏文物、化石、标本10余万件。其中，大型整体古哺乳动物化石数量居世界第一，黄河古象化石、恐龙化石名扬海内外。

■ 航空博物馆

坐落在京郊昌平区小汤山，占地面积800余亩，是亚洲最大的、以飞机文物为主体的航空珍品荟萃地。目前已收存105种型号200多架飞机，以及地空导弹、高炮等700多件武器装备样品，向人们展示新中国航空事业蓬勃发展和人民空军成长壮大的历程，是开展国防教育、科普教育和进行大型社会活动的理想场所。

国子监辟雍

名人专区

老　舍（1899－1966）

北京人，满族。原名舒庆春，字舍予，著名作家。一生从事文学创作，著有长篇小说有《四世同堂》、《骆驼祥子》等9部。短篇小说集有《火车集》、《贫血集》、《东海巴山集》和通俗文艺集《三四一》、《赶集》、《樱海集》、《蛤藻集》。主要剧本有《国家至上》、《张自忠》等。话剧有《方珍珠》、《龙须沟》、《茶馆》等。

程砚秋（1904－1958）

北京人，满族。著名京剧演员，艺术上勇于革新，根据自己嗓音特点，创造出一种幽咽婉转的唱腔，形成自己的艺术风格，世称“程派”。所编演的剧本，如《鸳鸯冢》、《青霜剑》、《荒山泪》、《金锁记》等，大都表现旧社会妇女的悲惨遭遇。中年后兼致力于戏曲理论研究，对舞台艺术和剧种源流等有所论述，编为《程砚秋文集》。

琉璃厂文化街

国子监

位于安定门内孔庙西侧，是元、明、清三代的国家最高学府，始建于元大德十年（1306年）。辟雍为国子监的中心，是清代皇帝来国子监讲学的地方，清乾隆四十九年（1784年）建，坐落在有白石护拦的圆形水池中央。水池四面有4座石桥，构成“辟雍泮水”境界。国子监内层层院落中有许多厅堂、教室及藏书处等，均系过去的教学、生活用房。清代国子监内有监生（学生）近千人，远至交趾（今越南）、高丽（今朝鲜）等国的留学生以及我国各少数民族学生也在此就读。

北京大学

综合性大学，前身为京师大学堂，1912年改现名。抗日战争时期迁昆明，同清华大学、南开大学合并为西南联合大学。抗战胜利后于1946年在北平复校。李大钊、陈独秀、毛泽东、鲁迅均在该校工作过。五四运动在该校首先发动。目前设有16个学院、29个系、52个研究所和62个研究中心，并设有研究生院。

清华大学

以工科为主，包括理科、文科和管理学科的综合大学。前身为清华学堂、清华学校，是1911年清政府用美国退还的庚子赔款办的一所留美预备学校。1925年起逐步改办为大学。1928年改名为国立清华大学。抗日战争时期迁昆明，同北京大学、南开大学合组西南联合大学。抗战胜利后迁回北平复校，设文、法、理、工、农五个学院。1952年后经院系调整，成为一所多科性工科大学。1980年后逐步发展为综合大学。目前设有31个系、13个学院，并设有相应的研究机构和研究生院、继续教育学院等。

琉璃厂文化街

位于宣武区和平门外，全长750米。辽时为海王村，元明时曾设琉璃窑厂，故名。清初古董商开始在此经营，乾隆时已成为古玩字画、古藉碑贴及文房四宝的集散地。驰名中外的荣宝斋及中国书店和文物商店等许多门市部都先后在此设立。1982年琉璃厂文化街整修重建。新建后的街道两旁铺面店堂青砖灰瓦，砖雕彩绘古色古香，保持了原有的古代街市色彩。

■ 王府井

王府井步行街

位于天安门东侧，长安街路北，明代这里建有十大王府，所以以取名王府街。因王府街南段有一口甜水井，随之得名“王府井”。以1993年初新东安市场破土动工为标志，王府井的改造历时6年，至1999年9月正式亮相开街。今天的王府井已远不是原来的老街一条，而是一个规模宏大的中心商业区。

■ 戏　院

戏院在清朝最早叫茶园，到民国时期改称剧场、剧院或戏院。前门大街路东广和楼是北京城最早的戏院。广德楼、三庆园、同乐轩、庆乐戏院、中和戏院、华乐戏院、民主剧场、吉祥戏院和长安戏院等，都是老北京有名的戏院。其中，中和戏院和长安戏院至今仍是京剧及其他大型演出的重要场所。在老戏院听场京剧，是游人领略老北京风貌的最佳选择之一。

■ 茶　馆

老北京的茶馆特别多，分三种：一种是江南茶馆，特点是带有糕点；一种是荤铺式茶馆，茶饭合二为一；还有一种是书茶馆，饮茶者多以听书为主，有评书、京韵大鼓、山东快书等。随着现代都市生活节奏的变化，老北京茶馆日渐式微，甚至不复存在了。直至前些年，老舍茶馆在前门开张，茶馆才又吸引了人们的注意力。在老舍茶馆中可品尝名茶、听戏曲，而天桥乐茶园的民俗表演让人乐而忘返。近来兴起的茶艺馆也颇受人们欢迎，比起传统茶馆来，又别是一番风味。

■ 胡同和四合院

胡　同　是北京特有的一种古老的城市小巷。在北京城内，胡同占据着近1/3的面积，居住着近半数的人口。它们围绕在紫禁城周围，大部分建于元、明、清时期。据统计，北京现有胡同6000多条，充分展示了北京文化的深邃。过去，正规的胡同集中在皇宫附近的东西两侧，沿街道由南向北整齐地排列，其中居民多为皇亲贵族。简陋的胡同大多在离皇宫较远的南北两个方向，其中居民多为商贾平民。

四合院　胡同的主要建筑是四合院。四合院是北京人的传统住宅，就是东西南北四面建房，围出院子，院子坐北朝南，大门开在东门角上。院内种植花木或陈设盆景，居住环境安静、舒适。而胡同，实际上是一个挨一个排列起来的四合院间的通道。

四合院

■ 梁实秋 (1902—1987)

浙江杭州人，生于北京。中国著名的散文家、文字评论家、翻译家。曾先后任教于东南大学、暨南大学、青岛大学、北京大学等校。1949年后曾任台湾省立师范大学文学院院长。创作以散文小品著称，风格朴实隽永，有幽默感，以《雅舍小品》为代表。主要著作有散文集《雅舍小品》（续集），文学评论集《浪漫的与古典的》、《文学的纪事》、《秋室杂文》，译著《莎士比亚全集》等。主编了《远东英汉大辞典》。

■ 梅兰芳 (1894—1961)

生于北京，著名京剧演员。8岁学戏，11岁登台，演青衣，兼演刀马旦。对京剧旦角的唱腔、念白、舞蹈、音乐、服装、化妆等都有创造和发展，并形成了自己的艺术风格。影响很广，世称“梅派”。代表作有《宇宙锋》、《贵妃醉酒》、《霸王别姬》、《洛神》、《游园惊梦》等，著有《梅兰芳文集》、《舞台生活四十年》等。

天津市

长途区号：022

邮政编码：300000

艺术视野

杨柳青年画

始创于明崇祯年间，最早起源于杨柳青镇，为中国著名的民间木版年画。它继承了宋、元绘画传统，至清嘉庆、道光年间，杨柳青年画的风格渐趋活泼。其题材多样，画面热闹，色彩丰富，技艺精湛，行销海内外。在中国版画史上，杨柳青年画与南方著名的苏州桃花坞年画并称“南桃北柳”。

制作年画

风筝魏

天津风筝以高级真丝、纯纸、上等毛竹为原料，以冷暖色对比为着色手法，做工精细，造型逼真，种类繁多。天津风筝创始人魏元泰被誉称“风筝魏”。天津风筝与泥人张彩塑、杨柳青年画、天津地毯合称天津四艺，已有百余年历史。

天津市为中央直辖市。因位于明代天津卫旧地而得名，简称津。北宋时在此设军事据点，以后金代设直沽寨，元代改为海津镇。明代朱棣赐名“天津”（即“天子要津”），天津之名由此开始。明永乐二年（1404年）置天津卫，雍正三年（1725年）于直隶省河间府置天津州，随后升为直隶州。雍正九年（1731年）升为天津府。民国初设直隶省津海道，治天津县。省会由清苑县（今保定）迁至天津县。20年代初设为市。1949年1月，天津市人民政府成立，由华北行政区直辖；10月，改由中央直辖；1958年2月改为河北省地级市；4月，河北省省会由保定迁至天津市； 1967年1月，恢复为中央直辖市。全市面积

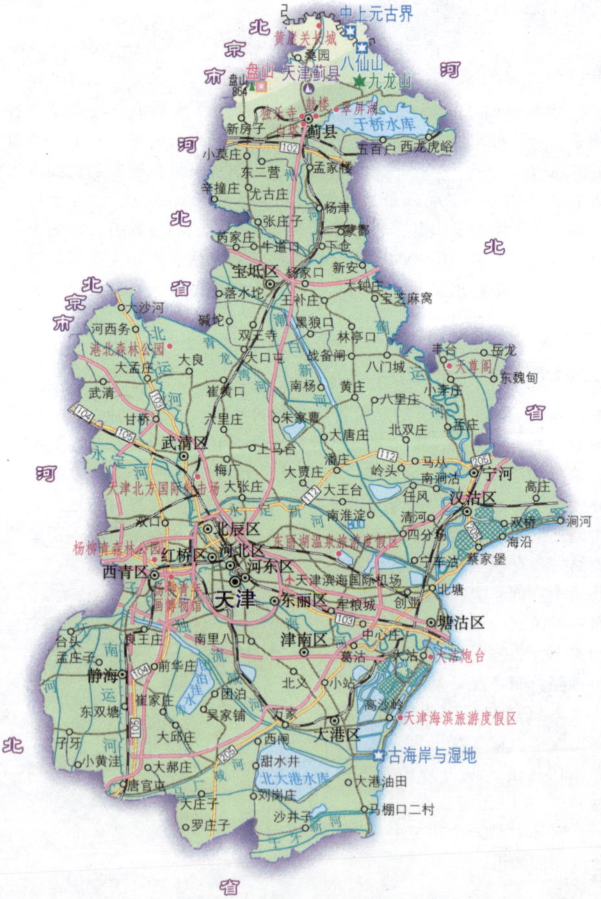

1.13万平方公里，人口927万（居全国第28位），有汉、回、满、蒙古、朝鲜等民族。

本市地处华北平原北部，东临渤海，北靠燕山，北部为燕山南麓的低山丘陵，九山顶海拔1078米，为本市最高峰。南北运河、子牙河、永定河、大清河等汇合后为海河，流经城区，在大沽口入海。海河冲积而成的平原海拔2～5米，最低点大沽口海拔为0米。

本市属暖温带半湿润大陆性季风气候，春季多风，夏季炎热，冬季寒冷，唯秋季风和日丽，冷暖适宜。年平均气温12.2℃，1月-4.2℃，7月25.5℃。年平均降水量550～650毫米，且多集中在夏季。水资源缺乏。

平原地区主产小麦、水稻、玉米，小站稻是著名优良品种；经济作物以棉花、花生、大豆为主。北部山区盛产水果，天津鸭梨久负盛名。海岸线长达150公里，沿海产黄鱼、鲐鱼和对虾等海鲜产品。

天津是我国历史悠久的对外通商口岸，是首都北京的出海门户。天津新港是全国最大的人工海港，也是我国北方最大的贸易港，港口规模居全国第2位，但货运吞吐量却居首位。天津亦是我国综合性工业基地之一，尤以海洋化工、石油化工最为突出，纺织工业已有80多年历史，在全国占有重要地位。钢铁、电子、机械、自行车、手表、制药、食品、海盐等工业实力雄厚。大港油田是我国新兴的石油基地，渤海油田是我国最早开发的海上石油生产地，长芦盐田是我国最大的海盐盐田。有军粮城、杨柳青、南河、咸水沽等天津卫星工业城，建立了高新技术开发区、新技术产业园和天津港保税区，滨海新区为对外窗口。

本市地处华北与东北交通咽喉，京哈、京沪两大铁路干线交会于此；有京津塘（北京－天津－塘沽）、津蓟（天津－蓟县）、津唐（天津－唐山）、京沪（北京－上海）、京沈（北京－沈阳）、津保（天津－保定）等高速公路；天津滨海国际机场是北方重要航空港。

天津是一座河海兼有的港口城市。城区西南为文化区，海河以东主要是工业区，中心广场向西北和东南延伸的地区是全市政治、经济活动中心。从和平路经东马路至东北角，全长3公里，是著名的商业街，劝业场、中原公司、百货大楼、五和商场均坐落在这里。此外，估衣街、国际商场街、滨江道、南市食品街、古文化街等亦是著名的商业中心。

风景名胜有蓟县盘山风景区、大沽口炮台、海河公园、天后宫、独乐寺等。狗不理包子、桂发祥麻花和耳朵眼炸糕被誉为“津门食品三绝”。泥人张彩塑、杨柳青年画是著名手工艺品。

■ 泥人张

清道光六年出生的张明山，被誉为“泥人张”。他从国画和戏剧艺术中汲取营养，塑出彩色泥人肖像。泥人张彩塑泥人有其鲜明的艺术特色，一是实力强，二是色彩陪衬，三是题材广泛。画家徐悲鸿曾盛赞泥人张彩塑的艺术性是“写实主义之杰作”，其“比例之精确”，“骨骼之肯定”，“传神之微妙”，可以同“世界最大塑师”争胜。

天津海河风光

亮点点击

■ 八仙山国家级自然保护区

位于天津市蓟县境内，面积1049公顷，1995年晋升为国家级自然保护区，主要保护对象为次生森林生态系统。

本区地处燕山山脉西侧，区内生物种类丰富，种类结构完整，森林植被以暖温带落叶阔叶林为主。该保护区的建立对华北地区森林演替规律和维护当地的生态平衡均有着重要意义。

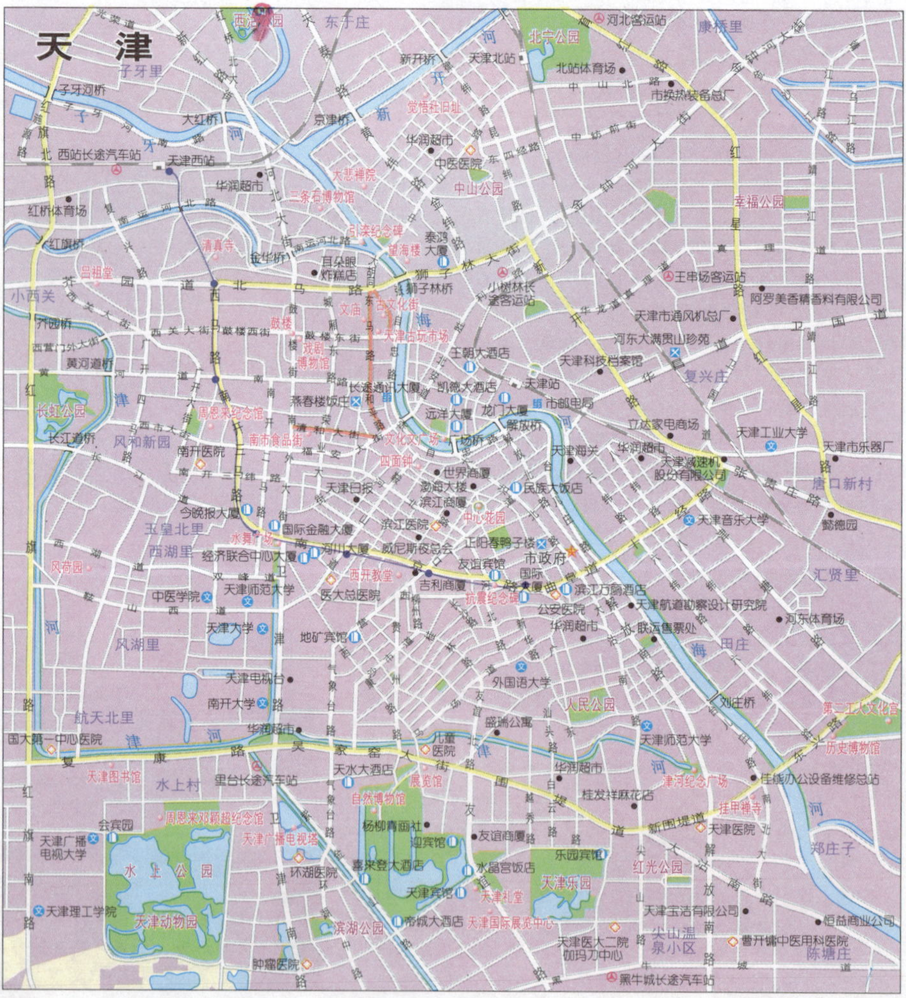

■ 盘　山

位于蓟县西北，为燕山余脉，以山深谷邃、怪石奇松、清泉秀木、寺庙古塔著称，被誉为“京东第一山”。是国家级重点风景名胜区。相传东汉末年董卓之乱时，田畴率众隐居于此，亦称田盘山。名胜古迹有五峰、八石及亭台楼阁、历代名人题刻等。盘山风景，人称“上盘松胜，中盘石胜，下盘水胜”。

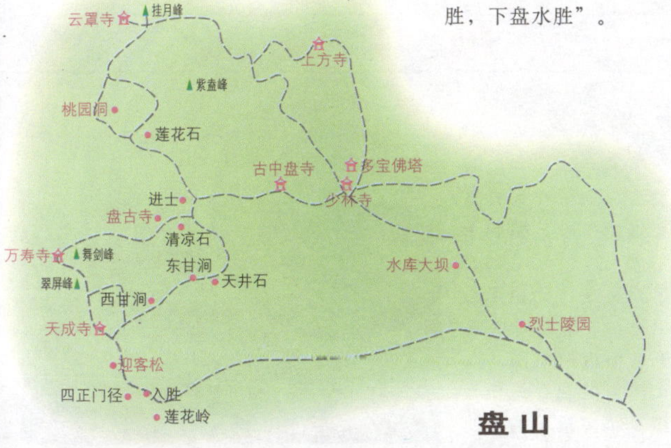

■ 蓟县国家地质公园

位于蓟北山区，北起长城脚下的下营镇常州村，南至蓟县县城附近的府君山，面积130平方公里。主要地质遗迹为中上元古界地层剖面和古生物化石。公园内保存着当年的古地理、古气候、古生物、古构造等大量的自然信息，以及多种金属、非金属矿产资源。中上元古地质历史时期仅有藻类和三叶虫等最低等的古生物，迄今世界上只发现三处，蓟县中上元古界是其中之一，其岩层齐全，出露连续，保存完好，构造简单，古生物化石丰富，被海内外地质学家推为同一地质时期的标准剖面，被誉为罕见的“地质瑰宝”和“大地的史书”。目前，蓟县国家地质公园已建成了南北两处风景区，三十多处主要旅游景点。

蓟县黄崖关长城

名人专区

■ 李叔同（1880－1942）

戏剧家、艺术教育家、文学家、书画家。浙江平湖人，生于天津。擅长书画篆刻、工诗词。1905－1910年留学日本，归国后曾在天津高等工业学堂、在浙江两级师范、南京高等师范等校任绘画、音乐教员。其音乐作品对中国早期的艺术教育具有启蒙意义。1918年于杭州的虎跑寺出家，法号弘一，人称弘一大师。

■ 骆玉笙（1914－2002）

京韵大鼓女演员，生于上海。1917年登台演出皮簧，1921年开始学习京剧，1931年改唱京韵大鼓，1936年始在天津、北京一带演出京韵大鼓，长年生活在天津。嗓音甜美，音域宽阔，韵味醇厚，被誉为“金嗓歌王”。她演唱的曲目以声情激越、昂扬向上著称，在京韵大鼓艺术方面取的了很高的成就。代表曲目有《子期听琴》、《击鼓骂曹》等。

■ 马三立（1914－2002）

著名表演艺术家，回族，祖籍甘肃，生于北京，成名于天津，常年活跃于天津相声舞台。他喜欢用第一人称方式，“我”既是作品中的主人公，又是嘲讽的对象，他文学渊博，博采众长，承前启后，形成了独特的艺术风格，推动了相声艺术的发展，在国内外享有很高的声誉，不愧为当代的相声泰斗、幽默大师。

特产快递

■ "狗不理"包子

由天津人高贵友在清光绪年间首创。因高贵友的乳名叫狗不理，因而得名。"狗不理"包子投料讲究，做工精细，皮薄馅大，香甜可口，是天津著名小吃，为"津门食品三绝"之一。

■ "十八街"麻花

创始人为范贵才、范贵林兄弟。因他们的麻花店位于十八街上，故名十八街麻花。十八街麻花是什锦夹馅大麻花，其特点是香、酥、脆、甜，在干燥通风处放置数月不变味、不绵软、不变质。为"津门食品三绝"之一。

■ 小站稻

因盛产于津南小站镇一带，故名。其米粒呈椭圆形，洁白如玉，晶莹透明，煮出的饭软香可口，有"屋内做饭满院飘香"之称。

望海楼教堂

■ 古海岸与湿地自然保护区

位于渤海湾西海岸，面积21180公顷，主要保护对象为贝壳堤、牡蛎滩古海岸遗迹和滨海湿地。

本区内古贝壳堤、牡蛎滩规模大、出露好、连续性强、序列清晰，在我国沿海乃至西太平洋各边缘濒海平原均属罕见。区内的七里海湿地还栖息和生长着多种珍稀野生动植物。为中国国际重要湿地。

风物链接

■ 天后宫

又名天妃宫、娘娘宫，坐落在南开区文化街中心。始建于元泰定三年（1326年），是古代船工祭祀海神、天后和举行酬神演出的场所，是天津市区现存规模宏伟、年代最早的建筑群。大殿内的"娘娘"塑像高2.7米。每年3月23日天后诞辰之日举办庙会，形成"盈街填巷人如堵，万盏明灯看驾来"的盛况。

天后宫

■ 大沽口炮台

位于海河入海口。大沽海口是"津门之屏"，自明代开始设防。清咸丰八年（1858年）为加强海防，建炮台5座。以"威、镇、海、门、高"命名，第二次鸦片战争期间，爱国士兵和义和团战士曾在此同八国联军侵略者浴血鏖战。1901年根据丧权辱国的《辛丑条约》，清政府被迫将大沽口炮台拆毁，现仅存南岸"海"字炮台。

■ 望海楼教堂

位于河北区狮子林大街西端北侧。旧称圣母得胜堂，建于清同治八年（1869年），是天主教传入天津后建造的第一座教堂，具有欧洲哥特式建筑风格。曾两度被烧毁，现存为1903年重建。该教堂作为"天津教案"的重要遗址，1988年被列为国家重点文物保护单位。

独乐寺

又称大佛寺，位于蓟县城西门内，为全国重点文物保护单位，建筑面积5670平方米。始建于唐代，辽统和二年（984年）重建，高23米，是中国现存最古老的木结构高层楼阁。曾经历过28次地震，其中三次是破坏性强震，几乎所有的房屋建筑都倒塌，惟独观音阁未遭破坏。阁内16米高的巨型泥塑观音立像因头顶10个小佛头，故称十一面观音，在国内仅此一处。观音阁四壁画有十六罗汉立像和三头六臂明王像，为明代画师之作。

独乐寺

“耳朵眼”炸糕

清光绪年间，创始人刘万春，外号“炸糕刘”。由于店址在耳朵眼胡同故名。炸糕成品外皮金黄、酥脆不艮，馅心香而不腻，适口性强，且无任何添加剂，为“中华名小吃”，“津门食品三绝”之一。

古文化街

位于老城东北角，是天津的发祥地，被誉为天津民间艺术的殿堂。以天后宫为中心，全长680米，南北各有一牌楼，分别刻有“津门故里”和“沽上艺苑”金色大字。街道两边为仿清式建筑，街内集古味、天津味、文化味为一体的店铺林立，主要经营古旧书籍、古玩玉器、传统手工艺制品、民俗用品等，天津民间艺术的杨柳青年画、魏记风筝、刘氏砖刻等都设有专店。

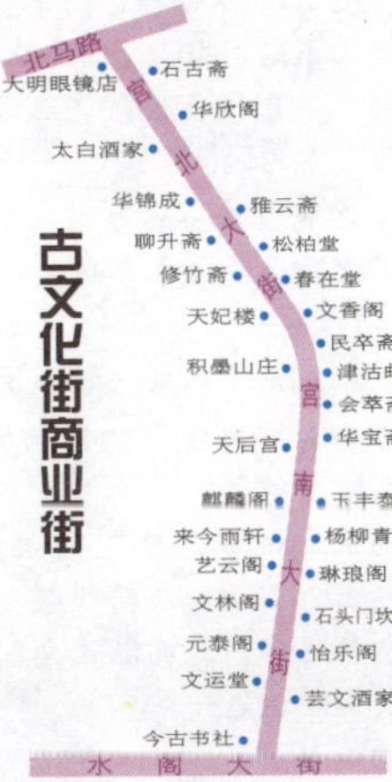

南市食品街

位于繁华的旧商业中心南市，建筑面积4万多平方米。这里不仅云集了全国各地的珍馐美馔、风味小吃，而且建筑别具一格，具有浓厚的民族特色。整个食品街像一座宫殿，远看像座“固若金汤”的古城池。显得古朴庄严，是中国目前最大的主要经营名特食品的大型市场，以独特魅力吸引着众多的中外游客。

南市食品街

知识补给站

环渤海经济区

在中国北部沿海。以天津、大连、青岛为中心，辽东半岛和山东半岛为两翼，包括冀、辽、鲁、晋四省，内蒙古七个盟市和京、津两个直辖市。为全国最大重工业基地之一，钢铁、石油、石化、盐碱化工、机械、电子、建材在全国均占重要地位。有著名的胜利、大港、辽河、渤海油田和开滦煤矿、迁安铁矿等矿产基地。天津新港、大连港、秦皇岛港等港口年吞吐量约占全国二分之一，铁路密度全国最高，大连、营口、天津、秦皇岛、烟台为中国首批对外开放的沿海城市，辽东半岛和山东半岛为两大沿海经济开放区。

河北省

石家庄长途区号：0311

石家庄邮政编码：050011

知识补给站

■ 磁山文化

中国新石器时代早期的一种文化，约为公元前5400－前5100年。1976年发现于河北武安磁山，故名。主要分布于河北南部。生产工具以磨制石器为主，骨器较多，有锥、铲、镞、鱼标和网梭等。陶器以夹砂粗红陶为主，泥质红陶较少，多素面，其次为绳纹，也有篦点纹和个别的彩陶。农业发达，饲养的家畜有猪和狗，可能还饲养了家禽。

■ 成语典故之乡——邯郸

邯郸市有名胜古迹500多处，如距今7500余年的新石器早期文化的重要代表磁山文化遗址、以赵王城、武灵丛台为象征的赵文化、以“曹魏三台”和南北响堂石窟为代表的魏齐文化等。“邯郸学步”、“胡服骑射”、“完璧归赵”、“黄粱美梦”、“负荆请罪”、“漳河投巫”等许多历史典故都发生在这里，有“成语之乡”之称。

■ 渤海赤潮

赤潮是海洋中某些浮游生物在一定环境条件下暴发性增殖或聚集引起水色变化的一种生态异常现象。赤潮灾害会引起海洋动物的大量死亡，并最终对摄食它们的其他动物包括人类产生毒害作用。近年来，由于黄渤海地区大量的工农业废水和生活污水向海洋排放，使海水富营养化进程加速，因而导致赤潮发生的频率大增。

河北省地处华北平原，渤海之滨，因位于黄河之北而得名。简称冀。元属中书省，明初析中书省设北平行省，后改为北平承宣布政使司、北平行部、京师；清初为直隶省，省会保定府。1949年8月，成立河北省，省会保定市。1958年4月省会迁至天津市，1968年1月省会迁至石家庄市。全省面积19万平方公里，人口6742万（居全国第6位），有汉、回、满、蒙古等民族。

本省围绕北京市和天津市，北部与内蒙古高原相接，南部为华北平原北端，西部是太行山脉，东部与渤海相邻。张家口市北部一般称张北高原，承德市北部惯称围场高原，两者统坝上高原，属内蒙古高原的一部分。西部山地形状千姿百态，山势陡峭，其峡谷为冀、晋两省的天然交通要道，以娘子关最为著名，小五台山海拔2882米，为本省最高峰。东南部平原区地势坦荡辽阔，海拔不高于50米，沿海一带仅10米左右。平原约占全省总面积的41%，山地、丘陵、高原约占59%。主要河流有滦河，以及海河的支流北运河、南运河、永定河、大清河、子牙河等。

本省属温带—暖温带、半湿润—半干旱大陆季风气候，冬季寒冷，夏季炎热，春多风沙，秋高气爽。年平均气温4℃～13℃，1月－14℃～－2℃，7月20℃～27℃。年平均降水量400～800毫米，张北高原降水量一般不足400毫米。

本省是我国重要的粮棉生产基地，主要粮食作物有小麦、玉米、高粱、谷子、薯类等。石家庄以南号称“冀南棉海”。坝上高原为天然牧场。京东板栗、宣化葡萄、深州蜜桃、沧州金丝枣、赵州雪花梨、交河鸭梨、涉县核桃、张北羔皮、口蘑、承德蕨菜是著名特产。赤城是全国中药材产地之一，而安国市是全国中药材集散地之一。

本省的煤、铁、石油、海盐等储量居全国前列。有开滦煤矿、峰峰煤矿、迁安铁矿、邯郸铁矿、华北油田等大型企业。保定造纸和胶片、山海关桥梁、秦皇岛玻璃、唐山和宣化钢铁、唐山和邯郸陶瓷等工业最为著名。

本省交通发达，是北京出海和联系全国各省的走廊。有京哈、京沪、京广、京九、京包等铁路干线过境，以及石太、石德、京承、京原、京通、京秦、丰沙、锦承等铁路线；有京珠（京石段）、京沈、津唐、石太高速公路；有秦皇岛、黄骅等海港；有石家庄正定机场和山海关机场。

世界遗产有承德避暑山庄及周围寺庙、明清皇家陵寝——清东陵、清西陵。国家重点风景名胜区有北戴河海滨、承德避暑山庄、清东陵、清西陵、野三坡、西柏坡—天桂山、苍岩山、嶂石岩、崆山白云洞等。承德、保定、正定、邯郸是中国文化历史名城。

冉庄地道战遗址

在河北省清苑县南冉庄村。抗日战争时期，因华北平原地形不利隐蔽，敌后军民创建地道与敌人展开斗争。冉庄地道原长15公里，以村中十字街为中心，有东西南北四条主干线，二十余条支线。巷道距地面约2米，道口以各种形式伪装，构成交叉的火力点。内设指挥部和生活场所，既可隐藏，又可作战。建国后被辟为冉庄地道战纪念馆。为全国重点文物保护单位。

名人专区

■ **刘 备**(161－223)

三国时蜀汉建立者。河北涿州人，汉远支皇族。东汉末起兵，曾依附于曹操、袁绍、刘表等人。后三顾茅庐拜请诸葛亮，采用诸葛亮联吴抗曹之策，联合孙权，于赤壁大败曹操。后占领荆州，夺取益州和汉中。公元221年称帝，定都成都，国号汉。次年在吴蜀夷陵之战中大败，不久病死。

亮点点击

■ 石家庄市

河北省省会，西依太行山，东、南、北均为辽阔的华北大平原。原为获鹿县属镇，1925年设石门市，1947年改石家庄市。毗邻京津，是华北地区工业门类齐全、基础较为雄厚的新兴工业重镇和中国北方重要的商品集散地。旅游资源丰富，南有赵州桥、嶂石岩，西有苍岩山、天桂山、西柏坡和抱犊寨，北有正定隆兴寺、荣国府和驼梁等一大批旅游景区。

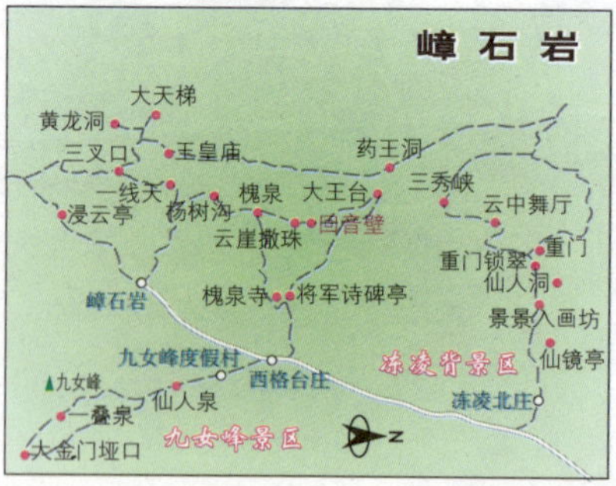

■ 嶂石岩

国家重点风景名胜区。位于石家庄市西南的赞皇县，以雄伟奇特壮观的山岳地貌为主，被专家命名为“嶂石岩地貌”。山峦之中分布着九女峰、仙人峰、宝剑峰等柱状奇峰怪石，更有闻名遐迩的天然巨型回音壁和秀美飘逸的河、溪、潭、湖、泉、瀑。人文古迹有槐泉寺、圆通寺、周穆王“吉日癸巳”碑、元代浮雕千佛碑、澳门回归长城纪念碑林等。这里自然生态良好，山麓、栈桥皆被乔、灌、藤、草所覆盖，是华北地区保护最好、品种最全的“天然植物园”。

承德市

国家历史文化名城。位于河北省东北部，南邻京津，旧称“热河”。清代先后为热河厅和承德州府治。1928－1956年间曾为热河省省会。1945年设市。承德之名意为“承受皇帝的恩德”。承德在清初还是一个只有几十户人家的小村庄，康熙皇帝在承德的北围场一带平定了噶尔丹叛乱之后，每年定期北巡，经承德、隆化进入围场，与王公贵族举行“木兰秋狝”，沿途设置行宫、驿站多处。由于承德离北京较近，地点适中，景色优美，气候宜人。康熙、乾隆年间皇帝在这里大兴土木，建造斋宫，逐步发展成为一座北国风光和江南景色兼备的山城。

避暑山庄及周围寺庙

1994年列入《世界文化遗产名录》。坐落在承德市区北半部，是我国最大的古典皇家园林和十大风景名胜之一。这里泉涌溪流，景色美丽，冬无严寒，夏无酷暑。避暑山庄又称热河行宫，是清代皇帝避暑和从事政治活动的夏宫，始建于清康熙四十二年（1703年）。金碧辉煌的外八庙寺庙群气势磅礴，形成了与各地庙宇迥然不同的独特风格。

秦皇岛市

位于河北省东北部，是我国沿海开放城市之一。区内还有我国著名的能源大港秦皇岛港，中国北方的不冻良港。历史悠久，拥有众多的自然景观和历史名胜：万里长城、避暑胜地北戴河、山海关、孟姜女庙、南戴河海滨、昌黎黄金海岸、野生动物园、海底世界等等。1999年秦皇岛市荣膺“中国优秀旅游城市”称号。她以碧海、蓝天、金沙、奇山、异石等构造独特的自然生态，吸引着众多的国内外游客。

北戴河海滨　位于秦皇岛市区西南15公里，南临渤海，北靠联峰山，西起戴河口，东至鹰角石，长约10公里，南北宽约2公里。风光秀丽，气候宜人，海岸漫长曲折，滩面平缓，沙软潮平，海水清澈，是天然的海水浴场和避暑胜地。有别墅、饭店、疗养院等，是我国规模较大、设施比较齐全的海滨避暑胜地。

山海关　位于秦皇岛市以东10多公里处。它北依燕山，南临渤海，是华北通往东北的咽喉要道，历来是兵家必争的战略要地，被誉为“天下第一关”。山海关始建于明洪武十四年（1381年），为明朝开国将领中山王徐达所建。山海关东门城楼上悬挂着巨大横匾“天下第一关”，字迹雄浑有力，传为明朝书法家肖显所书。

祖冲之（429－500）

河北涞源人。南北朝时期杰出的数学家、天文学家。他在前人成就的基础上，经过刻苦钻研，反复演算，求出圆周率π在3.1415926与3.1415927之间，并得出了π分数形式的近似值。还与他的儿子祖暅一起，用巧妙的方法解决了球体体积的计算，即“祖暅原理”。在他三十三岁时编制成功了《大明历》，开辟了历法史的新纪元。

扁鹊

战国时医学家。河北任丘人，有丰富的医疗实践经验，反对巫术治病，遍游各地行医，擅长各科。后因诊治秦武王病，被秦太医领李醯妒忌杀害。在《史记》、《战国策》里载有他的传记和病案，并被推崇为脉学的倡导者。

李大钊（1889－1927）

河北乐亭人。中国最早的马克思主义者，中国共产党的创始人和早期领导人。曾任北京《晨钟报》总编辑、北京大学图书馆主任和《新青年》杂志编辑，积极参加新文化运动。俄国十月革命后，迅即接受和传播马列主义，发表《庶民的胜利》、《布尔什维克主义的胜利》等文章，创办《每周评论》，积极领导五四运动。1927年4月28日在北京英勇就义。

清西陵

保定市

国家历史文化名城。保定位于北京、天津、石家庄三角地带中心。宋为保州，元为保定路治，明、清为保定府治。民国初为河北省省会。1948年设市。建国初期亦曾为河北省省会。自然景观和人文景观都非常丰富，市中心的古莲花池是清雍正年间高等学府的所在地，为当时十大名园之一。有满城汉墓、清西陵、冉庄地道遗址、野三坡、白洋淀等名胜古迹。

明清皇家陵寝—清西陵、清东陵

清西陵 位于易县城西15公里的永宁山下，有清雍正、嘉庆、道光、光绪、珍妃等帝王及嫔妃陵墓，共14座陵墓，葬76人。陵区内围墙长达21公里，规模宏大，体系完整，建筑雄伟。2000年被列入《世界文化遗产名录》。

清东陵 位于遵化市马兰峪的昌瑞山南麓。始建于清顺治十八年（1661年）。是清王朝帝后妃陵寝，也是中国现存规模最大、体系最为完整的皇家陵寝。有清顺治、康熙、乾隆、咸丰、同治、慈安、慈禧、香妃等帝王后妃的陵墓群，共埋葬5帝、15后、130多个妃嫔。陵区南北长约12.5公里，东西宽约20公里，地面建筑宏伟壮丽，地宫殉葬品价值连城。2000年被列入《世界文化遗产名录》。

清东陵

白洋淀

风物链接

白洋淀

是华北地区最大的内陆淡水湖泊，总面积366平方公里，由大小143个淀泊、3700条沟壕连接而成。有“北方西湖”、“华北明珠”、“鱼米之乡”之誉。白洋淀水域辽阔，风景秀丽，纵横交错的芦苇丛中，绿水碧波，芦花洁白，鹅鸭成群，肥鱼满舱，一派水乡风情。

沧州铁狮子

是我国最大的一个铁狮子，在沧州旧州城内，为后周太祖郭威广顺三年（953年）铸造，是我国早期最大的铁铸艺术珍品。铁狮子通高5.4米，身高3.8米，长5.3米，身躯宽约3米，重40吨以上。铁狮子头南尾北，昂首怒目，肌体矫健，仰天怒吼。它系采用“分节垒范浇法”铸造而成，充分显示了我国铸铁工艺的高度成就。

老龙头

在山海关城南5里万里长城入海处，也是现存明长城的最东起点。明万历年间，戚继光为防御外族入侵，在这里修筑了高3丈的入海石城，后来石城坍塌。1987年入海石城得以重修，游人又可以再睹老龙头长城入海的雄姿了。

老龙头

赵邯郸故城

在今河北邯郸市区西部，战国时期赵国都城遗址。外廓城和宫城的城墙均以夯土筑成。外廓城在邯郸车站周围，城墙大部湮灭地下。经钻探得知城的平面是不规整的长方形，南北长约4800米，东西宽约3000米。在其西南有相邻的宫城，由配置成品字形的三个小城组成，每个小城长宽1000米左右，地势较高，城垣尚存，是当时的宫殿区，通称“赵王城”。城内有十多座夯土建筑台基，其中西城中心的一座最大，长宽260米以上，高19米，是当时主要宫城基址。全国重点文物保护单位。

赵州桥

又名安济桥，坐落在石家庄东南约40公里的赵县城南洨河上，当地俗称为“大石桥”。建于隋代大业元年至十一年(605～616年)，由匠师李春监造。是一座弧形单孔敞肩石拱桥，全长50.82米，宽9.6米，由28道独立石拱纵向并列砌筑而成，净跨37.02米。在桥两端的石拱上，辟有两个卷洞，这种结构叫“敞肩拱”，是世界桥梁中的首创。它以最古老的石拱桥独领风骚，更以高超的科学艺术价值驰名中外，是中国现存最著名的一座古代石拱桥。被美国土木工程学会选定为第十二座国际历史土木工程里程碑，并建有标志。

艺术视野

吴桥杂技

吴桥县位于河北省东南部，以民间杂技著名，是国内外公认的“杂技之乡”。“上至九十九，下至刚会走，吴桥要杂技，人人有一手”，吴桥杂技已有2000多年的历史，1987年开始举办中国吴桥国际杂技艺术节，不仅促进了中外杂技艺术的交流，而且也更加弘扬了吴桥的杂技艺术。

杂技

皮影戏

又称羊皮戏，江浙一带俗称纸人头戏。这是一种将羊皮或牛皮制作成活动剪纸，由艺人用竹签棒将它紧贴在白色影幕上操纵，背后透以灯光，并配合音乐、唱白，以这些剪纸人物的活动来表演故事的民间艺术。

山西省

太原长途区号：0351

太原邮政编码：030082

山西省地处华北平原以西，黄土高原之东。因位于太行山之西而得名。春秋时属晋国，故简称晋。战国时赵、魏、韩三行晋地而立，于是泛指山西为“三晋”。元属中书省。明初析置山西行省；清为山西省，省会太原府。1949年9月，山西省人民政府成立，省会太原市。面积15.3万平方公里，人口3245万（居全国第19位），有汉、回、蒙古、满等民族。

本省通称为山西高原。山地、高原、丘陵约占全省面积的72%，盆地约占28%。东部为太行山、恒山、五台山、太岳山、中条山组成的山地，山间多陷落盆地和险要关隘，五台山主峰海拔3058米，为全省最高峰。西部是以吕梁山脉为主体的山地和黄土覆盖的高原，黄土厚达10−30米。中部为太原盆地，约占全省面积的10%。主要河流有黄河、汾河、沁河等。

本省属温带—暖温带、半湿润—半干旱大陆性季风气候，冬季寒长，夏季凉短。年平均气温3℃～14℃，1月−16℃～−2℃，7月19℃～28℃，年、日温差较大。年平均降水量350～700毫米，且多集中在夏季。地表水资源不足。

晋南为传统农业区，是著名的麦棉产区，其次是玉米、高粱，水源较好的地方亦种植水稻；经济作物主要有花生、大豆、烟草等。晋北则以谷子、莜麦、胡麻为主。晋西北分布着天然牧场。潞城党参是著名特产；晋祠稻是传统的贡米，畜牧业普遍。稷山和太谷枣、清徐葡萄、原平梨等水果久负盛名。

本省是我国著名的“煤炭之乡”，煤储量约占全国的1/3，储量、产量和外调量均居全国之首，且煤种齐全，品质优良；大同的动力煤、阳泉的无烟煤闻名中外；有大同、宁武、太原西山、沁水、霍西、河东等6大煤田。铁矿种类多，分布亦广，储量居全国第4位；铝矾土、铁矾土、耐火粘土居全国首位。重工业发达，起重、矿山、轧钢、纺织等机械设备生产在全国占有重要地位。汾阳杏花村汾酒、竹叶青酒、清徐老陈醋，以及长治陶瓷是著名特产，行销海内外。

交通以铁路、公路为主，同蒲线纵贯全境，南接陇海线，北连京包线，东通石太线，并与新建的京原（北京—原平）、新太（新乡—太原）线构成铁路网；已建成原太（原平—太原）、石太（石家庄—太原）、京大（北京—大同）等高速公路；南部境内黄河航道约170公里；太原武宿机场有航班飞往全国各大城市。

山西人食醋和生产醋亦闻名全国，并以面食和清真风味最为著名，刀削面誉为天下一绝。

太原、大同、祁县、平遥、新绛、代县是国家历史文化名城。全国保存完好的宋、元以前的地面古建筑，本省占70%以

美食情报

■ 晋　菜

分为南、北、中三派。南路以运城、临汾为主，菜品以海味为最，口味偏重清淡。北路以大同、五台山为代表，菜肴讲究重油重色。中路菜以太原为主，兼收南北之长，选料精细，切配讲究，以咸味为主，酸甜为辅，菜肴具有酥烂、香嫩、重色、重味的特点。

■ 刀削面

山西刀削面是中国著名的五大面食之一。它是将和好的面团高高托起，“飞刀手”飞快地削出面片，溅入开水锅内。削出的面内虚、外筋、滑软，加上陈醋调味品和荤素浇头，味美不可言。最著名的是太原钟楼饭店的刀削面。

■ 老陈醋

选用优质高粱、大麦、豌豆等五谷为原料，经蒸、酵、熏、淋、晒等过程酿造而成。含有丰富的氨基酸、有机酸、糖类、维生素和盐等。呈酱红色，食之绵、酸、香、甜、鲜。以老陈醋为基质的保健醋有软化血管、降低甘油三脂等独特功效。

上，因此有“古代艺术博物馆”之称。其中辽代应县木塔、北魏后期的悬空寺、平遥古城，以及始创于北魏的云冈石窟最为著名。恒山、五台山、北武当山、五老峰、黄河壶口瀑布为国家重点风景名胜，云冈石窟、平遥古城被列为世界文化遗产。

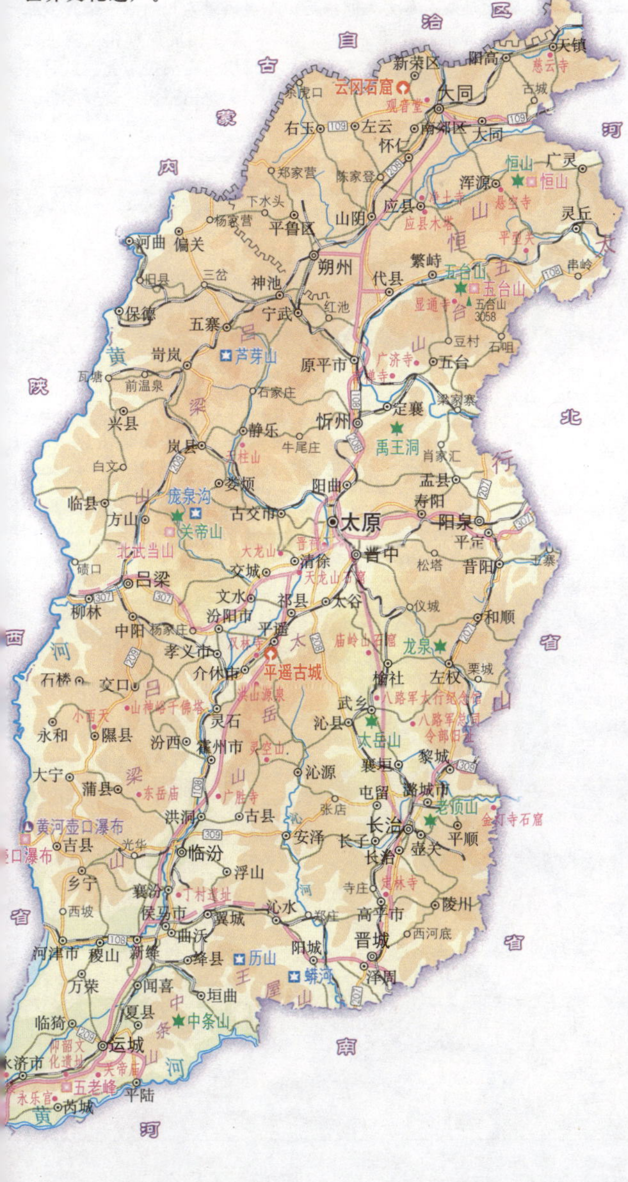

知识补给站

■ 下川文化

中国旧石器时代晚期的文化，约发生于公元前24000—前16000年。1973年发现于山西沁水下川，故名。主要分布在山西东南部中条山东端，地跨垣曲、沁水和阳城三县，是具有十六处地点的石器群。以细石器为其主要特征，石器制作技术相当进步，代表了旧石器时代石器制作工艺的最高水平。

■ 中国票号博物馆

坐落于“大清金融第一街”——平遥古城西大街的繁华地段，是在中国第一家票号“日昇昌”的旧址上开发整修而成。中国票号博物馆在展示日昇昌完整的批营业务、丰富的珍贵资料及实物同时，还搜集、整理、收藏了平遥票号、山西票号、中国票号百余年间的大量历史资料，专馆布展，对中国票号业兴衰历史作了形象简明的揭示和反映。

■ 黄土高原

黄土高原面积50多万平方公里，包括山西大部，陕西中北部，甘肃中东部，宁夏南部及青海东部，是中国的第三大高原。平均海拔在1000～2000米，约有70%以上的地面覆盖有深厚的黄土。高原内部根据地貌的形成过程和自然特征的差异，可分为陇中盆地、陇东和陕北高原、渭河地堑平原、山西高原等四部分。黄土高原地貌千沟万壑。黄土本身质地疏松，加上不合理的土地利用，滥垦滥伐，天然植被遭破坏等人为因素使得高原表面水土流失情况加剧。目前，国家正通过退耕还林、退耕还草等措施来加强治理。

艺术视野

■ 晋 剧

也叫“中路梆子”、“山西梆子”。流行于山西、内蒙古和冀北、陕北等地。板式有平板、夹板、二性、流水等。以梆子击节，呼胡为主奏乐器。代表剧目有《打金枝》、《金水桥》、《刘胡兰》等。

亮点点击

■ 太原市

山西省省会，国家历史文化名城。地处山西中部、太原盆地北端濒临汾河。太原以太原盆地得名，是一座有2400多年历史的古城。起源于春秋时期，秦为太原郡治，东汉后兼为并州治，隋置太原县，唐以后为太原府、路治。1927设市。是全国能源重化工基地之一，有钢铁、煤炭、机械、化学、建材、仿织、食品等工业。旅游资源丰富，文物古迹众多，有晋祠、大佛寺、天龙山石窟、崇善寺等。“双塔凌霄”为太原的象征。

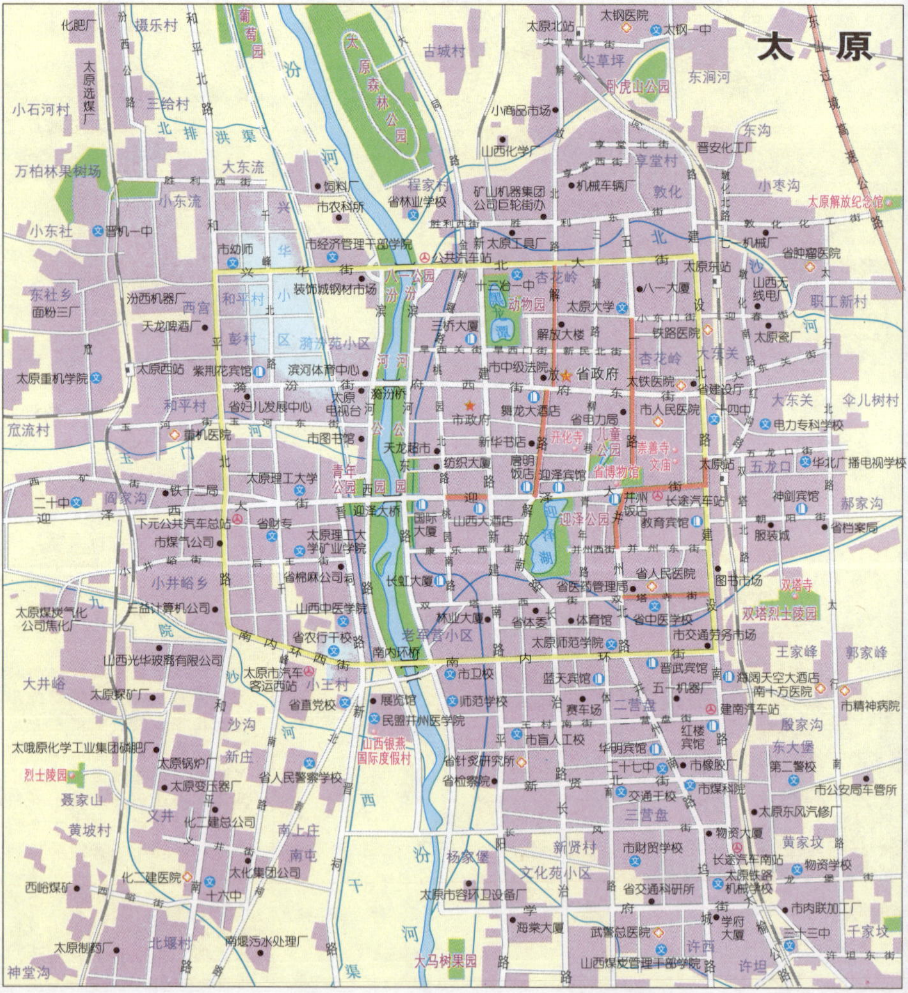

■ 平遥古城

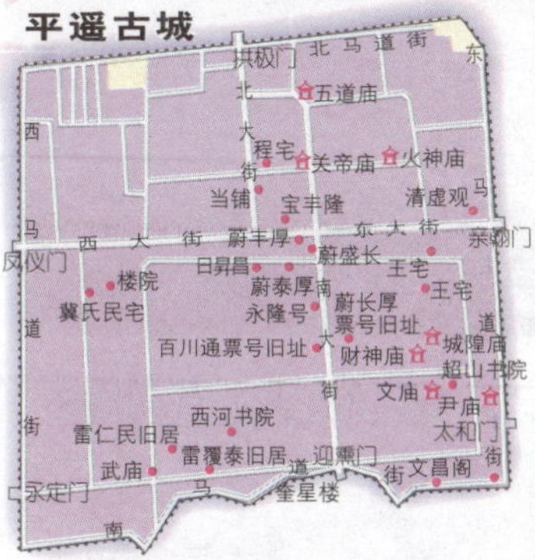

1997年被列入《世界文化遗产名录》。因城墙和大街小巷组成的平面图形如龟纹图案，俗称“龟城”。古城以保存完好，至今仍可以看到明清时代的民宅等城市风貌而闻名于世。古城墙始建于明洪武三年（1310年），高12米，四面各有一座城门，墙外有4米宽的护城河。自清代中叶以后，平遥出现了不少以经营票号业发迹的富商，他们建造了许多深宅大院，至今尚有不少保存完好。

其中位于平遥县城内西大街38号的“日昇昌”是中国第一家票号，由晋商雷履泰创建，清道光四年（1824年）正式挂牌营业，并在全国设有100多个分号。此后祁县、太谷及南方等大商号竞相仿效设立，山西跃为清朝时的金融中心。

■ 黄河壶口瀑布

位于吉县西25公里处，距临汾市165公里，为国家重点风景名胜区。因其形如巨壶沏茶，故名壶口瀑布，是中国第二大瀑布。黄河巨流到壶口一带，被两岸苍山挟持，河水仿佛进入一个狭窄的瓶颈，由原来的宽300米突然缩减至50多米，最后形成落差二三十米的黄色瀑布。滚滚黄河奔流至此，倒悬倾注，若奔马直入河沟，波浪翻滚，惊涛怒吼，震声数里可闻。往下3000米的河道中还有一块巨大的奇石，人们称它为“孟门山”，这里又是人们观赏“孟门夜月”的地方。

壶口瀑布

■ 大同市

国家历史文化名城。位于山西省最北部，北与内蒙古接壤。1500多年前曾是北魏的都城，长达96年。自古就是我国的军事重镇，其北面就是一些塞外少数民族的活动区域，所以大同保留了一定的汉族和少数民族交融的痕迹。如今，这里是我国的能源重化工基地，尤其盛产煤炭，有“煤都”之称。历史古迹和自然风光均有独到之处，如蜚声中外的云冈石窟以及应县木塔、华严寺、九龙壁、善化寺等。

云冈石窟

■ 云冈石窟

2001年被列入《世界文化遗产名录》。位于大同市西郊16公里处的武周山南麓，中国四大石窟之一。始凿于北魏和平元年(460年)，完成于太和十九年(495)，历时40多年，石窟依山开凿，东西绵延1000米。现存洞窟53个，石雕造像51000多尊。第二十窟前的露天大佛(释迦牟尼坐像)是云冈石窟的代表作。

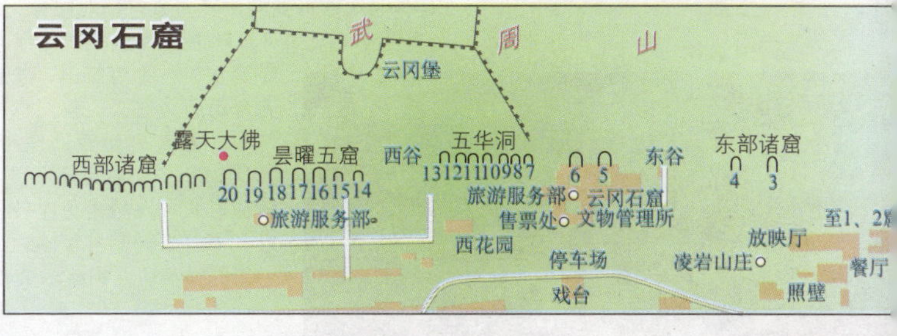

名人专区

司马光（1019—1066）

北宋大臣，史学家。山西夏县涑水乡人，世称涑水先生。主持编撰的《资治通鉴》记述了从战国到五代1300年的历史，是我国古代一部杰出的编年史。思想因循守旧，极力反对王安石变法。著有《司马光文集》、《稽古录》等。

王之焕（688—742）

山西太原人。唐代诗人。为人豪放不羁，常击剑悲歌。其诗善写边塞风光，意境雄浑，多为当时乐工制典歌唱，名动一时。传世之作仅六首，《凉州词》和《登鹳雀楼》尤有名。

霍去病（前140—前117）

西汉名将。山西临汾人。公元前121年，他两次大败匈奴，控制河西地区，打开了通往西城的道路。四年后，又和卫青分兵击败匈奴主力，解除了匈奴对汉王朝的威胁，使汉朝北部和西北边郡得以安全。

恒 山

位于浑源县城南10公里处。又名元岳、太恒山，五岳之一，国家重点风景名胜区。相传4000年前舜帝巡狩四方，至此见山势雄伟，遂封为北岳。恒山东接居庸关，西衔雁门关，是桑干河与滹沱河的分水岭，东西绵延250公里，号称108峰。主峰海拔2016米，是五岳中最高的一座。恒山十八胜景自古有之，有飞石窟、舍身崖、琴棋台、紫芝峪、出云洞等。还有30余处寺庙，最著名的是悬空寺。

悬空寺 位于恒山主峰天峰岭和翠屏山之间的岭谷中，是恒山上最为著名的景点。始建于北魏晚期（约公元6世纪）。建筑十分奇特，采用在陡崖上凿洞穴插悬梁为基的方法构筑而成，背倚绝壁，下临深谷。登楼俯视，如临深渊；谷底仰视，悬崖若虹；隔谷遥望，如壁间雏凤。沿陡峭的石径上行，有搭建巧妙、布局别致的40余座殿堂。寺内尚有各种铜铸、铁铸、泥塑、石雕像80余尊。寺下恒山水库景色明丽。

五台山

是国家重点风景名胜区，位于五台县东北隅，方圆250公里，由五座顶如平台的山峰组成，故称五台，其中北台峰顶海拔3058米，是华北地区最高的山峰，有“华北屋脊”之称。山中气候寒冷，每年9月积雪，次年4月解冻，盛夏气候凉爽，环境清幽，是消夏避暑的好地方，古称清凉山，并被人们誉为“清凉圣境”。五台山历史悠久，位列佛教“四大名山”之首。自元代起，藏传喇嘛教已在山上兴起，到清顺治十三年（1656年）喇嘛迅速发展增多。从此五台山寺庙分为两种形式：一种是由汉传佛教的和尚主持的僧庙，僧尼多来自汉、满等民族；另一种是由藏传佛教的喇嘛主持的喇嘛庙，喇嘛多来自蒙古、藏等民族。

五台山之秋

风物链接

乔家大院

在太原市西南64公里处的祁县乔家堡村。始建于清乾隆年间，是清代中期山西著名大商人乔致庸的宅第，是清代山西大户人家的典型宅院。大院占地8700多平方米，分6个大院，内套20个小院，是一组封闭式建筑。大院建筑讲究，布局严谨，不仅壮观，而且建筑艺术精湛。无论是砖雕、木刻，还是斗拱、飞檐，都形式典雅、图案各异，是我国北方民居中雕刻艺术之珍品。现在被辟为山西祁县民俗博物馆。

应县木塔

位于应县城内西北，全国重点文物保护单位。是现存最大最古老的一座木结构塔式建筑。建于辽清宁二年（1056年），金明昌六年（1195年）增修完毕。应县木塔外形是八角形，高67.13米，底层直径30米，外表看是五层门檐，但每层又都设有一暗层，因此实际是九层。除了石头地基以外，全部采用木材建造，历900余年，经受风雨侵蚀以及多次地震、战争的破坏，依然巍然耸立，无论在建筑规模还是在建筑艺术上，都称得上是我国乃至世界古建筑中的一件珍品。

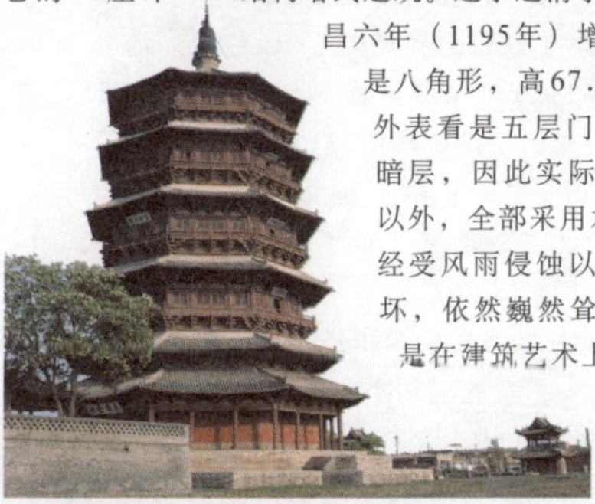

山西洪洞大槐树

从明代洪武三年至永乐十四年，山西曾有七次大规模移民。相传都在洪洞县城北广济寺内的老槐树下集中，于是大槐树便成了当时移民们离别时记忆最深的标志。时至今日，在山西、河北、河南、安徽、江苏等地，依然广泛流传着两句民谚：“问我家乡在何处，山西洪洞大槐树。”

晋　祠

是我国北方著名园林，位于市西南郊23公里的悬瓮山麓。为古代晋王祠，始建于北魏，为纪念周武王次子叔虞而建，由近百座殿、堂、楼、阁、亭、台、桥、榭组成，将优美的自然与人文景观相结合。其中圣母殿、鱼沼飞梁、献殿享有“三大国宝”之称；周柏、难老泉、宋塑侍女像被誉为“晋祠三绝”。

白居易（772－846）

唐代诗人。晚年号香山居士。山西太原人。早期作品较广泛尖锐地揭发了时政弊端和社会矛盾，于民生困苦也多有反映。自被贬后意志逐渐消沉，诗文多怡情悦性、流年光景之作。他的诗深入浅出，通俗易懂，在民间广为流传。代表作为讽喻诗《卖炭翁》。叙事诗《琵琶行》、《长恨歌》也很有名。

赵树理（1906－1970）

中国作家。山西沁水人。早年努力于文艺的通俗化工作，陆续写了《小二黑结婚》、《李有才板话》等反映农村斗争的小说，曾产生广泛影响。建国后，其小说大多反映农村生活的变化，成功塑造了许多栩栩如生的农民形象。主要作品还有短篇小说《地板》、《传家宝》、《登记》、《套不住的手》，长篇小说《李家庄的变迁》、《三里湾》等。著作有《赵树理全集》。

晋祠

内蒙古自治区

呼和浩特长途区号：0471

呼和浩特邮政编码：010000

草原民族发展一瞥

内蒙古地域辽阔，是中华远古文明的发祥地之一。距今8000年的兴隆洼遗址，因有完整的村落遗址而被中国考古界誉为“草原第一村落”。独特的地理位置使内蒙古的古代文明从一开始便以牧业与农业，狩猎与畜牧多种经济形态相互交错的形式孕育和发展。东胡、匈奴、鲜卑、契丹、女真、蒙古等游牧民族都曾在这里兴起。东胡出现于商周，战国后期衰落消失；匈奴出现于西周，汉初称雄草原，“胡汉和亲，昭君出塞”成为千古佳话；鲜卑是东胡的后裔，他们第一个进入中原而统一北方，建立了北魏王朝；契丹是鲜卑的一支，由于广泛吸收了中原文化，发展较快，唐末自立辽王朝，历经219年；蒙古源于东胡系室韦部，公元13世纪初成吉思汗王建立了蒙古汗国，公元1279年其孙忽必烈建立了大元朝。元朝统一中国后结束了自唐以来持续数百年的汉族与北方游牧民族对峙的分裂局面，元朝的疆域也是中国历代王朝中最大的，并为中国后来的版图奠定了基础。

内蒙古自治区地处我国北部边疆。与蒙古、俄罗斯接壤。春秋战国时为东胡、楼烦、林胡、匈奴及燕、赵地；汉属五原、朔方、云中等郡及匈奴、乌桓、鲜卑；清康熙十三年(1674年)将外藩蒙古分为内扎萨克蒙古、外扎萨克蒙古，内蒙古之称由此而来。1947年5月1日成立内蒙古自治区，首府王爷庙街(同年12月设为乌兰浩特市)。1952年6月自治区首府迁到归绥市，1954年4月改归绥市为呼和浩特市。全区总面积118.3万平方公里，人口2333万(居全国第23位)，有蒙古、汉、达斡尔、鄂温克、鄂伦春、回、满、朝鲜等民族。

本区内为海拔1000米以上的内蒙古高原，地势起伏比较平缓。东部为辽阔草原，其边缘为大兴安岭山地；西部为大戈壁，因沙漠面积大，古有“翰海”之称；阴山位于本区中部，北坡平缓，南坡为断层；南部与宁夏交界的贺兰山主峰，海拔3556米，为本区最高峰。本区为内流区，河湖较少，呼伦湖(达赉湖)为最大淡水湖；黄河呈门字型流过南境。

本区主要为温带大陆气候，由于地势平缓，从西伯利亚来的寒潮容易进入，因此冬季严寒。年平均气温−1℃～10℃，1月−23℃～−10℃，7月17℃～26℃。年平均降水量50～450毫米，多集中在夏季，并时有春旱、风沙和暴风雪等灾害。

本区大致可分为牧区、农业区和半农半牧区3种类型。东部牧业以牛、马为主，西部则以骆驼、羊为主，绵羊毛、山羊绒和驼毛产量居全国首位。河套地区和东南部丘陵以农业为主，主产小麦、莜麦、谷子、糜子、马铃薯等，

甜菜、胡麻是主要经济作物，是全国甜菜生产基地之一。通辽市是全国最大的木本油料文冠果产地。

本区矿产资源十分丰富。煤炭储量仅次于山西省，居全国第2位；硫铁、铌、铂、玛瑙等7种矿的储量居全国首位，铬、铁、钽、碱等储量居全国第2位，稀土矿储量名列世界榜首。乌海、东胜煤田为全国重要煤矿，白云鄂博为全国重要铁矿，包头是我国重要的钢铁工业基地和稀土工业基地，有“草原钢城”之称。此外，森林工业和乳制品生产在全国占有重要地位。蒙古刀、鄂尔多斯羊绒衫是著名手工艺品和轻工产品。

交通以铁路为骨干，有包兰、京包、集通、集二、通霍、京通、滨洲、伊加等铁路沟通西北、华北和东北，滨洲、集二线为国际铁路，二连浩特和满洲里是通往蒙古、俄罗斯的陆路口岸城市。有呼和浩特—包头高速公路。呼和浩特白塔机场有航班来往于各地。

美食情报

■ 烤全羊

是蒙古族传统名菜，为招待贵宾或举行重大庆典时的盛宴佳肴。一般选用草原上膘肥、体重20公斤左右的绵羊。宰杀后，去毛带皮，腹内加葱、姜、椒、盐等佐料整体烤制而成。烤熟后羊形完整，羊跪在方木盘内，色泽金红，羊皮酥脆，羊肉嫩香。

内蒙古博物馆

亮点点击

呼和浩特市

内蒙古自治区首府，国家历史文化名城。蒙古语意为“青色的城”，有400多年的建城历史，是塞外名城。这里有各种召庙50多座，故又称“召城”。1950年设为归绥市，1954年改名为呼和浩特市，通常省称为“呼市”。主要名胜古迹有明代大召、席勒图召、明代乌素图召、清代五塔寺、清真大寺、内蒙古博物馆、辽白塔及象征民族团结的昭君墓等。

包头市

蒙古语称“包克图”，意思是“有鹿的地方”。历史悠久，早在战国和秦汉时期，这一带就是中原的边陲。包头是我国西北地区牲畜、皮毛、粮食、药材的重要集散地，也是河套地区黄河的航运中心，附近富产煤铁等矿产，是我国重要的钢铁工业基地之一。由于河套地区适宜种植甜菜，所以包头不仅有“草原钢城”之称，同时亦是全国著名的制糖基地。

名人专区

成吉思汗(1162—1227)

即元太祖。名铁木真。古代蒙古首领、军事家和政治家。12世纪末13世纪初，先后统一蒙古诸部，1206年被推为大汗，称成吉思汗，建立蒙古汗国。1211年和1215年大举攻金，直到黄河北岸，占领中都（今北京）。1219年西征，占领中亚大片土地。1227年灭西夏后，在六盘山病死，死后被追尊为元太祖。

呼伦湖

“呼伦”蒙古语意为“水獭”。是内蒙古第一大湖。湖周地势平坦，沼泽湿地连绵，湖区及其周围水域盛产鱼虾等水产品和芦苇。这里是中国东部内陆鸟类迁徙的重要通道。呼伦湖最佳的观鸟地点在乌兰泡，它已成为国家级呼伦湖珍禽湿地及草原生态系统自然保护区的核心地域。

锡林郭勒草原

位于内蒙古东部，面积18万平方公里，是我国最大的草原，亦是世界四大优良天然草原之一。锡林郭勒草原地域辽阔，自然风光迷人。草原上饲养着大量的牛、羊、马等家畜，其中良种牲畜主要有内蒙古细毛羊、草原红牛、肥尾羊等。是目前我国植被和地貌保存较为完好的草原之一。栖息着黄羊、草原雕、大天鹅、丹顶鹤等珍贵野生动物，被辟为国家级自然保护区，已列入国际“人与生物圈”自然保护区网。

贺兰山

位于内蒙古阿拉善盟与宁夏交界处，东北－西南走向，长200多公里，宽15－20公里，平均海拔2000－2500米，最高峰“达呼洛老峰”海拔3556米为内蒙最高峰。西坡和缓，东侧为断层。从宁夏平原西望，犹如一匹黑色的骏马横立在宁夏平原西部。贺兰山以出产大青石著名，盛产的贺兰砚为中国四大名砚之一。这里峰峦叠嶂、崖壁险峰，森林资源丰富，早在西夏王朝时期，就已被辟为避暑胜地。有拜寺口双塔、小滚钟口、贺兰山岩画等风景名胜，辟有国家级自然保护区和国家级森林公园。

风物链接

辽中京城遗址

又名大名城。辽代五京遗址之一。全国重点文物保护单位。在今内蒙古宁城铁匠营子乡。建于辽圣宗统和二十五年（1007年），是辽五京中兴建最晚的一个。现遗迹尚存，分南北两城：北为皇城，内有宫城；南为外城，内有馆、肆、民舍。它对研究契丹封建化进程与中原地区文化交流方面具有较高的科学价值。

呼伦湖

民族民风

马背上的民族——蒙古族

中国的少数民族之一，占全国人口的0.4%，主要分布在内蒙古、东北各省及新疆、青海、甘肃，河北亦有分布。蒙古族人擅长骑射，被誉为“马背上的民族”。蒙古族人民勤劳淳朴，热情好客，能歌擅舞。

祭奠成吉思汗

蒙古民族最隆重、最庄严的祭祀活动，简称祭成陵。蒙古民族祭奠成吉思汗的习俗最早始于窝阔台时代。现今鄂尔多斯伊金霍洛的成吉思汗祭典，就是沿袭古代传说的祭礼。祭礼一般分平日祭、月祭和季祭，都有固定的日期。祭品齐全，皆供整羊、圣酒和各种奶食品，并举行隆重的祭奠仪式。每年阴历3月21日为春祭，祭祀规模最大、最隆重。

蒙古包

又称毡包、毡帐，是蒙古族人憩息的理想居室，是一所“会走的房子”。蒙古包圆形尖顶，从上到下都用毛毡覆盖着，支柱和支架是用许多长短相等的细木杆有秩序地交叉搭制而成。牧民长期过着游牧生活，居住不能固定，蒙古包搬迁方便，一小时左右便可拆卸或安装完备。

知识补给站

■ 沙尘暴

亦称“沙暴”、“尘暴”。是我国北方春季常见的一种天气现象。主要是由于冷空气南下时，大风卷扬起沙漠或沙化草原中的尘沙而形成的。沙尘暴出现时，大量的沙尘夹杂在空气中，天空混蚀，能见度很低。内蒙古境内的巴丹吉林沙漠、日泰格里沙漠和浑善达克沙地等都是沙尘的来源地。

■ 内蒙古高原

中国四大高原之一。东起大兴安岭和苏克斜鲁山，西至马鬃山。南沿长城，北接蒙古国。面积约34万平方公里，海拔1000～1400米。地势南高北低，阴山横贯中部。南部为狭长的河套平原及鄂尔多斯高原；东部和北部为呼伦贝尔高原、乌珠穆沁盆地、锡林郭勒高原、乌兰察布高原；西部为巴彦淖尔高原、阿拉善高原。气候干燥，草原辽阔，为中国优良牧场。

呼伦贝尔草原

■ 辽上京城遗址

辽代五京遗址之一。全国重点文物保护单位。在今内蒙古巴林左旗。建于辽太祖神册三年（918年），是辽五京中兴建最早的一个。现遗迹尚存，分南北两城，南为汉城，北为皇城。皇城规模较大，略呈方形，中有宫殿遗址。汉城与其南壁相接，作横长方形，规模较小。

■ 成吉思汗陵

坐落在鄂尔多斯中部伊金霍洛旗的甘德尔草原上，占地55000平方米，主体建筑由三座蒙古包式的大殿和与之相连的廊房组成。整个陵园的造型，犹如展翅欲飞的雄鹰，极富浓厚的蒙古民族艺术风格。

成吉思汗陵

■ 昭君墓

位于市区南郊大黑河南岸，是一座传颂古今驰名中外的西汉古墓。每当深秋，附近草木枯黄，唯有墓上芳草青青，故称之为“青冢”。墓呈覆斗形，高33米，系人工夯筑的大土堆，巍峨高耸，远望如山。墓前墓顶各建有亭，墓前侧有文物陈列室展出有关昭君的文物。

昭君墓

■ 五当召

位于包头市东北约70公里的五当沟内，建于清康熙年间，乾隆十四年（1749年）重修，汉语名称为广觉寺。庙宇为藏式，依山势布局，全寺占地面积约20余公顷。五当召是内蒙古地区现存惟一完整的喇嘛教庙宇，也是包头市附近游览胜地。

美岱召

美岱召原名灵觉寺，后改为寿灵寺。它位于内蒙古土默特右旗，东距包头市东河区约50公里。它由明朝土默特蒙古族首领阿拉坦汗兴建，是一座仿中原汉式、并融合蒙藏风格、城寺结合、人佛共居的喇嘛庙。美岱召是喇嘛教传入蒙古时的一个重要弘法中心，它对于研究明代蒙古史、佛教史、建筑史、美术史都具有重要价值。

华严经塔

位于呼和浩特市东郊白塔村西。建于辽代，高约40米，八角七层，呈楼阁形，雄伟壮观。用直纹砖与方砖筑成，石灰灌注。基台为莲花型。第一层之南门上有石额一方，刻“万部华严经塔”六个字。塔的第一、二层各方面皆塑有菩萨、天王、力士等像，形态各异，生动如真。第三层以上塔身外壁皆素面无装饰。各层面皆设门、窗，每组斗拱各不相同。现各层檐椽及一、二层之塑像已残破，但塔身仍巍然屹立。

金刚座舍利塔

位于呼和浩特旧城的东南，俗名五塔召。始建于清雍正五年（1727年），落成于雍正十年（1732年），塔的金刚座共有七层，高7.82米。每层都挑出罕檐，装有绿色琉璃的瓦当和滴水，第一层上有用蒙文、藏文和梵文三种文字书写的佛教经典《金刚金》，笔锋圆润，技法娴熟。每层均塑鎏金佛像，共1119龛。每龛一佛，坐于束腰莲座上，两旁雕有宝瓶柱。柱的两侧上角和佛像上边，以梵文刻“南无阿弥陀佛”六字。这些佛像同中有异，神态怡然。金刚座顶四周，竖以碑尖状汉白玉石栏额，上面以梵文刻“南无阿弥陀佛”六字和其他佛咒。座上的五座小塔塔顶分别覆盖绿色琉璃宝珠。

民俗节庆

那达慕的由来

那达慕具有悠久的历史。1225年，成吉思汗战胜花剌子模，为庆祝胜利，就举行了隆重的那达慕盛会。在古代和近代的那达慕盛会上，都要进行男子三项竞技赛，即赛马、射箭和摔跤。由于蒙古族生产、生活与草原密切相关，因而使他们的文化娱乐及体育活动带有草原民族的特点。

那达慕大会

是蒙古族传统的群众性集会，也是一年一度的盛大节日。“那达慕”是蒙古语“娱乐或游戏”的意思。当代的那达慕大会，除进行男子三项竞技外，还增添了马球、马术、田径、电影、话剧、乌兰牧骑演出等新内容，同时举行物资交流，表彰先进。那达慕多半在夏季七八月份举行，届时四面八方的蒙古族牧民穿着节日盛装，纷纷前来参赛、游戏。

草原旅游节

流行十内蒙古广人地区，时间为每年7月15日～8月30日。除进行男子赛马、射箭、摔跤竞赛外，节期还举办那达慕大会、嘛尼会、元代官廷宴—诈马宴、鄂尔多斯婚礼、成吉思汗陵祭奠和温泉森林、蒙古族风俗游及开展经贸、物资交流等活动。

内蒙古坝上

辽宁省

沈阳长途区号：024

沈阳邮政编码：110013

艺术视野

东北大鼓

流行于中国东北各地。旧名“奉天大鼓、奉调大鼓”。相传为清代曲艺子弟流入沈阳后逐步形成。分奉调、东城调、南城调、江北派等不同流派。基本曲调有四大口、四小口、慢板等。通常为一人演唱，也有对唱和群唱等形式。传统曲目长、中、短篇均有，现代题材曲目以短篇居多。

二人转

流行于东北各地。是以当地民歌大秧歌为基础吸收莲花落等演变而成。一般由两人表演，有说有唱，载歌载舞。也有一人表演的，称“单出头”，两人以上扮成角色以戏曲形式表演的称“拉场戏”，传统曲目在300个以上。

东北秧歌

舞蹈、歌唱、戏剧三者综合，以舞蹈为主的民间艺术。从表演形式上大体可分为地秧歌、高跷秧歌、寸子秧歌以及抬杆、背杆、撅杆等多种秧歌。通常还要把耍龙灯、耍狮子、跑旱船、打霸王鞭等民间舞蹈也结合在一起。

高跷秧歌

辽宁省位于我国东北地区南部沿海，东隔鸭绿江与朝鲜为邻。战国时为燕国地，秦属高句丽，汉武帝时置玄菟郡，属幽州。西晋改辽东郡为辽东国，属平州。唐灭高丽后，辽东属安东都护府，辽西属营州，隶河北道。元置辽阳行省，明属山东布政使司，设辽东指挥司。清初设奉天将军(亦称盛京将军)；光绪三十三年(1907年)改为奉天省，省会奉天府。1929年改称辽宁省。1945年起，中国共产党开辟东北解放区，在原辽宁省境设辽宁东、安宁、辽北3省和辽南行署区；1949年1月增设辽西省；1949年4月重划东北行政区，辽东、安东2省合并辽东省，辽北、辽西2省合并为辽西省；1954年6月，辽东、辽西2省合并为辽宁省，8月，辽宁省人民政府成立，省会沈阳市。全省面积15万多平方公里，人口4155万(居全国第13位)，有汉、满、蒙古、回、朝鲜、锡伯等民族。

本省东部为长白山余脉和千山山脉，是省内主要林区，海拔1336米的花脖子山为本省最高峰；西部是辽河平原向内蒙古高原过渡的山地丘陵；中部是辽河平原(属东北平原)，为本省重要的农业区。辽河口至鸭绿江连线以南伸入渤海和黄海部分为辽东半岛，大部为低丘，海岸线曲折且多良港，有东北“金三角”之称。锦州至山海关沿海有100多公里的狭长平原，是进入关内的重要通道。

本省属温带－暖温带、湿润－半湿润季风气候，冬季寒冷，夏季凉爽。年平均气温4℃～10℃，1月气温－17℃～－5℃，7月21℃～25℃。年均降水量400～1200毫米，且多集中在6～8月，地域分布也不均，西北部较少。

本省是我国商品粮生产基地，主产高粱，经济作物主要有棉花、烟草、花生、玉米、大豆。辽东丘陵是我国最重要的柞蚕产区，也是重要的温带水果产区。辽南苹果、辽西梨、山楂等久负盛名，熊岳有“苹果城”之誉；大连黄桃、丹东草莓、辽阳香水梨、绥中白梨、小凉西瓜是著名水果品种。辽阳杏仁和朝阳、新宾人参是著名特产。水产品丰富，大连长海县是鲍鱼、扇贝、对虾、海参的主要生产基地。

本省是我国重要的重化工业基地，冶金、机械、石化、电子为4大支柱产业。鞍山有“钢都”之称，抚顺誉为“煤都”，辽阳是新兴的化纤城，盘锦是石油化工城，阜新矿区、辽河油田、大连化学工业公司等是著名的大型企业。沿海为我国4大海盐产区之一。钢铁、铝、重型机械、造船、纯碱、镁砂、滑石等产量居全国前列。沈阳的羽毛画和彩石镶嵌画、大连的玻璃工艺品和贝雕工艺品、丹东的玻璃水具等久负盛名。

交通发达，铁路网密度居全国之首，有京沈、哈大、沈丹、沈吉等干线；有沈山、沈大、沈四、沈丹(沈阳－山海关，大连，四平，丹东)等高速公路；有大连、营口、丹东等著名港口；有沈阳桃仙、东塔机场，以及大连周水子、丹东浪头和朝阳机场等。

世界遗产有沈阳故宫、盛京三陵（永陵、福陵、昭陵）。国家重点风景名胜有鞍山千山、鸭绿江、金石滩、兴城海滨、大连海滨旅顺口、凤凰山、本溪水洞、青山沟、医巫闾山等。

民俗节庆

■ 国际民间舞蹈节

改革开放以后，沈阳连续举办了数届民间舞蹈(秧歌)节，在国内外享有很高声誉，被誉为“中国秧歌史上的壮举”。秧歌节一般在9月下旬举行，活动内容主要有秧歌舞比赛、环城花车游行等。

■ 大连国际服装节

由大连市人民政府发起并会同国内多家单位共同举办的集经贸、文化、旅游为一体的颇具规模的盛大城市节日。1988年举办首届大连服装节，一般多在8月下旬至9月上旬举行。

亮点点击

■ 沈阳市

辽宁省省会，国家历史文化名城。因地处浑河支流小沈水之阳而得名。历史悠久，唐时为沈州治，明置沈阳中卫，清称盛京。1923年设奉天市，1929年改为沈阳市，沈阳是东北地区经济、交通、文化中心之一，全国著名的重工业城市，以沈阳为中心半径150公里的范围内，聚集着中国著名的钢都鞍山、煤都抚顺、煤铁之城本溪、煤电之城阜新、石油之城盘锦、轻纺之城丹东、化纤之城辽阳和粮食煤炭基地铁岭，这些资源丰富、实力雄厚的辽宁中部工业城市形成了世界上罕见的城市群。名胜古迹有沈阳的故宫、东陵、北陵公园、“九·一八”事变纪念馆等。

知识补给站

■ 辽中南工业区

以沈阳、大连为中心，包括鞍山、本溪、抚顺、辽阳等工业城市。是以煤炭、石油、钢铁、造船、机械、化学等工业门类为主的重工业基地。近年来，轻工业也有较快发展。辽中南工业区主要的发展制约因素是产品结构和装备。

大连一瞥

大连市

位于辽东半岛南端，隔渤海海峡与山东半岛相望。大连原为一个小渔村，十九世纪末逐渐发展为城市，清光绪二十四年（1898年）为帝俄强租，日俄战争后被日本侵占。抗日战争后收复设大连市，建国后与旅顺合并，名为旅大市，1981年复称大连市。大连三面临海，是中国重要的对外贸易口岸，著名的港口，也是中国北方的渔业基地，位居环渤海经济圈圈首，有“北方香港”的美誉。一年一度的“大连国际服装节”使大连闻名世界。大连是美丽的花园城市，城市建筑风格多样，依山而建的楼房错落有致，街心花园、稀树草坪和大小广场、白鸽、雕塑、喷泉点缀其间。名胜古迹有老虎滩、棒棰岛、金石滩、蛇岛等。

大连海滨—旅顺口

在大连南部沿海，介于大连湾到旅顺口之间，是国家重点风景名胜区，大连风景最为优美的地方。一边是长满针阔叶混交林的山峦，沿海岸而行，一边是烟波浩淼的大海，礁石岛屿千姿百态。有棒棰岛、老虎滩、北大桥、傅家庄、白云山、星海公园、黑石礁、蛇岛、老铁山等景点。美景、名胜、奇观，把大连市装点成一座美丽的天然花园城市。

蛇岛—老铁山

蛇岛，又名小龙山岛，位于大连市西侧的渤海湾。在这个面积不足两平方公里的小岛上，栖息着15000多条蝮蛇，是名副其实的“蝮蛇的王国”。

老铁山是辽东半岛最南端与蛇岛隔水相望的一座火山，是候鸟南北迁徙的“中转站”。每年春秋两季，有来自西伯利亚和我国东北的候鸟约200多种，上百万只汇集于此。

蛇岛和老铁山形成了一个有特殊价值的生态环境，为研究爬行动物和鸟类的生态学、生物学特性提供了良好条件。

大连港

位于辽东半岛最南端。港阔水深，不淤不冻，是天然良港。大连港自1899年建港以来，几经扩建改造，目前已成为中国最大的石油港和中国北方最大的国际贸易港口之一，是东北三省和内蒙古东部地区重要的海上进出口门户，是大连交通运输体系的核心。

沈阳古陨石

位于沈阳市东陵区李相乡化石台村。1996年被世界地质大会认为19亿年前的“天外来客”，长160米宽50米高42米总重量约200万吨的古陨石，是世界上首次发现的外星来客。在陨石南侧有巨大的陨落坑，散落在其周围有体积不等的小陨石。

蒸汽机博物馆

沈阳铁路蒸汽机车陈列馆创建于1984年，其占地面积8000平方米，是中国最大的蒸汽机陈列馆。馆内展出美国、日本、前苏联、前捷克斯洛伐克、波兰、德国、中国等9个国家制造的16台机车。馆内还铺设了400米路轨，机车可载游人沿轨道运行试车。

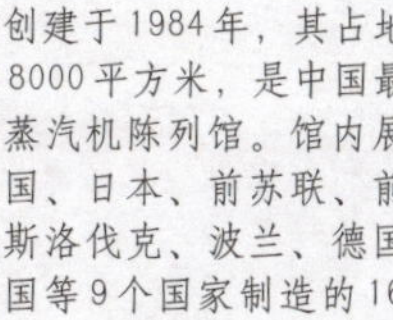

九·一八事变纪念馆

位于沈阳市大东区望花街。1931年9月18日，日本关东军蓄意炸毁柳条沟地区桥梁一段，反诬中国军队破坏，当日夜间突然炮击，开始大规模武装侵略中国东北。馆内陈列了大量与九·一八事变有关的图文资料。陈列馆的建筑独具匠心，整座大楼形如一座巨大的台历，无声地记录着那个惊心动魄的日子——1931年9月18日。是青少年爱国主义教育基地。

东北经济区

包括辽、吉、黑三省和内蒙古东部四个盟市，是建国后中国建成的第一个重工业基地。区内已基本形成以钢铁、机械、石油、化工为核心，包括煤炭、电力、建材、森工及纺绢、造船、制糖等行业的比较完整的工业体系。有沈阳、哈尔滨等机械工业基地，鞍山本溪等钢铁工业基地，大庆、扶余、辽河三大油田，抚顺、阜新、铁法、鸡西、鹤岗、双鸭山和元宝山、霍林河、伊敏河等煤炭工业基地，长春第一汽车制造厂，黑龙江发电设备制造基地，辽宁与吉林化工基地等。包括沈阳、抚顺、鞍山、本溪、辽阳等市在内的辽中南工业基地，是全区经济的“心脏”。森林蓄积量占全国近半，是全国最大的林业基地。有松嫩平原和三江平原等国家级商品粮基地。交通运输发达，铁路密度冠全国。

鸭绿江

鸭绿江大桥

鸭绿江的古称为马訾水，因为水的颜色犹如雄鸭脖颈的莹绿而得名。源于长白山主峰白头山，流经丹东注入黄海，全长795公里，是中朝两国的界河。鸭绿江景区段位于丹东市鸭绿江下游，浑江口至江海分界处的大东港之间。长210公里，面积约400平方公里，分为水丰湖、太平湾、虎山、大桥、东港等5个景区。

本溪水洞

位于本溪市东约35公里的谢家崴子村西，又名谢家崴子洞，是近年新开发的石灰岩水洞风景区和世界上最大的充水溶洞。洞口在峭壁下，北向，宽20米，高5.75米，奇巍开豁，大若城瓮。入洞20米即可见水域，纵深2500多米，时宽时窄，迂回曲折，可通游艇，两岸有各种钟乳石、石柱、石笋等，构成奇幻景观，令人目不暇接。被中外游人誉为“天下奇观”、“北国一宝”。

风物链接

沈阳故宫

沈阳故宫

始建于后金天命十年（1625年），是清朝入关前清太祖努尔哈赤、清太宗皇太极营建和使用的宫殿。清朝入关后，这座皇宫被称作“陪都宫殿”、“留都宫殿”，后几代帝王经常来此谒陵祭祀，不断增扩始成今日规模。它位于沈阳市旧城中心，占地6万多平方米，有各式建筑90多座计300多间，具有鲜明的满族特色。主要建筑有崇政殿、凤凰楼、文溯阁(藏《四库全书》，全国七阁之一）等。所陈列的多半是旧皇宫遗留下来的宫廷文物，如清代的八旗甲胄，作战用的弓箭、火枪、火炮。陈列的艺术品也很丰富，有明、清两代一些大师的作品，如清郑燮、金农和明文徵明书画精品，陶瓷、雕刻、织绣、漆器等工艺品也不少。整个皇宫楼阁耸立，殿宇巍然，雕梁画栋，富丽堂皇。其历史价值和艺术价值仅次于北京故宫。是第一批全国重点文物保护单位。现被辟为沈阳故宫博物馆。2004年被列入《世界遗产名录》。

雷锋陵园

雷锋陵园

坐落在抚顺市内望花区和平路，占地56700平方米，是全国首批重点革命烈士纪念建筑物。主要纪念建筑物有雷锋纪念碑、雷锋塑像、雷锋陵园和雷锋事迹陈列馆。馆内藏有毛泽东、邓小平、江泽民等同志为雷锋题词手迹和雷锋遗物、照片等文物400多件。

福陵

位于沈阳东郊的丘陵上，俗称东陵。始建于后金天聪三年（1629年），是清太祖努尔哈赤及其皇后叶赫那拉氏的陵寝。福陵前临浑河，背依天柱山，水绕山环，草深林密，景色十分清幽。福陵由正红门到碑楼，须登108级石台阶，建筑物随坡势起伏而显更加错落有致、高大雄伟。2004年被列入《世界遗产名录》。

永陵

原名兴京陵，坐落在新宾县永陵镇西北启运山南麓，为清朝关外三陵之一。建于明万历二十六年（1599年），为全国重点文物保护单位。清顺治年间改称永陵。占地1.19万平方米，陵内葬有清太祖努尔哈赤的远祖孟特穆，曾祖福满，祖父觉昌安，父塔克世等皇室祖先。整个陵区分前院、方城、宝城三部分。2004年被列入《世界遗产名录》。

昭陵

为清太宗皇太极及其皇后博尔济吉特氏的陵寝，始建于清崇德八年（1643年）。因坐落在沈阳市北端，故又称北陵。昭陵与福陵和永陵齐名，合称“关外三陵”，但其规模宏大，结构完整，远非其他二陵可比。昭陵四周护以缭墙（围墙），极似一座小城，主体建筑都建在中轴线上，由南至北依次为：神桥、牌楼、正红门、碑亭、隆恩门、隆恩殿、明楼、宝顶。建国后辟为北陵公园。2004年被列入《世界遗产名录》。

满族风情

满族世居辽宁，有着悠久的历史和自己独特的风情。满族最常见的民居形式是口袋房，又称斗室，呈半地穴式，房檐和门较矮，室内低于屋外，门上挂着厚实的毡子门帘，窗户多用纸糊。满族人喜食粘豆包、黄米干饭、炖菜等食品，白煮猪肉和白肉血肠是他们的最爱。满族的服饰在我国服饰文化中独树一帜，女子服饰更是高雅华贵，她们梳着两把头，身穿旗袍，脚着高高的花盆鞋，手持方巾，雍容华贵，落落大方；而男子的服装以长袍马褂为主。满族的节庆与汉族几乎相同，春节时，男女老少扭秧歌、踩高跷，热闹非凡。

名人专区

张学良（1900－2001）

国民党爱国将领，东北军将领，辽宁海城人。1936年12月12日，与西北军将领杨虎城发动了震惊中外的“西安事变”，逼迫蒋介石联共抗日。西安事变后被蒋介石长期软禁，晚年生活在美国，病逝于檀香山。

雷锋（1940－1962）

湖南长沙简家塘（今望城）人。1960年参加中国人民解放军，在沈阳部队工程兵某部运输连四班当汽车兵，多次立功受奖，同年加入中国共产党。1962年8月因公殉职。他公而忘私，爱憎分明，全心全意为人民服务。同年3月15日，毛泽东亲笔题词“向雷锋同志学习”。从此全国广泛开展向雷锋同志学习的活动。

吉林省

长春长途区号：0431

长春邮政编码：130061

吉林省地处我国东北地区中部，东南与朝鲜、俄罗斯为邻。因清末在吉林将军辖境建省而得名，简称吉。秦属肃慎及夫余、沃沮地。南北朝为契丹、勿吉、高句丽地。唐隶属河北道、渤海都督府、渤海国等。元属辽阳行省。明为女真部。清乾隆二十二年（1757年）改称吉林将军，由盛京将军管辖；光绪三十三年（1907年）改设吉林行省，省会吉林府。1945年起，中国共产党开辟东北解放区，在原吉林省境设吉林、松江、合江3省，1946年4月增设绥宁省（10月改为直属东北行政区的牡丹江专区）。1949年4月重划东北行政区时，保留吉林省，省会吉林市。同时合江省撤销并入松江省。1954年6月，松江省撤销并入黑龙江省，省会迁至长春市。全省面积18.7万平方公里，人口2649万（居全国第21位），有汉、朝鲜、

满、回、蒙古、锡伯等民族。

全省地势东南高、西北低，从东南向西北依次为山地、丘陵、平原。长白山绵亘于东南部的中朝边境，海拔2691米的长白山为本省最高峰，主峰附近为省内东部主要河流的发源地；长白山西至四平、长春、榆树连线以东，多台地、丘岭，且多山间盆地和河谷平原；西部为东北平原中部，松花江、辽河分水岭以北为松嫩平原，以南为辽河平原；平原西部地势低平，有不少沼泽、碱地和泡子分布；主要河流有松花江、图们江、牡丹江、绥芬河等；松花湖为省内最大湖，天池是著名火山口湖。

本省属湿润－半干旱季风气候，冬季漫长，严寒干燥；夏季短促，温暖潮湿；春秋风大。年平均气温－3℃～7℃，1月－20℃～－14℃，7月16℃～24℃。年平均降水量350～1000毫米，且多集中于6～8月。

本省是我国产粮大省，粮食人均占有量居全国第一。粮食作物主要是水稻、玉米、高粱、谷子等；经济作物主要是大豆、甜菜、烟叶，以及亚麻、青麻、线麻、向日葵、芝麻、蓖麻等。本省是东北主要稻米产区，延边优质水稻久负盛名；亦是我国玉米、大豆主产区之一，玉米出口量占全国一半。长白山林区盛产红松、落叶松、鱼鳞松等优质木材，以及誉为“关东三宝”的人参、鹿茸、貂皮。关东烟、珲春木耳、通化葡萄等闻名中外，猴头菇、蕨菜是清代贡品。

矿产资源种类多、分布广。辽源、通化、蛟河、营城、舒兰是煤的主产地；天宝山产铜、金、铅、锌。工业以汽车制造、基本化工、电力、木材加工为主体部门，汽车、铁路客车、拖拉机、木材、化工原料、胶合板、纸张、葡萄酒等产量居全国重要地位。长春汽车制造厂是我国第一家汽车制造厂，吉林市是我国第一个综合性化工基地，四平机械、通化冶金、扶余油田、丰满水电、通化葡萄酒亦闻名于全国。

交通发达。铁路以京哈线为中轴，有沈吉、长图、长白、四梅、梅集、平齐等铁路干线；有长四、长营、长吉、长哈（长春—四平、营城子、吉林、哈尔滨）等高速公路；水运以松花江为主；民航有长春大房身机场。

吉林、集安是国家历史文化名城。国家重点风景名胜有松花湖、八大部—净月潭、防川、仙景台，高句丽王城、王陵及贵族墓葬被列为世界遗产。

艺术视野

■ 长　鼓

朝鲜族打击乐器，亦称“杖鼓”，常用以伴奏歌舞或用于器乐合奏。长约70厘米，木制圆筒形，中段细实，两端粗空，鼓面为绳绷皮。演奏时，挂在胸前或放在木架上，右手执细竹条敲击，左手敲击另一鼓面，两手节奏交错，变化多端。

民俗节庆

■ 北山庙会

北山位于吉林市区北边，自清代前期在山上建起关帝庙、药王庙、玉皇阁起，即形成庙宇群落，200多年来逐渐形成东北规模最大的吉林北山庙会。主要有农历四月初八的佛诞庙会（佛祖释迦牟尼生日）、四月十八的二霄娘娘庙会、四月二十八的药王庙会。其中，以药王庙会游人最多，在东北也影响最大。

■ 雾凇冰雪节

雾凇俗称树挂或雪柳，由雾气结成的冰霜挂在树枝叶上而成。

吉林市从1991年开始举办吉林雾凇冰雪节。时间一般为每年1月1日至1月30日。冰雪节上，游客不仅可以观赏雾凇奇景，还可参加冰灯游园会、冰雪运动会、街头秧歌和文娱晚会等多种活动。

知识补给站

东北三宝

东北三宝为人参、貂皮和鹿茸。人参有“万草之王”、“中药之首”之称。药用价值极高，久服可延年益寿；貂皮俗称“软黄金”，十分珍贵，在国际市场上享有很高的名望，其特点是皮质轻而柔软，毛平直而浑，御寒保暖；鹿茸是滋补的佳品，有生精补骨髓、益血助阳、强筋壮骨、益寿延年的作用。

净月潭

亮点点击

长春市

吉林省省会，位于吉林省中部，伊通河畔。古从该地“春猎之地”得名。清嘉庆五年（1800年）设长春厅，后升为府。九·一八事变后，日军在长春建伪满洲国，将长春作为伪满国都，改名“新京”。1932年设市。长春有“汽车城”、“电影城”、“科技文化城”、“森林城”的美誉。长春第一汽车制造厂是中国最大的汽车制造企业；长春电影制片厂是新中国第一个电影制片厂，被誉为中国电影事业的摇篮。名胜古迹有：八大部、净月潭、伪满皇宫、长春电影城、般若寺等。

净月潭

位于长春市东南郊，为国家重点风景名胜区。净月潭是始建于1934年的中型水库，水域面积432万平方米，主要有潭北山色、潭南林海、月潭水火和潭东林舍四个景区。景区内群山起伏，绿树连绵，辟有国家级森林公园。还建有净月潭滑雪场和雪上乐园，是冬季滑雪、赏雪的理想场所。

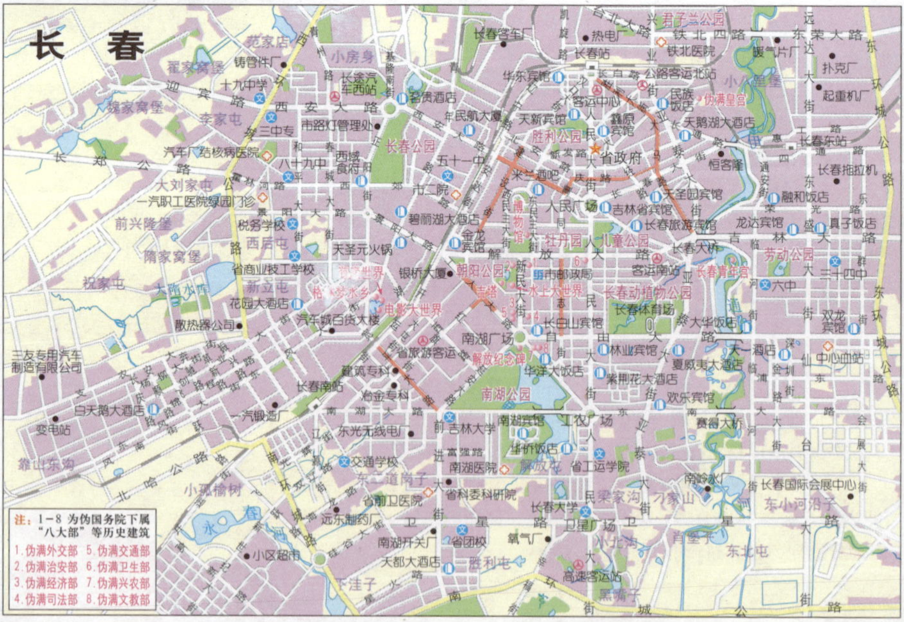

长白山

位于延边朝鲜族自治州安图县和白山市抚松县境内，是中朝两国的界山，主峰白头山海拔2691米，有“关东第一山”之称。长白山是一座休眠火山，天池是长白山最为著名的景观。长白山是东北三宝——人参、貂皮、鹿茸的主要产地，山上还有许多稀有的生物资源，如美人松、山葡萄、野蘑菇，东北虎和丹顶鹤等。被列入联合国“人与生物圈”自然保护区网。

长白山天池

高句丽王城、王陵及贵族墓葬

高句丽是出现于公元前37年，至公元668年被唐朝所灭的我国边疆民族政权。汉元帝建昭二年（公元前37年）由我国东北地区一个边疆民族夫余的王子朱蒙在西汉玄菟郡高句丽县（今辽宁省新宾县境内）建国。后建都十纥升骨城（今辽宁省桓仁县境内五女山城）。西汉元始三年（公元3年），迁都国内城（今吉林省集安市）。至北魏始光四年（公元427年）迁都平壤。公元668年高句丽政权被唐王朝灭亡。割据我国东北长达7个世纪的高句丽政权完成了一个由统一到分裂，再由分裂到统一的历史轮回，重回中国统一的版图之内。

2004年被列入《世界遗产名录》的高句丽王城、王陵及贵族墓葬主要分布在吉林省集安市境内以及辽宁省桓仁县境内。有五女山城、国内城、丸都山城、12座王陵、26座贵族墓葬、好太王碑和将军坟1号陪冢。

高句丽的都城一般由两城构成：平原城是高句丽王日常居所；山城是高句丽王战时的居所。列入《世界遗产名录》的王城是高句丽中期的都城。

好太王碑位于集安市城东4公里处，是高句丽长寿王高琏为纪念其父好太王（高句丽王高安）而刻制。此碑碑体超常，上刻文字1775个，记述了好太王的战争功绩和有关高句丽起源及建国的传说。是研究高句丽政权形成和发展的珍贵资料。

将军坟位于集安市龙山脚下，是高句丽第20代王——长寿王的陵墓。建于5世纪初。由花岗岩石条垒筑，因其构筑严谨、雄伟壮观被世人誉为“东方金字塔”。

东北虎

又称西伯利亚虎，起源于我国东北和俄罗斯西伯利亚地区，有300万年的进化史。它身长体重，强悍凶猛，称为王中之王。栖息于针阔混交林和山岩间及蒿草灌丛中，以野猪、马鹿、狍子等为食物。目前仅分布于中、俄、朝三国边境地带，已濒临灭绝，属国家一级保护动物。

美食情报

■ 朝鲜冷面

冷面是朝鲜族的风味小吃，长久以来，被视作长寿面，取意吉祥。通常的作法是把荞麦粉、面粉等掺和后制成面条，煮熟后过凉开水待汤。用牛肉或鸡肉熬汤，待汤冷却后撇油，把汤倒入煮好的面条中，放香油、胡椒、辣椒等调料，再放上牛肉片、鸡蛋丝等，一碗美味可口的冷面就做好了。

朝鲜族风情

■ 服 饰

朝鲜族人喜穿素白衣服，妇女着短衣长裙，叫“则高利”、“契玛”。短衣斜襟无扣，结以绶带；长裙宽腰细褶长及脚跟。姑娘、少妇服装颜色艳丽明快，显得典雅飘逸。

■ 饮 食

朝鲜族的饮食可分家常便饭和特制饮食。家常饭以米饭、汤和泡菜为主。汤，是日常饭食中必备的，其种类可达30多种，最常见的为酱汤。特制食品有打糕、冷面、发糕、松饼等。

■ 吉林市

位于吉林省中部，松花江西岸，是国家历史文化名城、我国惟一一个与省名重名的城市。吉林原名吉林乌拉，满语意为“沿江”，清置吉林厅，1936年设市。自清末设省始至1954年曾为吉林省会。以基础化工和电力为主，有化工城之称。这里冬季漫长，夏季短暂凉爽，国家重点风景区松花湖是著名的避暑胜地，被誉为四大奇观之一的吉林雾凇更是冬日的奇葩。乌拉街满族风情、阿拉底村、兴光村朝鲜族风情等，具有浓郁的民族特色。

■ 松花湖

位于吉林市东南24公里的松花江上游，总面积700余平方公里，是拦截松花江建设丰满水电站叠坝形成的人工湖，深达77.5米，蓄水量108亿立方米。是国家重点风景名胜区。有金龟岛、骆驼峰、北天山、五虎岛、卧龙潭、凤舞池、石龙壁、醉石坡等8个景点。春可踏青，夏可避暑，秋可垂钓，冬可滑雪，真可谓四季皆宜。松花湖特产丰富，珍品有湖鲤、松花白鱼等。

■ 向海鸟类自然保护区

地处松嫩平原西部、通榆县境内，总面积10.5万公顷，是以保护丹顶鹤为主的珍稀水禽和沙丘黄榆天然次生林景观为主的自然保护区。区内已发现的野生植物有600多种，兽类37种，鸟类286种。这里是中国八大鸟类自然保护区之一，也是世界A级湿地。

风物链接

■ 陨石陈列馆

1976年3月8日15时许，在吉林市和永吉县附近五百平方公里的平原地域内，出现了罕见的陨石雨。现在吉林市江南公园南部的陨石馆内展出了较大陨石138块，总重2616公斤。其中最大块重1775公斤。

长春电影城

长春电影城位于长春市区西南。建于1985年，城内有电影大世界、电影宫、环幕电影、仿古建筑区、少数民族风景区和游乐区等六区一中心，是集电影艺术、技术之大成和展示古今中外建筑风格于一体的、具有很强观赏娱乐价值的、独具特色的旅游景点。

中国一汽

位于长春市，是中国汽车工业的摇篮，始建于1953年。一汽目前拥有中国最大的中重型卡车生产基地，6万辆轻型车生产基地，3万辆红旗轿车生产基地和中德合资的15万辆轿车生产基地。拥有解放、红旗两大民族品牌和德国大众公司合资生产的奥迪、捷达两大品牌，形成了轻、中、重、轿、客、微多品种、多系列的产品格局，产品综合生产能力达到45万辆。

伪满皇宫

坐落在长春市东北隅的光复北路5号。是溥仪在日本帝国主义扶植下，从1932年到1945年充当伪满洲国傀儡皇帝的宫廷，是日本帝国主义侵略我国东北的罪恶产物和历史见证。1932年3月9日，日本帝国主义者宣布成立“满洲国”，由清朝末代皇帝溥仪“执政”，伪满洲国傀儡政权建立。1934年3月1日，“满洲国”改为“满洲帝国”，溥仪也由“执政”改为“满洲帝国”皇帝。他遵照日本关东军的旨意和安排，签署了数以千计的反动法令，在这里度过了14年的傀儡生涯。伪满皇宫博物院是在伪满皇宫遗址上建立起来的宫廷遗址型博物馆。

秋千和跳板

秋千和跳板，是朝鲜族人们最喜爱的民族传统体育运动。秋千和跳板都是由妇女参加的项目。秋千架一般有数米高，前方高挂一铃，以荡的高度和双脚碰铃的次数多少决定胜负。跳板一般用长6米、宽半米的木板，中间垫起半米高，两端各站一人，互相跳跃。跳起高度高达三四米，跳的同时可以表演各种动作。

归婚典礼

朝鲜族老两口结婚60周年时要举行归婚典礼。归婚典礼上，子孙们摆上一桌桌丰富的筵席，乡亲们献上一杯杯长寿的喜酒，老夫妻穿上新婚礼服，坐上披红挂绿的花车，在全村巡游一周，全村村民像过节一样祝福他们晚年幸福、长命百岁。

黑龙江

哈尔滨长途区号：0451

哈尔滨邮政编码：150001

艺术视野

■ 冰雕、冰灯

中国的冰雕艺术是世界公认的一流水准。哈尔滨冰雪节与日本的雪节、加拿大的冰雪狂欢节齐名。哈尔滨的冰雕艺术品取材广泛，富于创意，保持了传统性和民族性的延续。冰灯形式多样，工艺复杂，有冰花、冰盆景、冰柱以及冰建筑等多种艺术形式。这些冰雕在白天欣赏，洁白透明；夜间观看，五彩缤纷，是冰灯艺术的最高境界。

民俗节庆

■ 冰灯游园会和冰雪节

创办于1963年的哈尔滨冰灯游园会，于每年1月5日至2月末在兆麟公园举办，是目前世界上形成时间最早、规模最大、并已成为地方传统项目的大型室外露天冰灯艺术展。从1985年开始，在与冰灯游园会同期举办的冰雪节上，游客不仅可以观赏各种冰雕艺术，而且还可以参加松花江冰上的各种冰雪活动和文艺晚会等。

黑龙江省是我国最北和最东的省，东、北部与俄罗斯相邻。因黑龙江环绕边境而得名，简称黑。秦为肃慎及夫余地，西晋兼有寇漫汗地，唐历属河北道室韦都督府及渤海都督府、黑水都督府。元历属东京行省、辽阳行省和林行处、岭北行省。明为奴尔干都司、北山女真部。清康熙二十二年（1683年）于黑龙江城（今爱辉）设黑龙江将军，由盛京将军管辖；光绪三十三年（1907年）置黑龙江行省，省会龙江府（今齐齐哈尔）。1945年中国共产党开辟东北解放区，设黑龙江、嫩江、兴安3省；1949年4月，嫩江省并入黑龙江省，省会齐齐哈尔市；1954年6月，东北行政区撤销，松江省并入，成立新的黑龙江省，省会哈尔滨市。全省面积46万多平方公里，人口3732万（居全国第15位）、有汉、满、朝鲜、蒙古、回、达斡尔、鄂伦春、赫哲、柯尔克孜、鄂温克等民族。

本省西北部为大、小兴安岭，西南部为松嫩平原，东北部是三江平原（三江指松花江、嫩江、黑龙江），东部和东南部的长白山、张广才岭、老爷岭、完达山为东北东部山地一部分，张广才岭深处有“地下森林”奇观。山地、丘陵和平原各占一半。主要河流除“三江”外，还有乌苏里江；兴凯湖是中俄重要界湖。

本省属寒温带－温带、湿润－半湿润季风气候，冬季漫长而寒冷，夏季短促而温凉，西北部没有夏季。年平均气温－6℃～4℃，1月－32℃～－17℃，7月16℃～23℃。年平均降水量250～700毫米。

本省是我国重要的商品粮和畜牧业基地，林地和耕地居全国首位。三江流域的大片沃土荒原俗称“北大荒”，盛产大豆、甜菜、高粱、亚麻、小麦，其中大豆、甜菜、亚麻产量居全国首位。大、小兴安岭是我国最重要的林业基地和最大的木材供应基地。黑龙江、乌苏里江盛产大马哈鱼、鲟鱼、鳇鱼，马哈鱼籽是国际市场上的畅销品。

本省是我国重要工业基地，优势产业有电站成套设备、工具、轴承、量具、铝镁合金、轻型飞机、电缆、医药、新型材料等。大庆油田是我国最大的石油化工基地；鹤岗、鸡西、双鸭山矿区是我国著名煤矿；齐齐哈尔第一重型机器厂、哈尔滨汽轮机厂、锅炉厂、发电机厂是全国著名机械企业，因而誉称“动力之乡”。原油、木材、发电设备、铁路货车、胶合板、纤维板、天然气、汽油、柴油、轴承等产量居全国前列。

交通发达，有京哈、哈大、滨洲、滨绥、绥佳、牡佳、牡图、齐北、平齐、富嫩、滨北、嫩林、佳富等铁路线；有哈同、哈绥、哈大（哈尔滨－同江、绥芬河、大庆）等高速公路；松花江为主要内河航道；哈尔滨太平机场是我国北方重要航空港，有航班来往于俄罗斯远东、日本等城市。

省会哈尔滨市是国家历史文化名城。森林旅游、冰雪旅游、狩猎旅游是本省旅游的最大特色。风景名胜有松花江太阳岛、兴凯湖、镜泊湖、五大连池、亚布力滑雪场、二龙山滑雪场，其中镜泊湖、五大连池是国家重点风景名胜。

民族民风

■ 鄂温克族

鄂温克意为“住在大山林中的人们”。鄂温克族人的祖先原住在贝加尔湖以东和黑龙江上游的山林中，从事渔猎生产和饲养驯鹿，因而被称为“使用驯鹿的鄂温克人”。

解放前，他们多过着共同狩猎、平均分配的原始社会生活。新中国成立后，建起了一批鄂温克新村，实行定居放牧，彻底改变了他们逐水草而居的状况。

鄂温克族人

■ 鄂伦春族

原来主要分布在大小兴安岭地区，有“山岭上的民族”之称。20世纪90年代，兴安岭全面禁猎以后，狩猎活动才渐渐退出他们的生活。

鄂伦春族人口不足7000人，他们有自己的语言，无文字，通用汉文。许多人还兼通汉语、鄂温克语、达斡尔语。鄂伦春族信奉萨满教，崇拜自然物。

亮点点击

■ 哈尔滨市

黑龙江省省会，国家历史文化名城。地处黑龙江南部，松花江畔。“哈尔滨”满语意为“晒网场”。原为一渔村，铁路修通后才逐渐发展起来，1932年设市。哈尔滨是中国东北部最大的中心城市，国家重工业基地之一，动力设备、发电设备占有重要地位，中国第一台大型水轮发电机、汽轮发电机、高压锅炉都诞生在这里。哈尔滨有“东方莫斯科”、“丁香城”、“冰城”之称。西方古典建筑和造型奇特的东正教、天主教、基督教教堂，给人以浓郁的异国情调；冰灯、冰雕驰名中外；哈尔滨冰雪节、“哈尔滨之夏”音乐会盛名远扬。市内名胜古迹有太阳岛、文庙、圣·索菲亚教堂、七级浮屠塔、极乐寺等。

五大连池

国家重点风景名胜，国家地质公园，被列人联合国“人与生物圈”自然保护区网。位于黑龙江省西北部的五大连池市、小兴安岭西南侧。四周分布着14座火山体，以及一系列火山矿泉，构成了独特而典型的火山景观，素有“火山公园”之称，是我国著名的火山游览胜地。由于火山熔岩堵塞了河道，形成了五个相连的火山堰塞湖，因其形如串珠状，故称五大连池。每到冬季，蒸腾的水汽凝结在连池周围的树枝上，形成雾凇。入夏，气候宜人，树木葱茏。

五大连池景观

扎龙自然保护区

国家级自然保护区，是仙鹤的故乡，一个神奇而又迷人的仙鹤世界。位于齐齐哈尔东南部、乌裕尔河下游，面积1000平方公里。这里是广阔的沼泽地带，湖泊众多，植物茂盛，水草丛生，鱼虾、青蛙繁多，是水禽栖息繁殖的天然乐园。区内有水禽鸟类230余种。世界上现存15种鹤，我国有9种，而此处就有丹顶鹤、白头鹤、白鹤、灰鹤、白枕鹤、蓑羽鹤6种，特别是丹顶鹤有500余只，占世界野生丹顶鹤的1/4。还有属于世界濒危物种的大天鹅、白鹳、草鹭、大白鹭、白翅浮鸥等珍稀水禽。

兴凯湖

中俄两国界湖，素有北国“绿宝石”之美誉，面积4380平方公里，是黑龙江省最大淡水湖。在满语中“兴凯”有“水从高处向低处流”之意。兴凯湖由于断陷作用形成，分为大兴凯湖和小兴凯湖。小兴凯湖在我国境内，大兴凯湖为中俄共有。湖中盛产鱼类，湖区栖息生长着丹顶鹤、白鹤、天鹅、白枕鹤、白尾海雕和兴凯松等珍稀动植物，是为国家级自然保护区。

大庆油田

东北地区石油储量和产量长期占全国的50%左右，其中80%的储量集中在大庆地区。1959年9月26日于松嫩平原的大同长垣上开采出原油，当时正值建国十周年大庆前夕，故把油田定名为大庆油田。油田在开采之初条件极为艰苦，以“铁人”王进喜同志为代表的广大石油工人发扬“一不怕苦，二不怕死”的精神，结束了中国贫油的历史。大庆油田在上世纪六七十年代成为中国工业战线上的一面旗帜。

现今的大庆不仅是中国最大的石油、石化基地，也是黑龙江省重要的商品粮、畜产品、水产品生产基地。大庆油田成为世界上累计产油超过10亿吨的11个特大油田之一。

锡伯族

主要分布在辽宁、吉林、黑龙江等地，人口17万多人，是中国古代北方鲜卑人的后裔，世代以狩猎、捕鱼为生。锡伯族人使用汉语，大多数锡伯族人通用汉文。

赫哲族

赫哲族是黑龙江省独有的民族，也是我国人口最少的民族之一。现有2000多人，主要聚居在同江、抚远和饶河县境内。“赫哲”为赫哲族语的“下游”、“东方”之意。赫哲族有自己的语言，没有文字。历史上向以捕鱼为生，特别是冰下捕鱼的技巧令人惊讶。赫哲人以穿鱼皮服而著称，曾被外界称为鱼皮部。其传统食品是刹生鱼、烤鱼、生鱼条。赫哲族拥有丰富的文化艺术遗产，歌舞是赫哲人传统的文化艺术。

达斡尔族

“达斡尔”之名最早见于元末明初。达斡尔族与古代契丹族有渊源关系。他们生活在中国东北嫩江两岸，以农业生产为主，兼事畜牧业和渔猎业，人口约12万多人，号称“曲棍球骄子”。达斡尔族自古以勇敢善战而著称。达斡尔族有自己的语言，大部分人兼通汉、蒙古等多种语言。他们非常重视民族教育事业。至今，达斡尔族的平均受教育程度仍居全国各民族前列。

知识补给站

■ 北大荒

黑龙江、松花江、乌苏里江三江汇流处冲积成的三江平原，俗称北大荒，是世界著名三大黑土带之一。1958年，国家组织了十几万转业军人和50余万城市青年，从大江南北、长城内外开赴北大荒，屯垦戍边，创建农场，共开荒200万公顷，使这里成为中国重要的商品粮生产基地。昔日的“北大荒”变成了真正的“北大仓”。

■ 中国北极城

漠河位于北纬53.5°的高纬度地带，是中国边境线上最北端的城镇，素有“中国北极城”之称。每年夏季，漠河的白天便越来越长，晚上也相应地越来越短，尤其是夏至前后半个月，形成白夜现象；在漠河上空的北面，人们还可以观赏到现绚丽多彩的北极光奇景。

■ 东北抗日联军

是中国共产党领导的东北人民抗日武装。“九·一八”事变后，辽宁、吉林、黑龙江三省人民响应共产党武装抗日的号召，纷纷组织游击队，并联合东北抗日义勇军，在长白山、三江平原、小兴安岭等地开展游击战争，积极打击日军。1933年5月成立东北人民革命军，到1937年7月抗联各部队发展到四万五千余人。“七七事变”后，积极对日作战，配合关内军民抗战。由于日军频繁“讨伐”，部队损失很大。1945年9月，东北抗日联军改称东北人民自卫军，10月底编入东北人民自治军（后为东北民主联军）。

风物链接

■ 太阳岛

位于哈尔滨市区松花江北岸，与斯大林公园隔江相望，是闻名中外的旅游区。具有质朴、粗犷的北方原野风光特色。歌曲《美丽的太阳岛上》唱出了太阳岛的品味，也唱响了太阳岛的名气。这里有水阁云天、仙鹤群、母子鹿、中日友谊园等20余个风景点。夏季岛上绿野繁花，白沙细浪，是避暑度假的好去处；冬季雪漫冰封，银装素裹，岛上冰雪活动丰富多彩。每年的哈尔滨雪雕游园会都在太阳岛举行。

■ 吊水楼瀑布

位于宁安县境牡丹江上，是镜泊湖旅游的必游景点。镜泊湖湖水从熔岩堤堰的裂口处漫溢而出，倾泻而下，形成瀑布。它实际上是同坠入一潭的两个瀑布，高约20～25米，宽达42米左右。吊水楼瀑布是我国纬度最高的瀑布，冬季观冰挂是这里的又一奇景。

■ 松花江树挂

树挂气象学称之为雾凇，是雾气在低于0℃的附着物上直接凝华而成的白色小冰粒。松花江树挂是我国最著名的雾凇景观，每年可出现60余天。腊月严冬，每当雾凇出现的时候，松花江畔松柳银装，玉树临风，雪光岚气，云蒸霞蔚。观雾凇有三景：夜观雾、晨观挂、午后赏落花。

松花江树挂

圣·索菲亚教堂

是远东地区最大的东正教堂，也是全国重点文物保护单位。教堂始建于1907年3月，是沙俄东西伯利亚第四步兵师修建的随军教堂。于1923年重建后的圣·索菲亚教堂深受拜占庭式建筑风格影响，富丽堂皇，宏伟壮观，可容纳2000人。

如今它作为建筑艺术博物馆，已成为哈尔滨一处独特的景观，是市民和国内外游人欣赏建筑艺术和休闲娱乐的场所。

圣·索菲亚教堂

地下森林

位于镜泊湖西北约50公里处，张广才岭海拔1000米的深山区。

这里分布着约一万年前火山喷发停止后，火山口岩浆冷却收缩，顶部自然下陷、塌落而形成大小不等的10个火山口。经过千万年沧桑变化，出现世界有名的火山口原始森林，森林面积达6.7万公顷，生长着红松、紫椴、黄菠萝等珍贵树种。

林海雪原

黑龙江境内的大兴安岭、小兴安岭、张广才岭、老爷岭和完达山五岭纵横，是一个丰饶的绿色宝库，森林面积达1670多万公顷，是中国最大的林区。茫茫的原始森林，绵延不断的人工林，顺着起伏的山势铺展着。每年的10月至次年的4月，长达7个月时间，这里都被皑皑的积雪覆盖着，形成了极具神奇色彩的林海雪原景观。茂密的森林中，栖息着上千种珍贵的野生动植物资源，不仅具有生态效益，而且具有很高的经济效益和科研价值。

美食情报

东北菜

在满族菜肴的基础上，吸收全国各地菜系，特别是鲁菜和京菜所长，不断发展，形成独特的风味。其特点是：一菜多味，咸甜分明，酥烂香脆，色鲜味浓，明油亮芡，讲究造型。烹调方法长于扒、炸、烧、蒸、炖。代表菜肴有白肉血肠、扒熊掌、金鱼卧莲、蜜汁樱花、什锦火锅、鸳鸯大虾等。

上海市

长途区号：021

邮政编码：200000

艺术视野

■ 评弹

源于苏州的古老说唱艺术，是评话和弹词的总称。1846年上海开埠以后，评弹进入上海，在此落地生根，向艺术的深度、广度和高度发展，受到了上海人的厚爱。

■ 滑稽

又称“独脚戏”，是上海本地的“土特产”。诞生于上世纪20年代末期，演唱内容大部取材于身旁手边的社会新闻，以嬉笑、诙谐、嘲弄、讽刺为主要艺术特色。

■ 顾绣

明代隆庆万历（1566～1620）年间，上海人顾名世在露香园收徒传艺，传授刺绣，世称“顾绣”，又称露香园顾绣。顾绣刺绣技法主要有以下三点：半绣半绘，画绣结合；针法多变，时创新意；间色晕色，补色套色。所绣的作品擘丝纤细，构图丰满，色彩鲜艳。

上海市为中央直辖市，以吴淞江支流上海浦而得名。因吴淞江近海段古称沪渎，故简称沪；又因西部地曾为战国春申君封地，故别称申。隋置华亭镇，唐设华亭县，宋咸淳三年（1267年）增设上海镇，始称上海。元至元二十九年（1292年）置上海县，明嘉靖三十二年（1553年）开始筑城，清属江苏省松江府。1913年置上海道，次年改为沪海道。上世纪20年代初设松沪市，1927年设为上海特别市，1930年改为上海市。19世纪中叶，上海市被辟为对外开放口岸，随之帝国主义列强在上海设立租界。1949年5月，上海市人民政府成立，设为华东行政区代管的中央直辖市。1956年2月，由中央人民政府直辖。全市面积约0.6万平方公里，人口1334万（居全国第26位），有汉、回、满等民族。

本市地处长江三角洲近海地区，地势低平，平原一般海拔不超过5米。北部长江入海口由泥沙冲积而成的崇明岛为我国第3大岛。南端的大金山岛海拔103米，为本市最高点。除长江过境外，源于太湖的黄浦江纵贯市区，纳吴淞江（周家桥以下称苏州河）后在吴淞口注入长江。

本市属亚热带海洋性气候，温和湿润，四季分明。年平均气温15℃～16℃，1月2℃～3.5℃，7月27℃～28℃。年平均降水量约1100毫米，春夏之交为梅雨季节。

本市为全国最大的经济中心和工业城市，近代工业发展历史已有近200年，工业基础雄厚，体系完整，特别是改革开放以来，工业结构和布局进行了战略性的调整，形成了宝山、安亭、金山、闵行、嘉定等重要工业区，并大力发展汽车制造、通讯和信息设备、电站成套设备及大型机电设备、家用电器、石油化工及精细化工、钢铁制造等6大支柱产业，构成了一个能生产计算机、汽车、飞机、远洋轮、航天火箭和气象卫星在内的完整的工业体系。

上海不仅是全国最大的工商业城市，而且是远东的金融、经济中心。1990年重建上海证券交易市场，1994年建立中国外汇交易中心，1997年外资银行获准在上海经营人民币业务，是拥有外资银行机构最多的城市。上海还是我国最大的零售批发中心商品集散地，社会商品零售总额居全国之首；南京路、淮海路、西藏中路、四川北路等商业街，以及徐家汇、上海站不夜城、豫园、浦东新上海等商业城是上海著名的“四街四城”商业中心。上海亦是我国最大的港口城市和外贸口岸，外贸出口总值约占全国的1/4，现有万吨级码头泊位50多个、装卸区10多个，港口吞吐约占全国1/3。

黄金水道长江是上海联系着长江流域大中城市的水路通道。

京沪、沪杭等铁路干线和高速公路构成陆上交通枢纽。虹桥国际机场曾是我国3大国际机场之一，浦东国际机场是新建的最具现代化的国际机场。全国对外通讯中有1/3通过上海卫星地面站和海底电缆传输。上海是我国第二座拥有地铁的城市。

外滩

上海不仅是“购物天堂”，而且以繁华的都市风貌、丰富的人文资源闻名中外。风景名胜有豫园、城隍庙、玉佛寺、中共“一大”会址、青浦大观园、淀山湖、世纪公园、上海动物园等。名土特产有梅林牌罐头、水蜜桃、功德林食品、城隍庙梨膏精、三林塘酱瓜等。

知识补给站

上海证券交易市场

是新中国成立以来建立的第一家证券交易所，成立于1990年11月26日。在发展完善证券交易市场，引导社会资金合理流向，优化经济结构，扩大企业融资渠道，保障投资者合法权益，促进中国证券市场的健康发展方面，起到了积极的作用。

亮点点击

东方明珠

全称东方明珠广播电视塔，位于浦东新区陆家嘴，与外滩隔江相望，高468米，列世界高塔亚洲第一世界第三。从下而上分别是塔基、下球体、上球体及太空仓、发射天线桅杆。下球体直径50米，在98米高处设有观光廊；上球体直径45米，在260米处有观光层；267米处是旋转观光餐厅；太空仓位于350米处，只对特别贵宾开放。

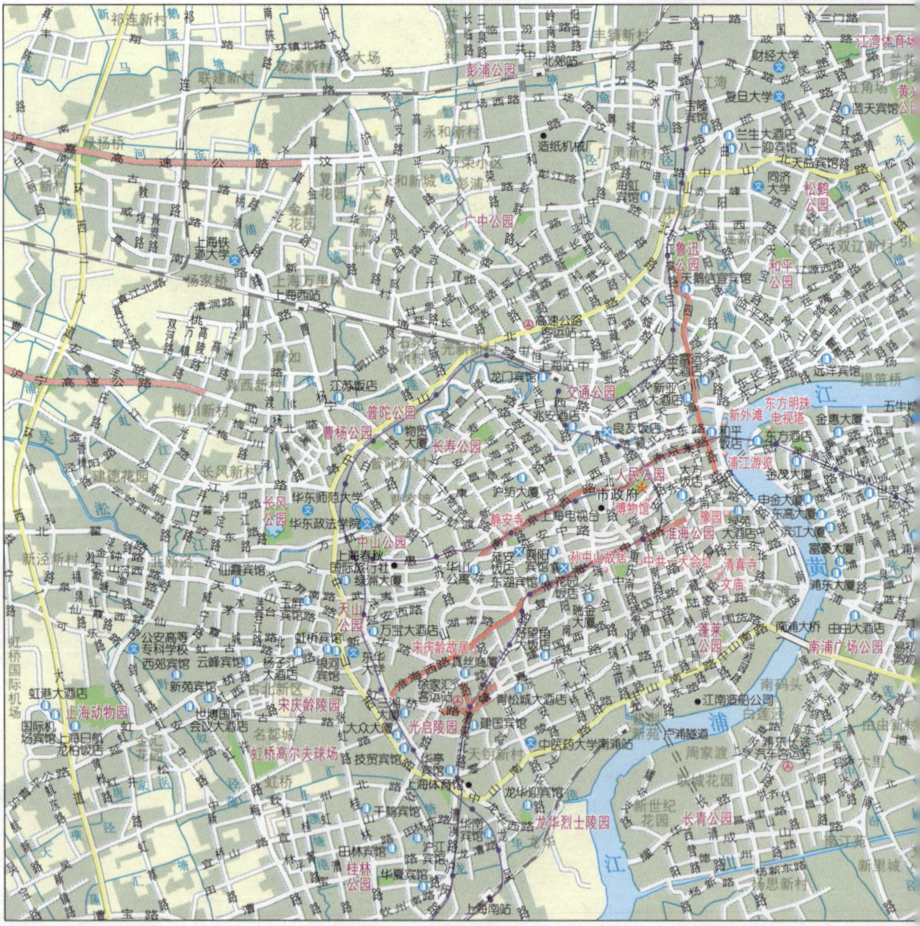

■ 外滩

位于外白渡桥至南浦大桥之间的黄浦江畔，长约4公里，护江长堤东面是400米宽的黄浦江，江面万吨巨轮林立。堤西为二三十年代建造的西方古典建筑群，有仿古希腊式、仿哥特式、仿古典主义芝加哥学派等，它们错落有致，风格迥异，但又和谐协调，成为上海“万国建筑博览会”的标志性建筑群。外滩一直被视为上海的象征。

■ 金茂大厦

位于上海浦东新区陆家嘴金融贸易区黄金地段，与著名的外滩风景区隔江相望，总高度为420.5米，是目前世界第三、中国第一高楼。占地面积2.3万平方米。地上88层（另有顶部机电设备层4层），地下3层，裙房6层，总建筑面积29万平方米。大厦里有办公楼、金茂凯悦大酒店、观光厅等。金茂大厦既有现代气派，又有民族风格，堪称上海迈向21世纪的一座标志性建筑。

■ 浦东新区

位于黄浦江以东，与外滩隔江相望。成立于1990年，是当今中国投资环境最好、投资机会最佳、投资成功率最高的地区之一，成为中国改革开放的重要标志。东方明珠电视塔、金茂大厦等标志性建筑都建在浦东。一批重要旅游景点，如亚洲规模最大的上海南洋水族馆、上海科技城、世纪公园二期、华夏文化旅游区等已逐步对外营业。

■ 淀山湖

又名薛淀湖，是上海市郊最大的淡水湖泊和淡水渔业基地，位于青浦区西面，距市区50公里。淀山湖面积63平方公里，与江苏、浙江交界，属太湖水系。湖周沿岸有进出口75处，湖水碧澄。盛产鲤、鲫、鲈、银鱼等数十种淡水鱼类。湖边多小湾，风景秀丽，并有曲水园、青龙镇，上海最古老拱形石拱桥——普济桥及崧泽村古文化遗址等。

陆家嘴

■ 陆家嘴金融贸易区

地处浦东新区黄金地带，与浦西外滩隔江相望。面积30平方公里，是我国惟一以“金融贸易”命名的开发区。

这一带建造了一批高水平的艺术建筑，聚集着100多家中外银行和金融机构及几千家国际公司，使陆家嘴成为未来浦东和上海最繁华的中央商务区。现已形成了一个世界一流水平的集国际、金融、贸易为一体的现代化城市中心区，被称为黄浦江东岸的“金三角”。

■ 五卅运动

1925年5月15日，上海日商纱厂日籍职员枪杀工人顾正红，打伤工人十余人，激起全市工人、学生和市民的愤怒。30日上海学生二千余人在租界内宣传，声援工人斗争。随后万余群众集中在南京路巡捕房门前，要求释放被捕者。英国巡捕开枪打死群众十余人，伤数十人，造成“五卅惨案”。中共中央立即号召全上海人民罢工、罢课、罢市，抗议英帝国主义的大屠杀，领导举行了二十余万工人罢工，五万余学生罢课，绝大部分商人罢市。这一运动，打击了帝国主义势力，揭开了大革命高潮的序幕。

上海博物馆

购物天堂

■ 城隍庙

位于黄浦区。是上海道教正一派的主要道观之一。明朝永乐年间(1403～1424年)，由金山神庙改建而成，曾屡毁屡建，现在的城隍庙是1926年修建的。老城隍庙与其后面的豫园是游览和购物的好去处，不仅有小商品、土特产和特色商品市场，而且有大型综合商场和名点小吃。

■ 淮海路

全长约6公里。两侧建筑尽显现代气派，拥有特色商店400余家。最繁华的地段是从陕西路到西藏路2.2公里长的商业街。商店装潢典雅高贵，欧美古典、中式古典、欧陆新潮及跨世纪大都市的建筑风格各具风采，散发出浓郁的城市型文化休闲气息。

■ 南京路

号称“中国第一商业街”。东起外滩，西至静安寺与延安西路交会处，全长5.5公里。拥有各具特色的百年老字号、餐厅、纪念品店、大型购物中心。河南中路到西藏中路段已建成步行街。

■ 徐家汇

现代化高楼拔地而起，橱窗亮丽，地铁巴士穿梭如流，林荫花坛交相辉映。已经成为上海西南地区最繁华的商业交通中心。

■ 上海博物馆

位于人民广场南侧，形如巨鼎，是中华民族悠久历史和现代科技相结合的典范。能满足陈列展览、科学研究与文物保护三大功能的需要。设有中国古代青铜器、陶瓷器、雕塑、绘画、书法、玉器、钱币、玺印、家具、少数民族工艺品、西方艺术等12个陈列馆，馆藏文物达12万件。珍品有西周大克鼎、唐越窑海棠式大碗、东晋王献之鸭头丸、唐孙位高逸图等。

■ 磁浮列车

磁浮列车是依靠电磁吸力或电动斥力将列车悬浮于空中并进行导向，实现列车与地面轨道间的无机械接触运行，这条举世瞩目的上海磁浮列车线，起点龙阳路站，终点浦东国际机场，全长33公里，最高时速可达400～500公里/小时的磁浮列车于2002年12月31日首次试运行。它是中国第一条投入商业运营的磁浮列车线。

磁悬浮列车

风物链接

■ 豫　园

位于黄浦区城隍庙侧。始建于明嘉靖三十八年(1559年)，原是四川布政使潘允端为其父母而建，取义“豫悦老亲”（豫同愉同义），故名豫园。是上海最大最完整的一座古典园林。园林布局具有吴越建筑特色，保存完整，占地2万多平方米，素有“城市山林”之誉。不同景区，以虚隔作幛景，似隔非隔，透出园林丰富的景层，成为豫园内一大特色。园内有48处景点，构成三穗堂、仰山堂、快楼、两宜轩、鱼禾榭、万花楼、点春堂、会景楼、玉玲珑、得月楼、内园等景区。其中“点春堂”为清咸丰年间小刀会起义军的指挥部。

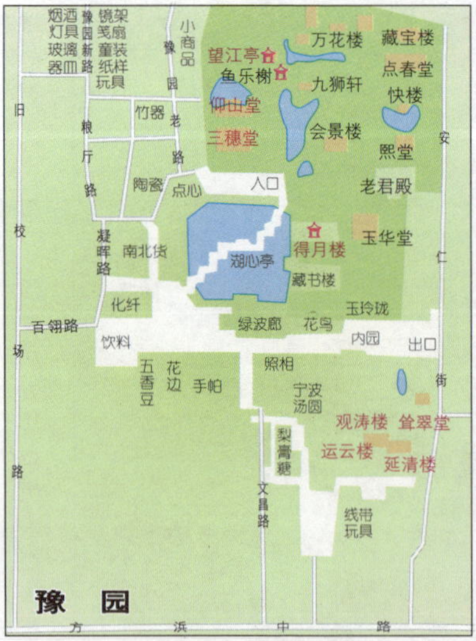

■ 龙华寺

位于龙华路2853号，是上海地区历史最久规模最大的古刹。相传为三国时，东吴孙权为孝敬其母而建造，并按佛经中弥勒菩萨于龙华树下成佛的记载而拟名。

现在的龙华寺建于清光绪年间，但基本保持宋代佛教禅宗的伽蓝七堂制原貌，是一组较完整的寺庙建筑群。寺内珍藏有唐、五代、明、清代的经书、金印、佛像等。这里相传为弥勒道场。

■ 里　弄

里，是百姓聚居之所。弄，就是小巷子，即上海人通常所说的小弄堂。里弄建筑是我国近代历史时期中产生和发展的一种居住类型，是由两排井然有序的石库门相连而成的，弄门纵向深入。开埠以后，上海租界出现的第一条里弄，名叫花园弄，就是今天的南京路。

■ 玉佛寺

位于普陀区江宁路和安远路交界处，是上海著名的佛教庙宇之一，具有百余年的历史。清光绪八年(1882年)，普陀山慧根法师自缅甸迎回玉佛途经上海时，留下白玉雕释迦牟尼坐像和卧像各一尊，在江湾建寺供佛，玉佛寺由此得名。玉佛寺是江南名刹之一。仿宋代宫廷建筑，中轴线上建有天王殿、大雄宝殿和玉佛楼三进殿院。其中一件镇寺之宝，是高达1.9米的玉佛坐像，由整块白玉精雕而成，色泽晶莹，神态庄严，堪称佛教艺术中的瑰宝。

■ 浦江双桥

指南浦大桥和杨浦大桥。南浦大桥总长8346米，主桥846米，高46米，在世界同类型斜拉桥中名列第一；杨浦大桥总长7553米。双桥飞架浦江之上，使浦东、浦西连成一体。

名人专区

■ 赵家璧(1908－1997)

现代著名编辑家、出版家。生于江苏松江（今属上海）。1932年大学毕业后进入上海良友图书印刷公司担任编辑、主任。编辑出版了大型综合性知识小丛书《一角丛书》、现代出版史上著名的丛书之一《良友文学丛书》；1934年起开始编辑中国现代出版史上最著名的丛书之一《中国新文学大系》，全面反映了中国新文学第一个十年的发展历程。曾出版回忆录《编辑生涯忆鲁迅》、《编辑忆旧》等。

■ 徐光启(1562－1633)

明代科学家。上海人。他的研究范围广泛，尤以农学、天文学、数学最为突出，较早学习西方的天文、历法、数学、测量和水利等科学技术，并介绍到中国。编著《农政全书》，主持编译《崇祯历书》，译著《几何原本》等。

■ 陈　云(1905－1995)

无产阶级革命家、政治家，党和国家领导人。上海青浦人。曾长期主持全国的财政经济工作，为我国经济发展作出了卓越的贡献。1975年后参与制定和组织实施新时期党的路线、方针和政策。主要著作编为《陈云文选》。

南浦大桥

江苏省

南京长途区号：025

南京邮政编码：210008

艺术视野

■ 苏　绣

为我国的四大名绣之一。以图案秀丽、绣工精细、针法丰富、色彩典雅著称，绣技具有“平、细、密、齐、光、顺、匀”的特点。苏绣的艺术精品以制作双面绣为主，题材有花鸟、山水、动物、人物等，画面传神，充分体现苏绣细腻雅洁的特色。

■ 昆　曲

原名“昆山腔”，在元末明初之际产生于江苏昆山一带。流行于长江以南和钱塘江以北地区，是明代中叶至清代中叶影响最大的声腔剧种。代表曲目有《牡丹亭》、《桃花扇》、《十五贯》等。是我国传统戏曲中最古老、最珍贵的剧种之一。已列为世界人类口头及非物质遗产。

■ 桃花坞木刻年画

与天津杨柳青年画并称中国木刻年画的两大中心，素有“南桃北杨”之称。桃花坞年画主题多以戏曲杂剧为主，反映百姓的生活喜好。年画内容广泛，有民间传说、吉祥喜庆、装饰图案等。被称为“东方古艺之花”。

■ 扬州盆景

分树桩盆景、山水盆景和水旱盆景等。特别是观叶类的松柏榆枫、瓜子黄杨等树桩盆景，借鉴绘画“枝无寸直”的原理和园林假山的堆擞技巧，形成自己的独特风格。

江苏省位于我国东部，濒临黄海。因境内原有江宁、苏州两府而得名，简称苏。春秋为吴、楚国地，宋置江宁府，元属江淮行省，后分属河南江北、江浙行省；明代历属江南行省、南京、京师、南直隶；清初改南直隶为江苏省，省会江宁府。1949年4月，以长江为界，划分原江苏省为2个省级政区：苏北、苏南行署区；1952年11月，2行署合并恢复江苏省；1953年1月，江苏省人民政府成立，省会南京市。全省面积10.3万平方公里，人口7127万（居全国第5位），有汉、回、满、蒙古等民族。

本省是全国地势最低平的省份。通扬运河以北为苏北黄淮平原，与山东接壤地区为苏北丘陵，东北部的云台山海拔625米，为本省最高峰。南部是以太湖平原为中心的长江三角洲，亦称苏南平原；西南部的宁镇丘陵由宁镇山脉、茅山丘陵、宜溧丘陵组成。境内河网纵横，湖泊密布，长江、淮河为境内2大水系，太湖为本省第一大湖。

以淮河—苏北灌溉总渠为界，全省分属暖温带—亚热带、湿润—半湿润季风气候，四季分明。年平均气温13℃～16 ℃，1月−2℃～4℃，7月25℃～29℃。年平均降水量800～1200毫米，春夏之交多梅雨。因本区夏季受副热带高压控制，俗称南京为长江流域3大“火炉”之一。

本省是我国粮、棉、油和淡水鱼的重要产区，亦是我国3大蚕桑生产基地之一。苏南以水稻为主，苏北以小麦为主，油菜、棉花种植普遍。吕四、连云港是著名渔港。太湖碧螺春茶、阳澄湖大闸蟹、长江刀鱼和鲥鱼、狼山鸡、高邮鸭、太仓猪闻名中外；水果品种众多，以水蜜桃、杨梅最为著名。

矿产资源丰富，徐州的煤、连云港的磷、淮北沿海的盐、宜兴的陶土等储量极为丰富。工业基础雄厚，乡镇企业特别发达。工业总产值居全国第2位，仅次于上海。轻纺、丝绸、电子、化工、手表、自行车、精密机床、汽车等工业居全国前列。无锡排骨、如皋火腿、太仓肉松、镇江香醋、宜兴紫砂陶茶具、扬州漆器、无锡泥人等是著名传统产品。

交通发达。有沪宁、陇海、津浦、宁铜等铁路线，连云港是“亚欧大陆桥”陇海铁路端点；已建成沪宁、宁连（南京－连云港）、南京－马鞍山、高淳、合肥、南通等高速公路；有南京碌口、连云港白塔埠、无锡硕放等机场。

南京、苏州、镇江、常熟、徐州、淮安是国家历史文化名城。境内有苏州园林、钟山、太湖、云台山、蜀岗瘦西湖等国家重点风景名胜。苏州园林、明孝陵已列入《世界文化遗产名录》。

美食情报

■ 南京板鸭

是用盐卤腌制风干而成，分腊板鸭和春板鸭两种，其制作技术已有600多年的历史。南京板鸭皮白、肉红，食之酥软、香嫩、鲜而回甜，被首推为南京“市菜”。在清代，地方官员总要挑选质量较好的新板鸭进贡皇室，所以又称“贡鸭”。朝庭官员在互访时以板鸭为礼品互赠，故又有“官礼板鸭”之称。

■ 淮扬菜

发轫于先秦时期，隋唐时已有盛名，至明清时形成流派。原料多以水产为主，注重鲜活，刀工比较精细，尤其以瓜雕享誉四方。善于运用炖、焖、烤、煨等烹调方法。口味平和，清鲜而略带甜味。著名菜肴有清炖蟹粉狮子头、苏州卤鸭、三套鸭、水晶肴肉、松鼠鳜鱼、无锡脆鳝等。

南京长江大桥

■ 碧螺春

盛产于太湖洞庭东、西山一带。碧螺春具有条索纤细，卷曲成螺，茸毛披覆，银绿隐翠，清香文雅，浓郁甘醇，鲜爽生津，回味绵长的特点，是茶中极品。

亮点点击

■ 南京市

江苏省省会，国家历史文化名城。地处江苏西南部，滨临长江。南京别名金陵，有2400多年建城史。战国楚置金陵邑，秦称秣陵，三国吴称建业，晋称建康，唐称白下、上元，元称集庆，明为南京，清为江宁府。1927年设市。南京是中国七大古都之一，三国吴、东晋、南朝宋、齐、梁、陈、五代南唐、明初、太平天国及辛亥革命均建都于此，号称“六朝古都”、“十朝都会”。1927～1937年、1945～1949年为国民党政府所在地。

南京是长江流域四大中心城市之一，是沪宁杭经济核心区的重要城市，华东地区重要的综合性工业基地、交通和通讯枢纽，化工、钢铁、汽车、机械等在全国占有重要地位。南京地理位置险要，跨长江两岸，紫金山环绕城郊，有“虎踞龙蟠”之胜。旅游资源丰富，有钟山风景区（中山陵、明孝陵、灵谷寺等）、玄武湖、秦淮河、雨花台烈士陵园、侵华日军南京大屠杀遇难同胞纪念馆等名胜古迹。

■ 苏州市

国家历史文化名城。位于太湖之滨，以姑苏山得名，亦称姑苏城。春秋时期为吴国都，秦置吴县，东汉置吴郡，南朝梁为吴州治。隋为苏州治，明、清为苏州府治。1928年设市。苏州河网密布，水陆并行，河街相邻，被誉为“东方威尼斯”。周边众多的江南古镇独具水乡特色。苏州自古经济繁荣、文化底蕴深厚，苏绣是中国四大名绣之一。苏州是著名的风景游览胜地，苏州园林甲天下，千百年来，以其绝世风采而被称为“人间天堂”。

■ 苏州古典园林

集各种艺术之精华，融建筑、园艺、雕刻、绘画、诗文、工艺美术于一体，在世界园林中独树一帜。拙政园、留园、环秀山庄、网师园、沧浪亭、狮子林、艺园、耦园、退思园等9处已被列入《世界遗产名录》。苏州园林多为私家园林，园林造景多抒发了主人的情感。拙政园是苏州园林中最大的，也是最著名的一座，内有苏州博物馆；留园为明清私家花园，几易其主，虽历经战火，仍损坏无几；怡园有三多，即湖石多、书法石刻多、花木多；沧浪亭原为五代吴越广陵王的池馆；狮子林以石峰像狮子而得名；西园寺为江南名刹，以500罗汉和放生池著称。

拙　政　园

■ 周　庄

位于苏州城东南昆山市境内。周庄虽然历经900多年沧桑，仍完整地保存着原有的水乡古镇的风貌和格局。全镇百分之六十以上的民居仍为明清建筑，仅有0.4平方公里的古镇有近百座古典宅院、60多个砖雕门楼和14座各具特色的古桥，呈现出一派古朴、幽静的江南水乡风情。

■ 太湖银鱼

苏州一带著名特产之一。与梅鲚鱼、太湖白虾合称“太湖三宝”，被列为贡品。银鱼肉质细嫩，营养丰富，无鳞、无刺、无腥味，可烹制各种佳肴，深受国内外消费者的喜爱。

知识补给站

■ 南京大屠杀

1937年12月13日，日军侵占南京后，在华中派遣军司令松井石根和第六师团团长谷寿夫的指挥下，逢人便杀，见房就烧，奸淫虏掠，无所不为，有计划地对中国人民进行了长达六周的血腥大屠杀。共有30万同胞无辜被杀。这是日本军国主义对中国人民犯下的滔天罪行。

■ 南京大屠杀遇难同胞纪念馆

坐落在南京江东门街418号。是侵华日军南京大屠杀江东门集体屠杀遗址和遇难者丛葬地，是一处以史料、文物、建筑、雕塑、影视等综合手法，全面展示南京大屠杀特大惨案的专史陈列馆。

太湖

江南古镇

在太湖的东南部、江浙两省交界处，有一种介于城市与乡村之间的居民地——江南古镇。江南古镇以其悠远的传统，淳朴的民风，古老的建筑，清澄的河水和充满传奇色彩的人物，而成为一片极有诱惑力的旅游胜地。在苏南以同里、周庄和甪直三镇形成的“水乡金三角”得到了很好的诠释。

名人专区

鉴　真（688－763）

唐僧人。江苏扬州人。日本佛教律宗创始人。14岁出家，22岁受具足戒，遍研三藏尤精律藏。后住扬州大明寺，专弘戒律。自唐天宝元年（742年）始，先后六次东渡日本，传授戒法、律宗，并将中国的建筑、雕塑、医药学等介绍到日本。为中日两国文化交流作出了卓越贡献。

关天培（1781－1841）

清末将领。江苏淮安人。行伍出身。清道光十四年（1834年）任广东水师提督。1839年支持林则徐实行禁烟政策，操练水师，修筑炮台，多次击退英军进攻。1841年2月英军进攻虎门时，在靖远炮台率孤军奋战，英勇战死。

太　湖

古称震泽，距无锡市区15公里，是我国第三大淡水湖，面积2420平方公里。湖中有大小岛48个，连同沿湖山峰号称72峰。湖山相映，景色宜人。无锡市西南的鼋头渚、马迹山、三山以及附近数以百计的风景点，是太湖风景的精华所在。西洞庭山是我国淡水湖泊中最大的岛屿。太湖大桥宛如长虹卧波，把西洞庭山与苏州城连为一体。沿湖有著名的无锡山水、苏州园林、宜兴三洞、江南古镇等旅游热点。

扬州市

国家历史化名城。地处江苏中部，长江北岸，京杭运河纵贯南北。扬州别称淮扬，战国时为广陵邑，西汉时为广陵国，东汉为广陵郡治。隋为扬州治，元以后为扬州路、府治。1949年设市。扬州自古为淮盐总汇，商业发达，名人荟萃，文化繁荣，唐朝鉴真和尚自此出发东渡日本，元初意大利旅行家马可·波罗在此任总管三年，清代的“扬州八怪”弛名画坛，以及史可法、欧阳修、苏轼等历代名人的丰富遗迹，使扬州这座历史文化名城更加绚丽多彩。

盐城沿海滩涂

位于江苏省盐城市的射阳、大丰、滨海、响水、东台五县(市)的沿海地区，面积45.3万公顷，1992年加入联合国教科文组织国际“人与生物圈”保护区网，主要保护对象为滩涂湿地生态系统和以丹顶鹤为代表的多种珍禽。盐城沿海滩涂长达444公里，为淤泥质平原海岸的典型代表。区内有鸟类315种，其中属国家一级保护的9种。每年在此越冬的丹顶鹤有800只左右，为全世界最大的丹顶鹤越冬地，也是国际濒危物种黑嘴鸥的重要繁殖地。

风物链接

中山陵

是我国伟大的民主革命先行者孙中山先生的陵墓。坐落于钟山东峰小茅山麓，1926年3月12日孙中山逝世周年之日开工，1929年建成，1929年6月1日，孙中山灵柩由北京碧云寺迁葬于此。中山陵坐北朝南，有祭堂、墓室、碑亭、陵门等建筑，墓前广场立有孙中山先生的青铜像，祭堂中间端坐孙中山先生的大理石像，祭堂后的墓室内安葬着孙中山先生的遗体。中山陵仿照我国民族传统形式精工建造而成，在我国建筑史、文化史和艺术史上均具有很高的地位，被誉为“中国近代建筑史上的第一陵”。

■ 明孝陵

在南京市东郊紫金山南麓，是明朝开国皇帝朱元璋和皇后马氏合葬墓，也是我国古代最大的帝王陵寝之一，至今已有600多年的历史。明孝陵道从下马坊起，包括神烈山碑、大金门、红门和西红门（此两门已毁）、四方城（即“大明孝陵神功圣德碑”亭），到石刻止。其中，800米长的神道石刻是明代皇陵石刻中的经典之作。明孝陵作为明清皇家陵寝，2003年列入《世界文化遗产名录》。

■ 煦园·天王府·总统府旧址

位于长江路292号大院，原是明成祖汉王朱高煦的王府，故称煦园。清代时为两江总督衙门和江宁织造署，后来相继成为太平天国天王府、孙中山任临时大总统时的总统府和中华民国国民政府及总统府所在地，是中国近代史的缩影。煦园建筑精巧，古典幽雅，体现了江南园林的独特风格，是金陵名园之一。1853年洪秀全攻占南京后，改称天京，将这里扩建为天王府。1864年清军攻入南京，天王府被焚，只留下金龙殿与煦园内的石舫。煦园西侧有幢西式平房，辛亥革命胜利后，孙中山在此宣誓就任临时大总统，并以此作为临时大总统办公室和会议室；后蒋介石、李宗仁都曾在此担任总统，故南京人习惯称之为“总统府”。1949年4月29日，人民解放军横渡长江，占领总统府，标志着国民党在大陆统治的结束。

■ 秦淮河风光带

秦淮河是南京的母亲河，人们习惯所说的秦淮河是指流经南京城内的内秦淮，长约5.5公里。秦淮河历史悠久，文化积淀深厚，自古就是繁华的商业区，望族聚居、商贸云集、人文荟萃，有“江南佳丽地，贡院举子乡”之称，也代表了历史上南京的繁华。现在的秦淮河风光带是以夫子庙为中心，包括瞻园、夫子庙、白鹭洲、中华门，以及从桃叶渡至镇淮桥一带的秦淮水上游船和沿河楼阁景观，集古迹、园林、画舫、市街、楼阁和民俗民风于一体。

夫子庙 即孔庙，位于秦淮河北岸的贡院街旁，是古代供奉和祭祀孔子的地方。始建于宋，现存建筑是清同治八年(1869年）重建的，夫子庙建筑群由孔庙、学宫、江南贡院三大建筑群组成，是秦淮风光的精华之作。

香君故居 位于秦淮河南岸燕桥南端。为纪念清代爱国名媛李香君，以《桃花扇》内容为基础而修建的。为一座三进两院式明清河房建筑，全面展现了李香君当时的生活场景，尽现书法、绘画、楹联、园林小景、壁画挂灯等艺术精品。李香君是抗清名将杨之浩之女，“秦淮八艳”之一，她不仅有花容月貌，而且有着强烈的正义感、爱国心和高尚情操，最后因哀痛南明的灭亡而于栖霞山遁入空门。

江南贡院 位于贡院西街，建于明成祖时期，是中国古代最大的科举考场，最盛时有“号舍”20644间，还有司考官员和职司人员的办公、住宿用房等。清末废除科举，贡院也失去作用，1919年开始拆除，只留下贡院中心的明远楼及衡鉴堂和部分号舍。现贡院遗址改建为江南贡院历史陈列馆，收有科举文物史料。

明孝陵

■ 叶圣陶 (1894－1988)

江苏苏州人。当代著名作家、教育家、出版家和社会活动家。1932年起从事编辑出版工作，先后主编《小说月报》和《中学生》杂志等。建国后，先后任中央人民政府出版总署副署长兼编审局局长，教育部副部长兼人民教育出版社社长和总编辑，中央文史研究馆馆长等职。曾发表童话《稻草人》，小说集《隔膜》、《火灾》等，以及长篇小说《倪焕之》，有《叶圣陶》和《叶圣陶语文教育论集》等。

■ 华罗庚 (1910－1985)

江苏金坛人。著名数学家。在解析数论、典型群、矩阵几何学、自守函数论与多复变函数论等许多方面有深刻的研究和开创性的贡献。从60年代初期开始，他把数学方法创造性地应用于国民经济领域，筛选出优选法和统筹法，并亲自到全国各地推广应用，主要著作有《堆垒素数论》、《数论导引》、《高等数学引论》、《典型群》、《典型域上的调和分析》以及《优选法评话及其补充》等。

秦淮风光带

浙江省

杭州长途区号：0571

杭州邮政编码：310026

美食情报

■浙　菜

浙江菜主要由杭州、宁波、绍兴、温州四方风味组成，其特点是选料讲究，烹饪独到，注重本味，制作精细，富于变化，且多以风景名胜命名菜肴。它以爆、炒、烩、炸等烹调技法见长。著名佳肴有龙井虾仁、西湖醋鱼、宋嫂鱼、东坡肉、生爆鳝片、西湖莼菜汤、薄片火腿、八宝豆腐、叫化童鸡、荷叶粉蒸肉等。

浙江省地处我国东海之滨，因境内有钱塘江（旧称浙江）而得名，简称浙。春秋为越、吴国地，战国时属楚，秦属会稽，隋属江南东道（后分置浙东、浙西两道），五代十国建吴越国，北宋属两浙路，南宋建都临安府（今杭州），分设浙东、浙西二

路。元属江淮行省，至元十一年（1284年）改称江浙行省。明置浙江布政使司。清末置浙江省，省会杭州府。1949年8月，浙江省人民政府成立，省会杭州市。全省面积10.2万平方公里，人口4536万（居全国第11位），有汉、畲、回、满等民族。

本省地势西南高，东北低。北雁荡山为浙南名胜；西南部有仙霞岭，其中黄茅尖峰海拔1921米，为本省最高峰。北部及沿海主要有杭嘉湖平原、宁绍平原、温黄平原等，约占全省总面积的30%。钱塘江是境内的主要河流。海岸线长2200多公里，居全国第3位；岛屿众多，有舟山群岛、玉环岛等2100多个大小岛屿，居全国第1位。

本省属亚热带湿润季风气候，四季分明。年平均气温15℃～19℃，1月2℃～8℃，7月27℃～30℃。年平均降水量850～1700毫米，东南沿海及西南山区较多，6～9月为梅雨台风雨季。

本省是我国综合性高产农业区，是著名的鱼米之乡和丝绸之府。主种水稻、黄麻、棉花、油菜、甘蔗等。杭嘉湖平原的蚕桑在全国占有重要地位；毛竹产量常居全国首位；亦是我国的产茶大省。沿海盛产黄鱼、带鱼、墨鱼、贝类、紫菜、海带，舟山群岛是全国重要的商品鱼生产基地。西湖龙井茶、黄岩蜜桔、塘西枇杷、临安山核桃、诸暨香榧、文亭杨梅、天目笋干、缙云黄花、桐乡晒烟、金华乌猪、浙北湖羊、富春江鲫鱼等是著名特产。

由于轻纺工业原料充足，历史悠久，丝纺织工业发达，生丝产量约占全国总产量的3/10，绸缎约占1/5，绸缎出口量约占1/5。轻工业还有棉纺、麻织、造纸、制茶、水产加工、酿酒、罐头食品等。绍兴花雕酒是我国名酒，金华火腿闻名中外，海鱼、焖笋、蘑菇、水果等罐头产量居全国前列。冶金、机械、电力、化工、电子仪表等工业发展迅速。本省是我国市场经济最为发达的省区之一。青田石刻、东阳木雕、湖州毛笔、龙泉青瓷、嵊泗竹编等久负盛名。

交通发达。有沪杭、浙赣、杭甬、杭长、金温等铁路线；有沪杭（上海－杭州）、杭甬（杭州－宁波）、甬温（宁波－温州）等高速公路；宁波港（北仑港、镇海港、宁波老港）、温州港是对外开放的重要港口，有杭州笕桥机场、宁波机场、温州机场、萧山机场等。

杭州、绍兴、宁波、衢州、临海是国家历史文化名城。国家级风景名胜区有杭州西湖、富春江－新安江、雁荡山、普陀山、天台山、楠溪江、嵊泗列岛、莫干山、双龙洞、仙都、溪口－雪窦山、江郎山、仙居、浣江－五泄、方岩、石丈滁－飞云湖等。

特产快递

■ 湖笔

与徽墨、端砚、宣纸并称为中国文房四宝。它选料精细，制作精湛，有“尖、齐、圆、健”四大特色。湖州市善琏镇是湖笔的发源地和主要产地。

■ 绍兴黄酒

又称“鉴湖名酒”。以精白糯米、优质小麦和鉴湖佳水为原料，通过独特的发酵程序精心酿制而成，主要以加饭、元红、善酿、香雪四大品种形成绍兴酒品牌。绍兴黄酒是国宴用酒之一。

■ 龙井茶

产于西湖龙井村狮子峰四周的秀山峻峰，已有1200多年的历史，唐代茶圣陆羽所著《茶经》中已有记载。西湖龙井茶居全国十大名茶之首，以清明前茶和谷雨前茶为上品。以“色绿、香郁、味甘、形美”四绝而著称于世。

艺术视野

■ 越剧

流行于浙江、上海以及江南地区的城市。清道光末年由浙江嵊县（今嵊州）一带的曲艺“落地唱书调”为基础发展而成。初称“小歌班”或“的笃班”。1925年起称越剧。30年代中，形成全部由女演员演出的“女子文戏”。主要曲调有四工调、尺调、弦下调等。建国后整理改编了《梁山伯与祝英台》、《红楼梦》、《祥林嫂》、《五女拜寿》等剧目，并改变了全部由女演员演出的状况。

知识补给站

■ 潮 汐

天体在其他天体引潮力作用下产生形变或长周期波动的现象。地球除固体地球本体外，有海洋和大气圈，故有固体潮、海洋潮汐和大气潮三类潮汐。前者是地球本体的一种变形现象；后两者则为复杂的长波运动。钱塘江大潮是在月球引力作用下形成的海洋潮汐。

亮点点击

■ 杭州市

浙江省省会，国家历史文化名城，中国七大古都之一。位于浙江北部、钱塘江口、京杭运河南端。秦置钱塘县，隋为杭州治，唐改钱塘县，五代吴越国都。南宋迁都于此，并为临安府。明清为杭州府治。1927年设市。五代十国之吴越国建都杭州70多年，南宋把杭州作为首都历时150多年，并成为当时最大的城市，这一时期也是杭州城市和文化发展史上的鼎盛时期。杭州是华夏文明的发祥地之一，先后出现过极具特色的良渚文化、吴越文化、南宋及明清文化。杭州素有鱼米之乡、丝绸之府、茶叶之都、花果之地的美称，是全国著名的

农业高产区，是沪宁杭工业区的中心城市之一，我国丝绸工业的主要基地。杭州是国家重点旅游城市，有“人间天堂”之誉，名胜古迹有西湖、六和塔、宋城等。

西　湖　坐落在杭州城西南，旧称武林水、钱塘湖，又称西子湖。水域面积5.66平方公里，景区面积60平方公里，三面环山一面临城，以西湖为中心，分为湖滨、湖心、北山、南山、钱塘五大景区。苏堤春晓、平湖秋月、南屏晚钟、断桥残雪等西湖十景让游客流连忘返。这里有众多的古迹名胜：灵隐寺、飞来峰、六和塔、浙江省博物馆、中国丝绸博物馆、苏东坡纪念馆、龚自珍纪念馆、潘天寿纪念馆、秋瑾墓等，使神化丹青的西湖，更得世人的欣慕和敬仰。

宁波市

国家历史文化名城，著名的港口城市。地处浙江东部沿海的甬江与姚江汇流处。宁波之名取自“海定则波宁”之义。唐为明州治，宋、元为庆元府、路治，明清为宁波府治。1949年设市。唐宋以来就是中国著名的对外贸易口岸之一，是海上丝绸之路的起点。宁波人文资源丰富，是有7000多年文明史的河姆渡文化的发祥地，享有“文物之都”的美誉。名胜古迹有保国寺、天一阁、招宝山、阿育王寺等。

绍兴市

国家历史文化名城。位于杭州湾畔，会稽山下，素有鱼米之乡、文物之邦、旅游胜地之称。境内河道纵横，绿水晶莹，石桥参差，交通便利。是古越国的都城、诗人陆游的故乡、文学家鲁迅的诞生地、革命家秋瑾的就义处，还有因王羲之的《兰亭集序》而闻名遐迩的兰亭、陆游悲歌伤心的沈园等。传统工艺品有竹编、绍兴乌毡帽等。黄酒是绍兴的传统特产，其外销量占全国之首。

楠溪江

位于永嘉县境内，为国家重点风景名胜区，全长145公里，有30道湾、72滩。风景区面积800多平方公里，分楠溪江、大箬岩、石桅岩、四海山、陡门、水岩、北坑七大景区，以江美、涧曲、瀑多、潭碧、峰奇、山秀、石怪、洞幽、树老、村古而著称。

杭州老字号

楼外楼

创建于清代道光年间，为杭州著名百年老店，亦是富有杭州特色的著名菜馆之一。其著名菜肴甚多，最有名者首推西湖醋鱼，此外，龙井虾仁、叫化童鸡、蜜汁火方、蟹黄橙、鳖蒸羊、西湖莼菜汤等亦颇驰名。

王星记扇庄

杭扇在宋代就负有盛名。清光绪元年（1875年），王星斋创办王星记扇庄，以制做的“三星”牌黑纸扇在国际博览会上屡次获奖而扬名。因其既可纳凉驱蚊，又可遮阳避雨，有“半把伞”的美称。王星记传统名扇，品种繁多，有象牙扇、白骨扇、官团扇等13大类，300多个品种，近2000种花色。

胡庆余堂

中国著名国药老店，位于杭州市清河坊大井巷北口，是由清代商人胡雪岩于光绪四年（1878年）创立的庭园式药店。它既结合药店的需要，又带有江南住宅、园林特色，具有典型的晚清民间建筑风格，是中国南方著名的国药老店。

张小泉剪刀

已有300多年历史，明末清初就已出名。它的创始人是安徽人张思家。张小泉剪刀，向以嵌钢均匀，钢铁分明，磨工精细，刃口锋利，锁轴牢固，镀层光亮，开合和顺，刻花精巧，式样美观，经久耐用闻名中外。

富春江

名人专区

周恩来（1889－1976）

浙江绍兴人，生于江苏淮安。中国无产阶级革命家、政治家、军事家和外交家，中国共产党和中华人民共和国的主要领导人，中国人民解放军的主要创建人和领导人。1921加入中国共产党，参加过长征。长期任政府总理，兼任外交部长，并任中央军委副主席，全国政协副主席、主席。主要著作编为《周恩来选集》。

朱自清（1898－1948）

中国散文家、诗人。江苏扬州人，原籍浙江绍兴。曾任清华大学、昆明西南联合大学等校教授，1948年8月拒绝接受美国救济粮，因贫病在北平逝世。早期诗作表现对黑暗现实的忧愤和对光明、对美的憧憬；散文风格素朴缜密，清隽沉郁，以语言洗炼、文笔秀丽著称。著有长诗《毁灭》、诗集《雪朝》（与人合作），诗文集《踪迹》，散文集《背影》、《欧游杂记》等。有《朱自清全集》行世。

富春江－新安江

为钱塘江支流，新安江以下称为富春江，上溯淳安、下至富阳，是一处自然风光与人文景观交相辉映的国家重点风景名胜区。沿江主要名胜古迹有白沙大桥、七里泷、戎芦瀑布、方腊点将台、严子陵钓鱼台和灵栖洞等，沿途山青水碧，景色幽深，连绵不断，宛如一幅山水画长卷。其中新安江水库（千岛湖），湖水四季常清，恒温14℃，冬暖夏凉，是避暑佳处。

普陀山

位于舟山市东部，是舟山群岛中的一个小岛，多奇礁、异洞、怪石以及平坦洁净的沙滩，是著名的海岛旅游胜地，国家重点风景名胜区，也是我国四大佛教名山之一，有千步沙、观音洞、梵音洞、南天门、西天门等风景点20余处。山上有20米高的“南海观音”露天大造像，被誉为“南海圣境”。自唐咸通四年（864年）开始为观音菩萨道场。

盘陀石

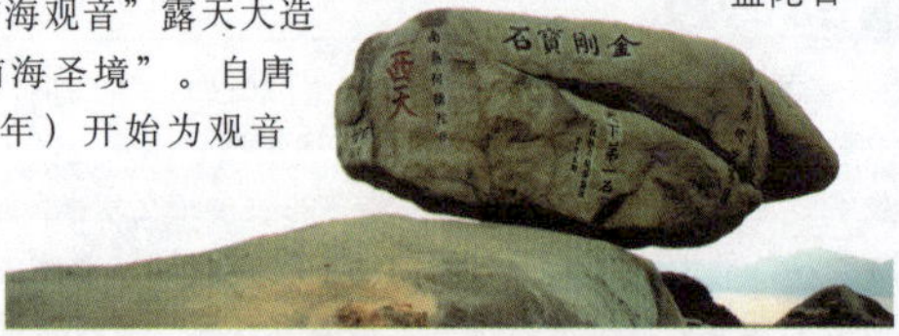

雁荡山

位于乐清市境内，又称北雁荡山，简称雁山，属括苍山脉。为首批国家级重点风景名胜区，中国十大名山之一。因“山顶有湖，芦苇丛生，秋雁宿之”，故而山以鸟名。雁荡山根植于东海，山水形胜，以峰、瀑、洞、嶂见长，素有“海上名山”之誉。景点550多处，辟有八大景区。为“东南第一山”，自唐宋以来行旅如云，古今名人留下了众多的摩崖石刻。

风物链接

六和塔

位于钱塘江畔月轮山上，是北宋时吴越王为镇钱塘潮而建。“六和”指的是佛教的六种规约。六和塔又称六合塔，取“天地四方”之意。六和塔高59.89米，雄伟壮丽，登塔俯瞰，钱塘风光尽收眼底。塔旁边新建了一座中华古塔苑，集中展现了中国塔文化的精华。

钱塘潮

为天下奇观。钱塘江入海口状为喇叭，湾口宽达100公里，到盐官镇附近缩至3公里，涨潮时海水受江岸约束，波涛前后相推移，造成落差达9米的狂潮。每年的农历八月十八日，由于地球、太阳、月亮几乎在一直线上，潮汐最强，钱塘潮特别壮观。海宁盐官镇附近为第一观潮胜地：潮来之时，水天相接，银线横亘，喻为“一线潮”；在盐官以东7公里的八堡，可观看东南潮汇合后两潮头相撞，犹如冰山石碎，壮观无比；在盐官以西12公里的老盐仓可观看返头潮。

河姆渡遗址

位于余姚市河姆渡镇，是新石器时代的一处聚落遗址，总面积约4万平方米，于 1973年兴修水利时被发现。遗址分为四层，以三、四层为主，是长江中下游新石器时代的一种早期文化，年代约为公元前4800左右。出土有石器、骨器和陶器；并发现大批木构干栏式建筑的遗迹和构件，已采用榫卯接合；有大量稻谷遗迹和人工饲养的动物遗骸，陶器为黑陶，造形简单，比较原始，骨木器较进步。河姆渡遗址的发现为研究农业、畜牧、建筑、纺织、艺术和中国文明的起源提供了珍贵的实物资料，有力地证明长江流域和黄河流域一样都是中华民族远古文化的摇篮。

河姆渡遗址博物馆

天一阁

位于宁波市城西，素有“南国书城”的天一阁，为明代兵部右侍郎范钦的藏书楼，得名于《易经》中“天一生水”的说法。阁内藏书13000多卷，其中大部分是明代刻本和抄本，有不少是海内孤本。除了藏书丰富，天一阁在防火、通风、防潮方面也独具特色。

兰　亭

为晋代大书法家王羲之书写《兰亭集序》之遗址。位于浙江绍兴市西南约14公里的兰渚山下。现存建筑为明嘉靖二十七年（1548年）重建，1980年全面整修。东晋永和九年（353年）春，王羲之与好友在此“曲水流觞”，饮酒赋诗，写成了有“中国第一行书”美誉的《兰亭集序》。主要景点有鹅池、流觞亭、右军祠和御碑亭等。以“景幽、事雅、文妙、书绝”四大特色而享誉海内外。

蔡元培（1868－1940）

中国教育家。浙江绍兴人。1912年1月任南京临时政府教育总长。1917年任北京大学校长，提倡“学术自由”，主张对新旧思想“兼容并包”，使北大成为新文化运动的发祥地。1919年五四运动爆发后被迫辞去校长职务。九·一八事变后，主张抗日，与宋庆龄、鲁迅等组织中国民权保障同盟。

鲁　迅（1881－1936）

中国文学家、思想家和革命家。原名周树人，浙江绍兴人。1918年5月，发表中国现代文学史上第一篇白话小说《狂人日记》，奠定了新文学运动的基石。20世纪20年代陆续出版了《呐喊》、《坟》《彷徨》、《朝花夕拾》等专集，其中，中篇小说《阿Q正传》是中国现代文学史上的杰作。1927年到1935年，创作了《故事已编》中的大部分作品和《而已集》、《三闲集》、《二心集》、《南腔北调集》、《且介亭杂文》等杂文集。1936年10月10日病逝于上海。有多种版本的《鲁讯全集》行世。

茅　盾（1896－1981）

中国作家、社会活动家。原名沈雁冰，浙江桐乡人。建国后当选为中国文联副主席和中国作协主席，曾任文化部部长。曾主编《人民文学》和《译文》等刊物。作品有长篇小说《子夜》、《虹》、《腐蚀》，中篇小说《蚀》三部曲—《幻灭》、《动摇》、《追求》，小说《林家铺子》、《春蚕》等。其作品编为《茅盾全集》。

安徽省

合肥长途区号：0551

合肥邮政编码：230001

知识补给站

■ 淝水之战

公元383年，前秦苻坚率87万大军南下，企图一举灭掉东晋。东晋谢玄等率兵8万迎战，在淮南东大破秦军前哨，进至淝水，用计要求秦兵略向后移，以便渡河决战。苻坚企图乘晋军半渡时猛攻，挥军稍退，因秦军各族士兵不愿作战，不料一退即不可收拾，晋军乘机渡河迎击，大败秦军。

■ 珠算博物馆

坐落在黄山市屯溪前园渠东。是在我国明代珠算宗师、发明家程大位故居的基础上建立的。共收藏文史资料4000多份，不同形状、不同功能的算具近千件，充分展示了中国第五大发明——珠算发展、演变的历史进程。

■ 民宅博物馆

在黄山市徽州区岩寺镇潜口村，为山庄式建筑。包括古祠三幢，民居四幢，石牌坊、石拱桥、凉亭各一座。从徽州区和歙县各地数百座明代建筑中精选拆迁而来。其中有方氏宗祠石牌坊、曹门厅、司谏第、方文泰宅、乐善堂等著名建筑。均依山坡分布，错落有致。为全国重点文物保护单位。

合肥清风阁

安徽省位于华东西北部，因建省时境内有安庆、徽州两府而得名；又因安庆一带古称皖国，故简称皖。春秋时为吴、楚、越地。南宋时，淮河以南属淮南西、江南东及淮南东三路；淮河以北属金南京、山东西二路。元初属中书省和江淮行省，后分属河南江北、江浙二行省。明代先后属江南行省、南京、京师、南直隶。清初为江南行省左布政使司；康熙六年（1667年）独立为安徽布政使司，后称安徽省，省会安庆府。1949年4－5月，以长江为界，划分为皖北、皖南2行署区（省级），1952年8月，2行署区合并，成立安徽省人民政府，省会合肥市。全省面积13.9万平方公里，人口 6369万（居全国第 9位），有汉、回、满、畲、壮等民族。

境内地势大致西南高，东北低。北部的淮北平原属华北平原南端，海拔一般20～40米；长江和淮河之间为大别山，其东部为江淮丘陵；长江以南多低山丘陵，以黄山和九华山最为著名，海拔1873米的黄山莲花峰为本省最高峰。长江斜贯南部。淮河横穿北部，是我国地理上的南北分界线。巢湖为省内最大湖泊，亦是我国五大淡水湖之一。

以淮河为界，淮北属暖温带半湿润季风气候，淮南为亚热带湿润季风气候。年平均气温14℃～17℃，1月-1℃～4℃，7月27℃～29℃。年平均降水量淮北较少，在700～800毫米之间；淮南较多，在 800～1700毫米之间。大别山、黄山为多雨中心。

淮河流域原本是开发较早和富庶之地，但 1194年黄河夺淮后，水涝旱灾连年不断。建国后，经过多年的治理，已成为我国重要农业区，并逐渐成为我国新的商品粮基地。淮南以水稻、烟草、油菜、红麻为主，淮北以小麦、棉花为主。本省是我国重要的茶叶生产基地，名茶品种有祁红、屯绿、黄山毛峰、六安瓜片等。以萧县、砀山为中心，建立了水果生产基地，宣城蜜枣、砀山酥梨、徽州雪梨、怀远石榴、萧县葡萄等驰名中外。

本省是我国重要的煤炭、钢铁生产省份之一。两淮（淮北、淮南）为煤炭基地，马鞍山是钢铁中心，铜陵的炼铜业在国内占有重要地位。此外，电力、机械制造、石油化工、纺织、食品、棉毛纺织、造纸等亦发展很快。传统手工业产品以歙县的徽墨、歙砚，泾县的宣纸最为著名。

交通发达。有京九、陇海、京沪等干线铁路过境，并有皖赣、淮南、宁铜、合九、濉阜、符夹等线；有合宁、合芜、合铜（合肥－南京、芜湖、铜陵），以及合肥－宿松、合肥－安庆等高速公路；内河航运以长江为主，芜湖是省内最大的河港。合肥骆岗机场有航班来往于全国各地。

歙县、寿县、亳州是国家历史文化名城。国家重点风景名胜有黄山、九华山、天柱山、琅琊山、齐云山、巢湖、采石、花山谜窟－浙江、太极洞。黄山、皖南古村落—西递、宏村被列入《世界遗产名录》。

美食情报

■ 徽菜

以沿江、沿淮、徽州三地区的地方菜为代表构成。特点是选料朴实，讲究火功，重油重色，味道醇厚。徽菜的烹调方法擅长于烧、焖、炖，以烹制山野海味而闻名。著名的菜肴品种有符离集烧鸡、火腿炖甲鱼、腌鲜桂鱼、火腿炖鞭笋等。

艺术视野

黄梅戏

原名黄梅调、采茶戏，是在皖、鄂、赣三省毗邻地区以黄梅采茶调为主的民间歌舞基础上发展而成。黄梅戏唱腔委婉清新，表演细腻动人。著名传统剧目有《天仙配》、《女驸马》、《打猪草》、《夫妻观灯》等。

凤阳花鼓

也叫卫调花鼓戏，流行于安徽凤阳一带。传说是自明末李自成起义并攻占了凤阳以后传唱开来的。传统剧目有《罗鞋记》、《压裙记》、《琵琶记》、《宝莲灯》等。

亮点点击

合肥市

安徽省省会，因东淝河与南淝河于此汇合而得名，素以“三国旧地，包拯故里”闻名于世。古称庐州，又名庐阳，历史悠久，名人辈出，具有“淮右襟喉、江南唇齿”的战略地位，常为兵家必争之地。淝水穿城而过，环城公园似翡翠项链；逍遥古津、教弩梵钟、包河秀色、蜀山春晓，徜徉其间，吊古论今，令人流连忘返。中国科技大学的落户，更使这座“千年古邑”享有了“中国科技城”的美誉。

琅琊山

位于滁州市西南5公里处。为国家重点风景名胜区和国家森林公园。城山一体，主要有琅琊山、城西湖、姑山湖、“三古”(古关隘、古驿道、古战场)四个景区。景色淡雅俊秀，文化渊源久远，以茂林、幽洞、碧湖、流泉为主要特色。山上还有醉翁亭、琅琊寺等古建筑以及唐宋以来的摩崖碑刻数百处。拥有“名山、名寺、名亭、名泉、名文、名士”六名胜境。

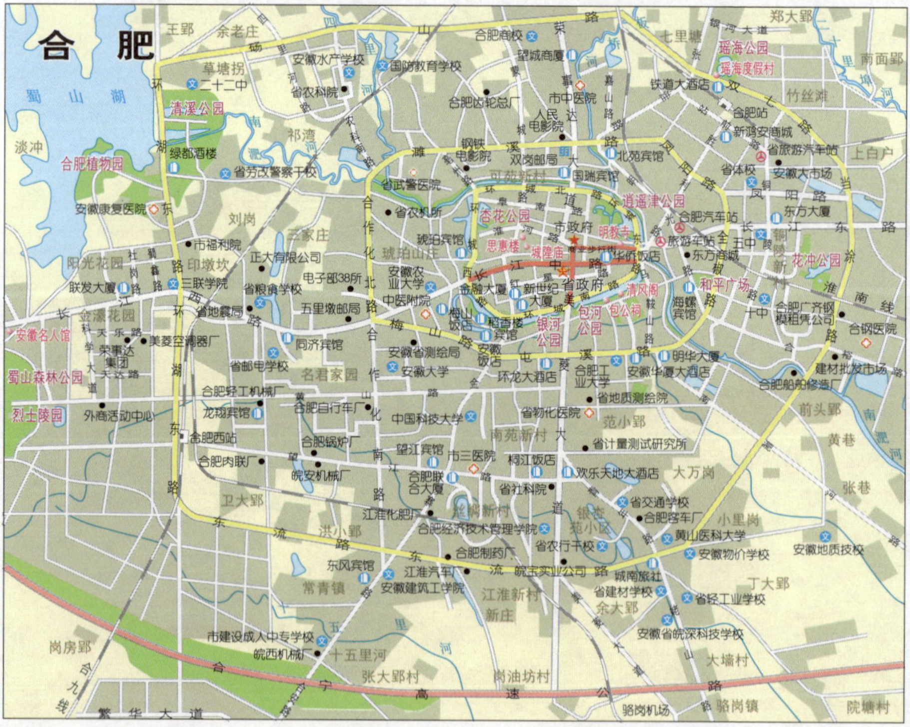

醉翁亭 琅琊山醉翁亭为全国四大名亭之首，始建于北宋庆历六年（1046年），由唐宋八大家之一的欧阳修命名并撰《醉翁亭记》一文而闻名于世。“醉翁之意不在酒，在乎山水之间也”家喻户晓。苏东坡亲书的《醉翁亭记》碑刻堪称稀世之宝。

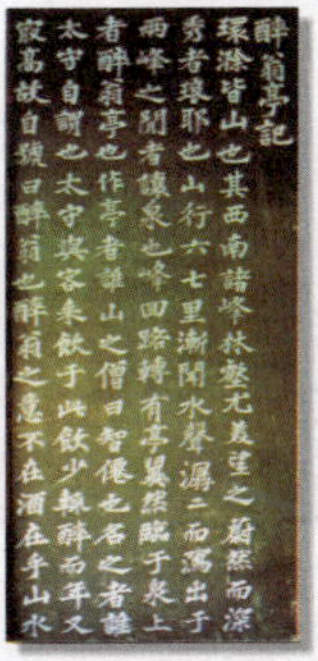

醉翁亭記

環滁皆山也其西南諸峰林壑尤美望之蔚然而深秀者琅耶也山行六七里漸聞水聲潺潺而瀉出于兩峰之間者讓泉也峰回路轉有亭翼然臨于泉上者醉翁亭也作亭者誰山之僧曰智僊也名之者誰太守自謂也太守與客來飲于此飲少輒醉而年又最高故自號曰醉翁也醉翁之意不在酒在乎山水

苏轼手书《醉翁亭记》

■黄　山

集各大名山胜景于一身，已被联合国教科文组织列为自然与文化双重遗产，是中国十大风景名胜中惟一的山岳风光。奇松、怪石、云海、温泉饮誉天下，湖、瀑、溪、潭争奇斗艳。黄山山势峻极而险幻，千峰竞秀，万壑峥嵘，有山峰72座。总面积约1200平方公里，号称五百里黄山。黄山是大自然的骄子，中外游客不绝于途，古今名家赞不绝口。“五岳归来不看山，黄山归来不看岳”，海内外游人无不以畅游黄山为快。

■皖南古村落—西递村和宏村

皖南民居多依山傍水，外形全部粉墙青瓦，远远望去，呈灰白一片。民居一般座北朝南，山墙高出屋面，层层迭落，循屋顶坡度而呈阶梯形，形如马头，得名马头墙。房屋之间一条条狭窄小巷相互沟连，形如迷宫。民居多有小院，院内地面或铺设青石板，或用不同颜色的鹅卵石铺成美丽的图案。民居不讲究外形的恢宏、奇伟，多使用砖雕，石雕、木雕等装饰屋内，房梁和天花板上大多绘有精美图案。徽州民居之盛源于徽商致富后归乡修祠堂、建住宅、书院、牌坊。

位于黟县城东8公里的西递村，被誉为“中国明清民居博物馆”、“中国古民居建筑之宝库”。建筑以石雕门罩与石雕花窗装饰著称。既融进了江南园林的建造艺术，又包含了古徽州石雕，砖雕艺术的精华。位于黟县城11公里的宏村，被称为“中国画里的乡村”。全村以“山为牛头、树为牛角、屋为牛身、桥为牛脚”，形成一个牛形村落，其人工水系的设计科学严谨，令后人叹服。2001年列入《世界文化遗产名录》。

特产快递

■ 黄山毛峰

产于黄山一带，由于茶叶白毫披身，芽尖似峰，取名毛峰，后冠以地名为黄山毛峰。分特级和一、二、三级，特级黄山毛峰在清明前后采制，采摘一芽一叶初展芽叶。黄山毛峰冲泡时水温以80℃左右为宜。

九华山

宣纸

是安徽泾县的著名特产。由于历来在附近的宣城集散，因而得名。宣纸分为“生宣”和“熟宣”两种。生宣透水因而墨色千变万化，适宜作写意画；熟宣因不透水而适宜作工笔画。宣纸不蛀不腐，卷折无损，享有“纸寿千年”的美誉。

徽墨

中国“文房四宝”之一。因产于古徽州府而得名。今黄山市屯溪区、歙县两地为徽墨制造中心。徽墨素有拈来轻、磨来清、嗅来馨、坚如玉、研无声、一点如漆、万载存真的美誉，是书画家的必备用品。

歙砚

为中国四大名砚之一。取石于古代歙州龙尾山（今属江西省婺源县）。歙砚之名贵，一为采料之艰辛；二为纹理之奇特，其中名贵的有金星、银星、眉纹等数十种。歙砚雕刻精良、构思巧妙、包装精美，被誉为“艺林瑰宝”。

贡菊

是一种珍贵的中药材，既可泡茶饮用，也可配药，具有疏风散热、养肝明目、清凉解毒的功效，可辅助治伤风感冒、疔疮肿毒、血压偏高及动脉硬化等症。

九华山

位于池州市青阳县西南，国家重点风景名胜区。是一座巨大的佛教文化宝库，中国四大佛教名山之一。明清两代佛教活动盛行时，有大小寺庙300多座，香烟缭绕，经年不绝。现存化成寺、肉身宝殿、甘露寺等94座古寺庙，享有“佛国仙城”之号。山中奇峰迭起，怪石嶙峋，涌泉飞瀑，溪水潺潺。自然风光十分迷人。是我国文化遗产中一颗璀璨的明珠。

牯牛降国家自然保护区

位于祁门县赤岭镇，总面积18535公顷。区内不仅保存着结构复杂、功能齐全的自然生态系统，有“绿色自然博物馆”之称，而且自然景观古朴原始，集雄、险、奇、幽于一身。1988年5月经国务院批准，牯牛降成为安徽第一个国家级以森林生态类型为主的综合性自然保护区。由于地质悠久，水资源丰富，加之地形复杂，无人为破坏，原始森林覆盖率高，蕴藏着极其丰富的生物资源，已知的高等植物有1360种、脊椎动物310种、昆虫1155种。所以牯牛降被科学家誉为“华东物种基因库”，是华东最大的自然保护区。

扬子鳄自然保护区

扬子鳄是我国特有的国家一级保护动物，分布于安徽中南部与江苏省南部交界的沼泽地区。为拯救处于濒危状态的扬子鳄，1979年安徽省宣城市成立了扬子鳄养殖场。1988年建立安徽扬子鳄国家级自然保护区。目前，研究中心存鳄总数超过9000条，具备年可繁殖幼鳄1500～2000条的能力。中心对扬子鳄的研究也扩展到生态、生殖、生化、生理、疾病、胚胎、遗传等世界领先的领域。

风物链接

歙县

国家历史文化名城。是一块山水秀丽的土地，黄山踞西北，清凉峰自然保护区屹立东北，练江、新安江流贯全境，是历史上的徽州府所在地，新安画派、新安医学、歙派篆刻、徽派版画、徽派园林建筑、徽菜和徽剧的发祥地。这里的乡村几乎处处有“小桥流水人家”的韵味。境内的明清民居、祠堂和石舫，数以千计，历经沧桑而古貌犹存，其数量之多，构思之奇巧，石、木、砖雕之精美，举国罕见，是民间建筑的杰作，成为安徽民俗旅游的必游之地。

棠樾牌坊群

许国石坊 位于歙县县城中央。是明代进士兼太子太保礼部尚书武英殿大学士许国于1584年衣锦还乡时建。又名大学士坊，俗称“八脚牌楼”。是我国罕见的明代大型石牌坊，为全国现存的惟一一座八脚牌楼。通体由青石构成，各部位均雕刻造型古朴优美的图案，为徽州石雕工艺中的杰作。是全国重点保护文物。

采石矶

位于马鞍山市南的采石镇翠螺山麓、长江东岸，与岳阳城陵矶、南京燕子矶并称长江三矶。采石矶兀立江流，险峻奇秀，山石峥嵘，松竹滴翠。李白晚年曾在这里写下不少诗篇，历代文人亦争相来游玩。有太白楼、三元洞、捉月楼等名胜古迹。为国家重点风景名胜区。

包公祠

是纪念北宋名臣包拯的寺祠，位于合肥市包河公园内香花墩上，始建于明弘治年间，现存为李鸿章于清光绪八年（1882年）捐银修复，后又几次修复。祠内现存有清刻包公石像、包氏家谱、包氏家训、包公墨迹等珍贵文物。

名人专区

曹操(155－220)

安徽亳州人。三国时政治家、军事家、诗人。东汉末年依靠自己的军事才能，先后削平了各封建割据势力，统一了中国北方。公元208年在赤壁之战中被孙刘联军大败后，退回北方，直至病死。曹操精通兵法，创造了官渡之战以弱胜强的经典战例。著有《孙子略解》等兵书和《观沧海》等气贯长虹的诗作。

朱元璋(1328–1398)

安徽凤阳人，明朝第一个皇帝，1368–1398年在位。少时当过和尚。24岁时参加郭子兴部红巾军，后自立一军，采用“高筑墙，广积粮，缓称王”的策略，壮大了自己的军力，逐步消灭了敌对势力，建立了明朝。

华佗(？－208)

安徽亳州人，东汉末医学家。精通内、外、妇、儿、针灸各科，尤擅长外科。对“肠胃积聚”等病创用麻沸散进行全身麻醉后施行腹部手术；并创五禽戏，强调体育锻炼，以增强体质。后因不从曹操征召被杀。

包拯(999－1062)

安徽合肥人。北宋名臣，为官刚正，执法严厉，不依附于权臣贵戚，为封建清官的典型。他的事迹长期流传民间，演为戏文，元杂剧已有《陈州粜米》等剧目，以后流传日广，形成丰富的传说。

福建省

福州长途区号：0591

福州邮政编码：350001

福建省位于我国东南沿海，因古时境内有福州、建州（今建瓯）而得名，又因有闽江而简称闽。春秋为越国地，战国属楚，秦属闽中郡，汉属扬州会稽。三国属吴，置建安郡。唐开元二十一年（733年）置福建观察使。五代十国时先属闽国，后分出殷国。宋置福建路。元至元十五年（1278年）置福建行省，不久改为泉州行省。明置福建布政使司。清设福建省，省会福州府。光绪十一年（1885年）析置台湾省。1933～1934年“福建事变”期间，于本省建立中华共和国，以福州为首都。1949年8月，福建省人民政府成立，省会福州市。全省面积12万平方公里，人口 3332万（居全国第18位），有汉、畲、回、苗、满、高山等民族。是我国主要侨乡。

境内丘陵、山地占全省总面积的90%以上，故有“东南山国”之称。西北部为闽、赣边境的武夷山脉，其中黄岗山（两省界山）海拔2157米，为本省最高峰。东部由博平岭、戴云山、鹫峰山等组成，山脉被闽江、九龙江等大小河流切割，形成许多峡谷和山间盆地。海岸线长达3323.6公里，居全国第2位；有海岛1404个，居全国第2位。

本省属亚热带湿润季风气候，温暖湿润。年平均气温15℃～22℃，1月5℃～13℃，7月25℃～30℃。年平均降水量800～1900毫米，沿海岛屿降水偏少，西北部较多，5～6月降水最多，夏秋之交多台风暴雨。

农业以粮食作物为主，其中水稻占3/4以上，次为红薯、小麦；经济作物主要是甘蔗、烟草、油菜、花生，是我国茶叶、甘蔗及亚热带水果主产区之一。龙眼（桂圆）、香蕉、柑桔、荔枝、枇杷、菠萝为本省6大名果。是我国东南部森林资源最丰富的省区，森林占全省面积的20%多。沿海盛产带鱼、黄鱼、文昌鱼和紫菜。武夷岩茶、安溪铁观音茶、兴化桂圆、建明和建宁的莲子、福州桔、漳州水仙花等久负盛名。

制糖、制茶、罐头食品、造纸、塑料、森工等是本省主要工业部门，电子、化工、煤炭、机械制造、有色冶金等亦有一定的基础。矿产资源中钨、叶腊石、高岭土、明矾石、压电水晶、宝石等居全国第5位。福州、厦门、泉州三角区是我国沿海经济对外开放区，厦门于1980年设立经济特区。福州脱胎漆器、寿山石刻、龙岩木雕、德化瓷器、厦门珠绣等是著名手工艺品。

交通发展很快，已不再是“闽道更比蜀道难”了。有鹰厦、外福、梅龙等铁路线；有福厦（福州－厦门）、福南（福州－南平）、厦门－龙岩等高速公路；三都澳、厦门、马尾、泉州等是沿海重要海港；有福州长乐机场、厦门高崎机场、泉州晋江机场

艺术视野

闽剧

也叫“福州戏”。流行于福建福州、莆田、宁德、建阳、三明等地。1917年前后，由福州一带的平讲班、儒林班、唠唠班等融合而成。曾受徽剧和京剧等的影响。伴奏乐器有横箫、二胡、椰胡、三弦、唢呐等。建国后整理演出了《炼印》、《御前侍医》等剧目。

漳州木版年画

流行于东南沿海地区，因产于福建漳州而得名。创始于清初。形式多样，内容繁多，多以红纸套印颜色，格调独特。题材有虎（福）、福星、财子及戏曲故事，如《荔枝记》、《珍珠塔》等，都是一纸十个情节，如连环图画。

特产快递

龙眼

又称桂圆。盛产于福建、台湾和两广等地，福建最多。果肉含有果糖、蔗糖、磷、钙、铁和维生素。干果可入药，具有开胃益脾、补血安神之功效，可治疗贫血、健忘、产后血亏等症。

铁观音

是福建乌龙茶中的珍品，是通过半发酵制的。茶叶冲泡后，汤色金黄。铁观音含有多种生物碱、维生素、茶多酚等物质，对帮助消化具有很强的作用，具有清目明心、减肥、防治动脉硬化等功效。

和武夷山机场等。

福州、泉州、漳州、长汀为国家历史文化名城。国家重点风景名胜有鼓浪屿－万石山、冠豸山、海坛、金湖、清源山、太姥山、桃源洞－鳞隐石林、武夷山、鸳鸯溪、鼓山、玉华洞、十八重溪；武夷山被列入《世界遗产名录》。

漳州赛龙舟

美食情报

闽菜

闽菜由福州、闽南（以厦门、泉州为中心）、闽西（客家地区）三路菜组成。闽菜的风格特色是：淡雅、鲜嫩、和醇、隽永，突出汤菜。福州菜口味偏酸甜，闽南多香辣，闽西喜浓香醇厚。著名的菜肴有佛跳墙、沙茶鸭等。

亮点点击

福州市

福建省省会，国家历史文化名城。位于福建东南部沿海、闽江下游。福州历史悠久，汉初为闽越王都冶城所在地，唐以后为福州州、路、府治。1946年设市。福州在中国历史上有着重要的地位。早在北宋时，福州港的航线已东达日本，西通阿拉伯，宋元以来，前往东南亚各国的船舶常由此出海。鸦片战争后，福州被辟为“五口通商”口岸之一，成为帝国主义经济侵略的门户。马尾造船厂创建于清

同治五年（1866年），标志着中国近代工业的萌芽。福州别名“榕城”，又因多温泉，故有“温泉城”之称。名胜古迹有于山、乌山、鼓山，罗星塔、林则徐墓等。

福州金山塔寺

厦门市

位于福建东南沿海九龙江入海口的厦门岛上。明洪武二十七年（1394年）在岛上筑城时始称厦门。郑成功居此时置思明州。清改厦门厅。1933年设市。1980年建厦门经济特区，是我国改革开放最早的经济特区之一。厦门是我国东海沿海重要门户，与台湾只一水之隔。厦门是著名的侨乡，著名的厦门大学和集美学村就是爱国华侨陈嘉庚先生集资创办的。厦门是海岛城市，别称“鹭岛”，被誉为“海上花园”，是著名的旅游城市。风景名胜有鼓浪屿、万石山、南普陀、集美鳌园等。

鼓浪屿　鼓浪屿离厦门岛约700米，面积只有1.84平方公里。步行一个多小时就可以绕岛一圈。岛山浓荫覆盖，花香扑鼻，建筑别致，处处似公园，触目皆佳景，有“海上花园”之称。岛上居民喜习钢琴，且有全国惟一的钢琴博物馆，因此鼓浪屿又被誉为“音乐之岛”。岛上重要的胜景有：日光岩、菽庄花园、皓月园、郑成功纪念馆及郑成功石雕、市博物馆、音乐厅和海滨浴场等。

武夷山

位于闽赣交界处，呈东北—西南走向，平均海拔1000多米，主峰黄岗山海拔2158米，是中国大陆东南沿海诸省的最高峰。建有武夷山风景名胜区、武夷山自然保护区和国家旅游度假区。武夷山风景区位于武夷山市南15公里处，面积60平方公里，“奇秀甲于东南”，是世界文化与自然双重遗产，被列入《世界文化和自然遗产名录》。武夷山自然保护区位于武夷山市与建阳、光泽两县交界处的黄岗梁一带，面积570多平方公里，是北极植物区与古热带植物区的过渡地带，森林覆盖率达92%，树种多达100余科、110多种，珍贵植物不计其数。还有世界罕见的角怪、王孙、蜂鸟以及四条腿的泥鳅等，是著名的脊椎动物和昆虫新种的模式标本产地，被誉为我国爬行类和两栖类动物分布的钥匙。1988年被列入联合国“人与生物圈”自然保护区网。

知识补给站

厦门华侨博物馆

位于厦门市蜂巢山西侧，由已故爱国华侨领袖陈嘉庚于1956年9月倡办，是以华侨历史为主题的综合性博物馆。占地5万平方米，陈列面积2600平方米，分华侨历史简介馆、祖国历史文物馆和自然博物馆三个陈列馆。

客家人

相传西晋末年，由于中原的征战不断，黄河流域的一部分汉人为了避免战乱而南徙渡江，来到现江西、福建及广东北部。为有别于当地原有居民，被称之为“客家”。福建的客家人，集中在闽西以长汀为中心的地区。

客家话

客家话原本属于北方方言，在客家先民南迁的过程中，和南方的其他方言互相融合而形成了一种和北方方言不同，却又异于南方方言的一种新语言。客家话大体可以分为三个类型：以长汀话为代表的闽西客家话，以广东梅州话为代表的粤东客家话，以江西赣县蟠龙话为代表的赣南客家话。

闽　语

分布于福建省、台湾省、广东省潮州汕头一带以及海南省的一部分，东南亚各国的华人华侨说闽语的也很多。语言特点是保留了古代汉语的语音特征较多，如轻重唇音基本不分，保留了较多的古代汉语语词，语法上也有自己的特点。

泉州双塔

民俗采风

■ 惠安女的服饰

衣身、袖管、胸围紧束，衣长仅及脐位，颜色甚为鲜艳。肚皮外露，现出身段的曲线美。头上的装饰主要是头巾和斗笠，头巾有不同的颜色和花纹图案。头巾把脸包得只露出眼、鼻、口狭小一部分，而斗笠又戴得很低，让人一下子很难辨认出笠下的人是谁。

惠安女

■ 畲族凤凰装

服饰和围裙上刺绣着各种彩色花边，镶金丝银线，象征着凤凰的颈、腰和美丽的羽毛；红头绳扎的头髻，高高盘在头上，象征着凤髻；全身悬挂叮当作响的银器，象征着凤凰的鸣啭。面料多为棉布。

■ 泉州市

国家历史文化名城，位于福建省东南部，晋江入海处北岸。因北部泉山而得名，别名鲤城。历史悠久，其海上交通发达，早在唐代，即为中国四大外贸港口之一。宋元时进入全盛时期，为全国外贸中心，成为海上丝绸之路的启锚地。明代后逐渐衰落。1951年设市。泉州又是著名的侨乡，也是一座具有宗教文化特征的城市，名胜古迹有开元寺、清净寺、清源山、洛阳桥以及海外交通史博物馆等。

■ 太姥山

位于闽东北福鼎市南，被誉为“海上仙都”，旧名太母山，又名才山，是国家重点风景名胜区和国家地质公园。分为太姥山岳、晴川海滨、九鲤溪瀑、福瑶列岛、桑园翠湖五个景区。以花岗峰林岩洞为特色，融山、海、川和人文景观为一体，以峰险、石奇、洞异、雾多、溪秀、瀑急等自然景观及古寺石雕、摩崖碑刻等丰富的人文景观而闻名遐迩。

太姥山

风物链接

■ 永定土楼

主要分布于永定县的苦竹、湖坑、下洋、岐岭等山乡。始创于北宋。是闽西南地区极富民族特色的客家民居建筑。以土作墙而建造起来的集体建筑，外围的承重墙厚达1米，内部为木结构，三至五层不等。平面布局主要有两种形式：一种是大型院落式，亦称“五凤楼”：中轴线上两三进厅堂，后为四五层正楼，两侧为两三层厢房。另一种是方形或圆形环楼，当中为空院或厅堂。其中最具特色的是圆形环楼，以苦竹乡的深远楼为例：土楼直径80米，多达三环，外环四层，房260间，中环二层，房60间，里环一层，房8间，共328间。客家人的这种民居形式，一方面受左右对称、主次分明等中原文化的影响；另一方面，能群体聚居，具有防卫功能。同时，这种民居还具有防震、防火、防盗、通风采光好、冬暖夏凉特点。已申报世界文化遗产。

妈祖庙

妈祖庙

位于湄州岛。是为了纪念被尊奉为海神的天后娘娘而建的，全世界共有2000多座。妈祖是传说中掌管海上航运的女神，故乡在湄州，因而湄州妈祖庙是世界各地妈祖庙的祖庙。始建于北宋雍熙四年（987年），历代有增建，规模宏大，富丽堂皇，是妈祖信徒朝圣之地，荣称“东方麦加”。每年的农历三月二十三妈祖的生日和九月初九妈祖升天日，均举行大型的朝拜活动。

洛阳桥

原名万安桥，位于泉州东郊的洛阳江上。始建于北宋皇祐五年（1053年），是世界桥梁筏形基础的开端，也是我国现存最早的跨海梁式大石桥。现桥长731.29米、宽4.5米、高7.3米。

清源山

位于泉州市北郊，自古为闽南旅游胜地，是国家重点风景名胜区，由清源山、九日山、伊斯兰教圣墓三大景区组成。最高峰海拔498米，自古有“闽海蓬莱第一山”的美称。山上峰美林秀，缙绅仕宦、诗人词客到此登游留题，石刻多达300余方。还有近代高僧弘一法师的舍利塔。在山麓西侧的老君岩是一巨型老子石雕坐像，具有宋刻的手法和风格，是东南沿海巨型石刻佳作。

清源山

铜山古城

位于东山岛东北部铜陵镇，距漳州市区158公里。明洪武二十年（1387年），为防御倭寇侵犯，江夏侯周德兴在此以石垒城，设立水寨，坚守海防。古城内有关帝庙，关帝庙附近海滨石崖上，有一块重约200吨的临海巨石——风动石，该石半悬半坐，海风吹来，左右摇晃，誉为“天下第一奇石”，被载入《世界地理之最》。

海坛岛

位于平潭县境内，是我国第五大岛，福建省第一大岛。全岛海岸蜿蜒曲折，有100多公里的优质海滩，沙质洁白，海水清澈，是目前国内最大的海滨浴场。岛上另一特色是多样的海蚀地貌，海蚀洞、海蚀崖、海蚀穴、海蚀石等景观，让游客叹为观止。以岛西侧的一块高约30米，一块高约20米的全国最大花岗岩海蚀石“半洋石帆”最为奇特。位于海坛岛南端的塘屿，与台湾新竹港相距仅68海里，是祖国大陆距台湾岛的最近处。

名人专区

郑成功(1624—1662)

福建南安人，明清之际收复台湾的名将。1661年，率领将士数万人，自厦门出发，经澎湖，于台湾禾寮港（在今台南境）登陆，围攻荷兰总督所在地赤嵌城（今台南市西安平），经过8个月的战斗，1662年收复台湾。

林则徐(1785—1850)

福建福州人，清末政治家。道光十八年（1838年）在湖广总督任内，严厉禁烟，成效卓著，为禁烟派代表人物。积极筹备海防，倡办义勇军，屡次打退英军挑衅。打击了外国侵略者，显示了中国人民反抗外国侵略的坚强意志。

陈嘉庚(1874—1961)

福建厦门人。爱国华侨领袖。长期侨居新加坡，热心兴办文化教育公益事业，1919年在新加坡创办南洋华侨中学，1921年办厦门大学，1938年在新加坡倡立南侨总会。建国后，历任全国政协副主席、全国人大常委会委员、中国侨联主席等职。

陈景润(1933—1996)

福建福州人。中国数学家，中科院物理学数学部委员。主要研究解析数论，1966年发表《大偶数为一个素数及一个不超过两个素数的乘积之和》（简称1+2），成为哥德巴赫猜想研究上的里程碑。著有《初等数论》等。

江西省

南昌长途区号：0791

南昌邮政编码：330008

艺术视野

赣剧

流行于江西东北一带，是一个兼唱高腔、昆山腔和乱弹腔的多声腔剧种。分饶河班和广信班等派。剧目分弋阳、青阳、乱弹三类。传统剧目有《珍珠记》、《卖水记》、《百花记》等。

特产快递

云雾茶

生长在山谷之中，终年被云雾所笼罩，故名。云雾茶青翠多毫，沏的茶水具有色翠、汤清、香馨、味厚的特点，揭开杯盖，则茶叶上下浮动，香气四溢，有生津止渴、提神明目之功效。其中，庐山云雾茶为宋代贡品。

万年贡米

是万年县名贵特产，为宋代贡品。万年贡米粒大体长，形状如梭，味道香浓，营养丰富。

景德镇陶瓷

具有“白如玉、明如镜、薄如纸、声如磬”的特点。它集各地名窨之大成，汇工艺特技之精华，品种繁多，造型精美。其青白花瓷、青花瓷、釉里红瓷和青花玲珑瓷是传统名瓷。

江西省地处长江中下游南岸，因唐代设江南西道，后简化而得名；又因境内有赣江，故简称赣。春秋为吴、楚、越国地，战国属楚，秦属九江郡。宋初属江南路，天禧四年（1020年）分属江南西路和江南东路。元至元十四年（1277年）置隆兴行中书省，又称江西行省；第二年并入福建省；至元十七年（1280年）复置江西行省。明洪武九年（1376年）改称江西承宣布政使司。清初设江西省，省会南昌府。1949年6月，江西省人民政府成立，省会南昌市。全省面积16.7万平方公里，人口4263万(居全国第14位)，有汉、回、苗、畲、瑶、壮等民族。

境内东、南、西三面环山，中部为丘陵，北部为平原，山地、丘陵约占全省总面积的70%。东部山地由黄山余脉、怀玉山和武夷山组成，其中赣、闽界山黄岗山海拔2157米，为省内最高峰；南部南岭山地有九连山、大庾岭等；西部为罗霄山脉；庐山耸立在鄱阳湖西侧；北部为鄱阳湖平原（又称豫章平原），是长江中下游平原的一部分，大部分海拔50米以下。赣江为境内最大河流，鄱阳湖是我国最大的淡水湖。

本省属亚热带湿润季风气候，四季明显，年平均气温16℃～20℃，1月3℃～9℃，7月27℃～31℃。南昌是我国有名的夏热中心之一。年平均降水量1300～1900毫米，多集中于4～6月；赣东北为多雨区，春多雨，夏多暴雨。

本省是我国重要的粮、油、棉、麻类产区，素有“物华天宝”之誉。鄱阳湖平原是稻谷、棉花、油菜的主产区；山区则以油茶、麻类为主，油茶产量仅次于湖南，居全国第2位；中南部丘陵、山地盛产柑桔、甘蔗；东北、西北部低山丘陵区盛产茶叶；鄱阳湖号称“天然鱼库”。修水和武宁的“宁红”茶、婺源的“笑绿”茶、南丰蜜桔、信丰脐橙、广昌通心莲子、抚州西瓜等久负盛名。

矿产资源丰富，铜、银、钽、铷、铯、钪等11种有色金属储量居全国首位；钨、锑等4种居全国第3位；铜、钨、钽、稀土、铀被称为江西“五朵金花”。德兴铜矿、大余钨矿、萍乡煤矿、会昌盐矿等驰名中外。机械、轻纺、食品、化工、电子、汽车等是主要工业部门。景德镇瓷器生产历史悠久，早在汉代已成为全国制陶中心，釉里红瓷、青花瓷、玲珑瓷、白花瓷是其4大名瓷。

京九铁路纵贯全境，浙赣铁路横穿北部，并连接皖赣、鹰厦铁路；已建成昌九（南昌－九江）、九江－景德镇、南昌－樟树高速公路；南昌、九江是主要河港；有南昌昌北机场、庐山机场、景德镇罗家机场等。

南昌、景德镇、赣州是国家历史文化名城。国家重点风景名胜有庐山、井冈山、三清山、龙虎山、三百山、仙女湖、梅岭-滕王阁、龟峰。庐山被列入《世界遗产名录》。

三清山

美食情报

■ 江西菜

江西菜点包括南昌、九江、景德镇及井冈山等地区的特色风味。江西菜善烹山珍野味和水产，菜品色重油浓，喜好辣椒，口感肥厚。

江西著名的风味菜点有：三杯子鸡、香质肉、冬笋干烧肉、藜蒿炒腊肉、原笼船板肉、浔阳鱼片、炸石鸡、金线吊葫芦、信丰萝卜饺、樟树包面、黄元米果等。

南昌百花洲

亮点点击

■ 南昌市

江西省省会,国家历史文化名城。位于江西省北部赣江下游，鄱阳湖西侧。南昌城始建于汉代，以“江南昌盛之地”得名，为豫章郡治，隋为洪州府治。五代南唐及明初为洪都府治，因此南昌别名洪都。清为南昌府治。1926年设市。1927年8月1日，南昌起义诞生了中国人民解放军，使她成为“英雄城”驰名天下。南昌是江西省重要的工业基地，龙头企业大多汇集于昌九工业走廊。名胜古迹有滕王阁、百花洲、南昌起义纪念馆、青云谱等。

庐　山

又称匡山、匡庐。位于九江市南，北临长江，东濒鄱阳湖，大江、大湖、大山相聚，浑然一体，以“雄、奇、险、秀”闻名，更有“匡庐奇秀甲天下”之称，是首批国家重点风景名胜区。主峰大汉阳峰海拔1474米。庐山是一座地垒式断块山，外险内秀，第四纪冰川在此留下了典型的冰川地貌，丹崖翠壑，怪石悬空，瀑布飞湍，古木参天。有仙人洞、五老峰、龙首崖、三叠泉等著名景观。是中国山水诗的策源地、中国山水画的发祥地，有1500余位文豪、诗人相继登山赋诗。庐山奇特瑰丽的山水景观具有极高的科学价值和旅游观赏价值。1996年被列入《世界遗产名录》，2004年被入选世界地质公园。

井冈山

位于湘赣边界的罗霄山脉中段，主峰五指峰海拔1586米。1927年秋，毛泽东、朱德等共产党人率领中国工农红军在这里燃起中国革命的星星之火，创立了中国第一个农村革命根据地。山中现存30多处革命遗址。井冈山的自然资源十分丰富，山高林密，沟壑纵横，层峦叠嶂，地势险峻。1981年设立了自然保护区；1982年，井冈山又被列为国家重点风景名胜区。景区有茨坪、主峰、笔架山、黄洋界、龙潭、桐木岭。

井冈山主峰

鄱阳湖

位于江西省北部，是我国最大的淡水湖，水面5100平方公里，最深处23米，是长江中、下游大型吞吐湖。湖面以都昌和吴城之间的松门山为界，分为南、北两湖。湖区烟波浩渺、水域辽阔、景色秀丽，水产丰富，有大量长江流域的珍贵鱼类漫游，还有许多珍贵的鸟类栖息在这里，是我国最大的候鸟越冬地，已列入国际重要湿地名录。

知识补给站

庐山会议

1959年7月2日－8月1日，中共中央在庐山举行政治局扩大会议。7月14日，彭德怀上书毛泽东，对1958年以来“左倾”错误及其经验教训提出意见，遭到毛泽东的指责。会议于是由总结“大跃进”以来经济建设工作的经验教训转向批判彭德怀的“右倾”。庐山会议之后，全党掀起“反右倾运动”。

井冈山会师

1928年4月下旬，朱德、陈毅领导的湖南工农革命军与毛泽东领导的湘赣边界秋收起义工农革命军在井冈山胜利会师，成立中国工农红军第四军，朱德任军长，毛泽东任党代表兼军委书记。这次会师，形成了中国工农红军第一支坚强的部队，壮大了井冈山革命根据地的军事力量。

南昌起义

1927年8月1月凌晨2时，由周恩来、朱德、贺龙、叶挺、刘伯承等领导，在南昌举行武装起义，向国民党打响了第一枪，中国共产党独立领导的武装斗争从此开始。当年的指挥中心—江西大旅社于1955年建成“八一起义纪念馆”。

民俗节庆

国际陶瓷节

时间：每年10月
地址：景德镇市
活动内容：

举行国际陶瓷精品大会展、唐五代至清代景德镇瓷器展、景德镇现代陶瓷名家作品展、陶瓷技艺现场表演、茶道表演、国际陶瓷学术交流、经贸洽谈等各项活动。

名人专区

王安石（1021—1086）

江西抚州人。北宋政治家，文学家、思想家。为挽救北宋统治阶级的政治、财务危机，缓和阶级矛盾，实行了一系列改革。推行青苗、均赋、市易、免役、农田水利等新法，史称王安石变法。他的散文雄健峭拔，诗歌遒劲清新。词虽不多而风格高峻，为“唐宋八大家”之一。今有《王文公文集》、《临川先生文集》两种。

文天祥（1236—1283）

江西吉安吉水人。南宋大臣、文学家。德祐二年（1276年）任右丞相，出使与元军议和，被扣留。后于镇江脱险，流亡至通州（今江苏南通），由海路南下，至福建坚持抗元。端宗景炎二年（1277年）进兵江西，恢复州县多处。不久为元重兵所败，次年在广东海丰五坡岭被俘。宁死不屈，作《过零丁洋》诗以明志，于1283年1月9日在柴市被害。在大都狱中所作《正气歌》为世所传诵。

景德镇市

国家历史文化名城，著名的“瓷都”。位于江西省东北部，昌江上游。原名新平，因居昌江东南，又名昌南镇。宋景德年间以年号改景德镇。明清时与佛山、汉口、朱仙镇合称中国四大名镇。景德镇境内拥有丰富的瓷土资源，尤以高岭土素负盛名。汉时开始就有冶陶业，隋唐时生产的白釉瓷，因酷似白玉而名扬天下。宋景德年间遣官烧瓷充贡品。明清在此设御瓷厂，从而使景德镇成为中国著名的制瓷中心。现在，除日用瓷及工艺美术瓷外，还生产电瓷、建筑瓷、特种瓷、耐热瓷等工业用瓷。建有景德镇陶瓷馆。名胜古迹有湖田古窑址、古陶瓷博览区、高岭山古矿址、龙珠阁、陶瓷馆等。

古陶瓷博览区 位于景德镇西郊枫树山的盘龙岗。博览区分作坊、画坊、镇窑三个部分，既有景德镇古陶瓷史陈列，又再现古代陶瓷生产方式，是一座反映景德镇陶瓷历史的活的博物馆。

龙虎山

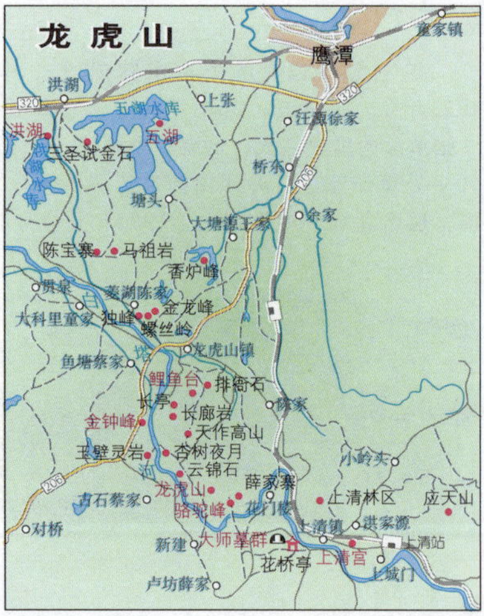

位于贵溪市西南，原名云锦山。是中国道教发祥地。传说第一代天师张道陵在此炼丹修道，有青龙白虎镇守丹炉，后化作两座大山，故名龙虎山。山中丹崖碧水，风光绮丽，是国家重点风景名胜区。景区包括上清宫、天师府、仙永岩、应天山、马祖岩、洪五湖。规模宏大的道教建筑、独具特色的碧水丹山和奇特的崖墓群构成了龙虎山自然景观和人文景观的“三绝”。因其杰出的丹霞地貌景观被列入国家地质公园。

风物链接

滕王阁

滕王阁

位于南昌市赣江之滨，是江南三大名楼之一。唐永徽四年(653年)，唐太宗之弟滕王李元婴任洪州都督时兴建，而王勃为这座楼阁所作的《滕王阁序》中，“落霞与孤鹜齐飞，秋水共长天一色”的千古名句，更加使它名满天下。后阁屡毁屡建。1926年为北洋军阀烧毁。现在的滕王阁主阁落成于1989年，共9层，净高57.5米，南北配有回廊连接的两个辅亭，建筑面积13000多平方米。

白鹿洞书院

位于庐山五老峰东南。唐贞元年间（785～805年），李渤隐居这里读书，曾养白鹿自娱，人称白鹿先生，故名白鹿洞书院。至今已有1000多年历史，为宋朝四大书院之一。在儒家理学思想的指导下，凭借庐山这块风水宝地，“始于唐，盛于宋，沿于明清”。南宋朱熹、陆九渊、明王守仁等先后在此执教。朱熹所著《白鹿洞书院揭示》影响极大，被奉为当时的办学纲领。

白鹿洞书院

白鹭洲书院

位于吉安赣江白鹭洲上。南宋淳祐元年（1241年）由吉洲太守江万里兴建，与庐山白鹿洞书院、铅山鹅湖书院、南昌平象章书院并称“江西四大书院”。程大中、周敦颐、程灏、程颐、朱熹等曾在此讲学，文天祥曾在此求学。现存风月楼、云章阁、泮月池、复古亭等古迹。

青云谱

位于南昌市青云谱路。建于唐贞观十五年（641年），原为道观。清初著名画家八大山人在此隐居，始称“青云圃”，后改为青云谱。八大山人在绘画上独辟蹊径，是清代水墨写意画派的大师，对后世画家影响很大。建有八大山人书画馆。

欧阳修(1007—1072)

江西吉水县人。北宋文学家、史学家。是北宋古文运动的领袖。散文说理畅达，抒情委婉，诗重气势而能流畅自然，其词婉丽。为“唐宋八大家”之一。有《欧阳文忠公文集》。散文《醉翁亭记》为千古名篇。

八大山人(1626—1705)

江西南昌人，原名朱耷。清初画家。一度为僧，又当道士，住持南昌青云谱道院。擅水墨花卉禽鸟，笔墨简括凝炼，极富个性，所画鱼鸟每作“白眼向人”的情状，形象夸张，创立新貌。亦写山水，意境冷寂。善长书法，自成一格。

邹韬奋 (1895—1944)

祖籍江西余江，生于福建永安。中国著名的新闻记者、政沦家、出版家，杰出的爱国主义者和共产主义者。1932年于上海创办生活书店，先后开设分店达56个，成为出版发行进步书刊的重要文化阵地。1935年创办《大众生活》周刊，广泛报道抗日救亡消息，发行量高达25万份，创国内新记录。曾先后出版《小言论》、《经历》、《韬奋文录》等。

山东省

济南长途区号：0531

济南邮政编码：250001

艺术视野

■ 山东快书

起源于山东临清、济宁一带，流行于山东及华北、东北各地，形成于清道光、咸丰年间(1821–1862)。早期专说梁山泊武松故事，故亦名“武老二”。也有以竹板击节，故曾名“竹板快书”。一人击竹板或两块铜板说唱，节奏较快。唱词基本是七字句，间以说白。曲目有单段、长书、书帽三类。传统曲目有《武松传》、《鲁达除霸》等，现代题材曲目有《一车高粱米》、《李三宝比武》等。

山东省地处黄河下游，渤海和黄海之滨。因位于太行山之东而得名，又因春秋时部分属鲁国，故简称鲁。战国时属齐、越地。秦置临淄、胶东、东海等郡。唐代大部属河南道。元至元元年（1264年）设山东行省，后并入中书省；至正二十五年（1363年）析置胶东行省。明洪武元年（1368年）胶东行省并入山东行省；洪武九年（1376年）改称山东布政使司。清置山东省，省会济南府。1949年3月，山东省人民政府成立，省会济南市。全省面积15.3万平方公里，人口9069万（居全国第2位），有汉、回、满、蒙古等民族。

全省平原、洼地约占2/3，有鲁西北平原、胶莱平原、沿海平原，海拔一般为50米以下。鲁中南低山丘陵大部海拔200～500米，而蒙山、沂山、泰山则有1000米以上，其中泰山玉皇顶海拔1524米，为本省最高峰。胶东低山丘陵地处胶东半岛，以崂山最高。黄河斜贯北部注入渤海；大运河纵贯西部，微山湖为省内最大湖泊。

本省属暖温带湿润季风气候，夏多雨，冬干燥。年平均气温11℃～14.5℃，1月-5℃～1℃，7月24℃～28℃。年平均降水量500～1000毫米。

本省为我国主要的粮食和经济作物产区，农业总产值居全国第1位。小麦产量常居全国之首，花生产量约占全国的40%。是我国北方3大产棉基地之一和全国重点柞蚕丝和烤烟产区，亦是我国温带瓜果、蔬菜的重要产区和出口大省之一。烟台苹果、乐陵小枣、莱阳梨、平度葡萄、德州西瓜和大葱、大蒜等驰名中外。近海是我国重要的海洋渔场，海带、对虾等产量约占全国的一半。

工业以纺织、食品、采矿、钢铁、机械制造、电力、橡胶、电子、石化、水泥、陶瓷等为主。济南的汽车、棉纺、电子，淄博的石油化工、青岛的机车、轻纺、家用电器，烟台的钟表、酿酒等，都很有名气。石油、煤、黄金、铝等30多种矿产储量居全国前10位，如淄博、枣庄、兖州的煤田，黄河三角洲及沿海的石油、招远和莱州的金、莱芜和金岭的铁等。原盐产量居全国第1位。

交通发达，有京沪、京九、胶济、蓝烟、石德、兖石、新兖等铁路线；有济青、济泰、济聊、济德（济南-青岛、泰安、聊城、德州）、青烟（青岛-烟台）、潍烟（潍坊-烟台）高速公路；有烟台、青岛、日照、威海、龙口等海港；有济南遥墙机场、青岛流亭机场、烟台莱山机场等。

济南、青岛、聊城、邹城、临淄是国家历史文化名城。国家重点风景名胜有泰山、青岛崂山、胶东半岛海滨、博山、青州等。泰山和曲阜孔庙、孔府、孔林被列入《世界遗产名录》。

民俗节庆

潍坊国际风筝节

每年的4月20日举行，是世界上规模盛大的风筝比赛、博览、交易盛会。潍坊国际风筝节始于1984年，现已发展成同经济、文化、体育相结合的重大综合性活动。

青岛啤酒节

每年的8月举行。青岛啤酒闻名中外，畅销世界70多个国家和地区。自1991年举办第一届啤酒节以来，青岛啤酒节以其内容的丰富性、特色的鲜明性、文脉的相依性，成为青岛的代表性旅游产品和青岛市重大的城市节庆。

美食情报

鲁菜

是北方菜系的代表。由济南和胶东两地的地方菜演化而成的，包括济南菜、胶东菜和孔府菜。其特点是清香、鲜嫩、味纯，十分讲究清汤和奶汤的调制。鲁菜擅长爆、烧、炸、炒，其著名品种有糖醋黄河鲤鱼、九转大肠、汤爆双脆、干蒸加吉鱼、油爆海螺、德州扒鸡、清汤燕窝等。

特产快递

■ 烟台苹果

历史悠久，闻名全国，享誉全球。优越的自然和气候条件，孕育出的烟台苹果果实硕大，富含各种碳水化合物、糖分、柠檬酸、苹果酸等多种营养成分。烟台苹果品种繁多，著名的有青香蕉、红香蕉、国光、金帅等。

■ 青岛啤酒

我国的名牌啤酒，在国际上也享有盛誉。是以大麦、大米、当地生产的啤酒花和崂山水为原料酿制而成的。特点是酒液色泽淡黄，清澈透明，泡沫细腻持久，爽口怡神。

亮点点击

■ 济南市

山东省省会，国家历史文化名城。位于山东省中部偏西，黄河下游南岸。古以济水之南得名。早在新石器时代已成为龙山黑陶文化地区。战国时为齐历下邑，晋为济南郡治，宋、明、清时为济南府治。1929年设市。济南素有“四面荷花三面柳，一城山色半城湖”之誉，自古以泉多水众闻名于世，有“泉城”之称。分布着趵突泉、黑虎泉、五龙潭、珍珠泉四大泉群、72眼名泉，尤以趵突泉最为有名。趵突泉又名瀑流、槛泉，居济南72泉之首，享有“天下第一泉”的美誉。泉池呈方形，内有三个泉眼，三窟并发，浪花四溅，势如鼎沸。泉终年喷涌，水温恒定18℃左右，水质优良，泡茶清香可口。附近有宋代女词人李清照纪念堂。风景名胜还有大明湖、千佛山等。

大明湖

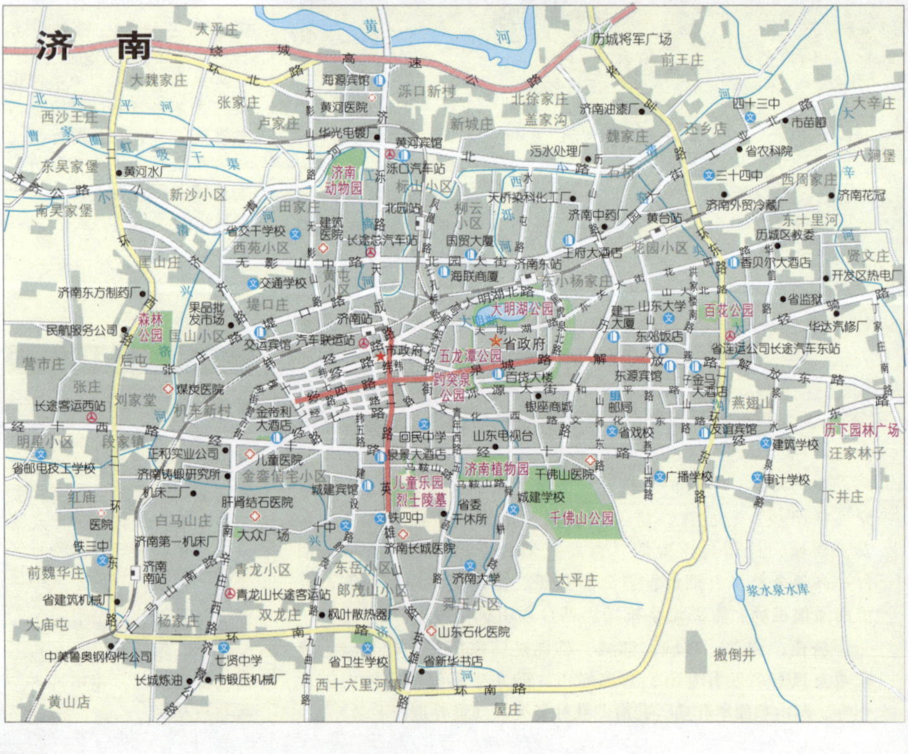

孔庙、孔府、孔林

1994年列入《世界文化遗产名录》。

孔庙 坐落在孔子故里曲阜城内，是历代祭祀孔子的地方。孔子死后第二年，鲁哀公将其故宅改建为庙，此后历代帝王不断对其进行重修扩建。现存建筑群是明、清两代完成的。前后共九进院落、殿堂阁庑466间。四周以红墙围起，并配有角楼。其建筑和规模仅次于北京故宫。景点主要有奎文阁、十三碑亭、杏坛、大成殿及历代碑刻。

孔庙

孔府 位于孔庙以东，又称“衍圣公府”，是孔子嫡系子孙居住的地方。现在的孔府基本上是明、清两代的建筑，院落九进，有厅、堂、楼、房463间，是一座典型的中国贵族门户之家，有号称“天下第一人家”的说法。孔府有前厅、中居和后园之分，还保存着不少历代珍贵文物，宛如一座珍藏无数的博物馆，其中元代七梁冠为国内仅有。

孔林 位于曲阜城北，是孔子及其家族的专用墓地，又称至圣林。是目前世界上延时最久、规模最大、保护最完整的氏族墓地。这里安葬着孔子及其子、孙、曾孙……直到1919年去世的第76代孙孔令贻。林内古冢座座，碑碣林立，有柏、桧、柞、楷等诸多树种，其中以楷树最为珍贵。孔林对研究中国历代政治、经济、文化的发展以及丧葬风俗的演变有着不可替代的作用。郭沫若曾说：“这是一座很好的自然博物馆，也是孔氏家族的一部编年史！”。

胶东半岛海滨

位于胶东半岛的东北部，包括陆地上的烟台、蓬莱和威海成山头两片景区及海上长山岛、黑山岛等岛屿。蓬莱是我国历史海防重镇，以“海市蜃楼”驰名中外。蓬莱阁为我国四大名楼之一，是神话里“八仙过海”的地方。长岛素有“海上仙岛”之称，有“海市、海滋、平流雾”三大奇观。威海刘公岛是我国著名的海上重镇，素称“东隅屏潘”。成山头位于山东半岛的最东端，是我国东部的“天涯海角”，是历代著名的风景名胜地。

蓬莱仙境 坐落在蓬莱城北濒海的丹崖山巅。始建于宋嘉祐六年(1054年)，后历代均有扩建重修。拔海而起，通体赭红，与浩茫的碧水相映，时有云烟缭绕，确是一幅“仙阁凌空”的画面。由三清殿、吕祖殿、苏公祠、天后宫、龙王宫、蓬莱阁、弥陀寺等不同的殿堂庙祠、阁楼坊亭组成。主体建筑蓬莱阁是一座双层的木结构建筑，上悬清代著名书法家铁保手书“蓬莱阁”金字横匾。阁东南建有观澜亭，可观沧海，看日出。

蓬莱水城

知识补给站

泰山石文化陈列馆

位于泰安市，向游人全面介绍了泰山石自然属性、社会内涵、历史演变、宗教民俗、文学艺术、美学价值等。

胜利油田

位于东营市，是我国第二大油田，年产原油达3000多万吨。所产原油密度大、凝固点低，质量较好。胜利油田1964年开始开发，已有40年的历史，现已建成孤岛、滨南、河口等十多个油田。

台儿庄战役

1938年3月21日，侵华日军进犯枣庄台儿庄地区。中国军队在第五战区司令长官李宗仁指挥下顽强抵抗，以优势兵力包围了敌军。从4月4日至7日，歼灭日军1万多人，取得了会战的胜利，从而坚定了中国人民抗战必胜的信念。

名人专区

孙　武

齐国人。春秋末兵法家。提出“知彼知己，百战百殆”，注重了解情况，全面地分析敌我、众寡、强弱、虚实、攻守、进退等矛盾双方，并通过对战争客观规律的认识和掌握以克敌制胜。强调战略战术上的“奇正相生”和灵活运用。这些思想有着丰富的朴素唯物主义和辩证法因素。著作有《孙子兵法》。

戚继光 (1528—1587)

山东蓬莱人。明嘉靖三十四年(1555年)调任浙江，抵御倭寇。嘉靖三十七年(1558年)建“戚家军”，嘉靖四十年破倭于台州。次年援闽，连破横屿、兴化诸倭。嘉靖四十二年（1563年）再度入闽，在平海卫大捷，歼倭寇两千余人。后赴粤，助俞大猷抗倭。

王羲之 (321—379)

山东临沂人。东晋书法家。他吸收魏晋诸家书法的精华，精研体势，推陈出新，一变汉、魏以来质朴的书风，成为妍美流便的新体。他精通多种书体，尤擅长正行，字势影响极大，被后人尊称为“书圣”。代表作有行书《兰亭集序》。

泰　山

为国重点风景名胜区，1987年列入《世界自然与文化遗产名录》，为自然和文化双重遗产。位于泰安市北，古称“岱山”、“岱宗”，为五岳之首，称东岳。主峰玉皇顶海拔1524米，有“天下第一山”之美誉。泰山是中华民族的象征，是五千年前“大汶口文化”的发祥地。古代皇帝登基多来泰山祭告天地。孔子“登泰山而小天下”传为佳话，杜甫“会当凌绝顶，一览众山小”成千古绝唱。主要自然风景有柏洞、中天门、云步桥、望人松、仙人桥、日观峰、黑龙潭、石坞松涛等，还有许多殿庙寺院以及山上的王母池、南天门、碧霞祠、《金刚经》石刻等。

青岛市

国家历史文化名城。位于山东省东部，南滨黄海，西滨胶州湾。青岛原是一小渔村，清光绪二十四年（1898年）德国强租青岛，辟为军港和商港。1914年被日本强占，1922年收回。1929年设市。青岛是一天然良港，是山东省最大的工业城市，是中国东部沿海重要和的经济中心和沿海开放城市，中国重要的海洋科研基地。青岛依山傍海，风光秀丽，由于历史的原因，青岛建筑除了有中国传统风格以外，还拥有25个国家不同风格的建筑。有古希腊罗马柱廊式、欧洲古堡式、意大利巴洛克式、法国摩登主义建筑。这些风格各异的建筑与青岛东部海岸大批壮观的现代化建筑交相辉映，让人体味到了一种新与旧、现代与传统的强烈反差和巧妙结合。青岛夏季气候凉爽，是著名的疗养胜地，海滨辟有众多的海水浴场。名胜古迹有著名的道教名山崂山，以及汇泉、栈桥、琴岛、鲁迅公园、海产博物馆等。

青岛汇泉湾

崂山

位于青岛东郊，离市中心约30公里。古称劳山、牢山，又称辅唐山、鳌山。是山东半岛主要山脉，最高峰巨峰，俗称崂顶，海拔

1132米。这里海山相连，景观丰富，山上以道教庙宇著称。崂山也是道教名山，有太清宫、上清宫、太平宫、华楼宫等。洁净甘洌的崂山水是制作青岛啤酒、崂山矿泉水的优质水源。

风物链接

潍坊风筝

潍坊市在清乾隆、嘉庆年间已经形成盛大的风筝集市。潍坊风筝经过历史演变和横向传播，逐渐形成了选材讲究、造型优美、扎糊精巧、形象生动、绘画艳丽、起飞灵活的传统风格与艺术特色，和京式风筝（风筝哈）、津式风筝（风筝魏）等交相辉映，鼎足而立。

大汶口文化

中国新石器时代的一种文化，是龙山文化的前身。主要分布在鲁西南和苏北一带。1959年首次发现于山东宁阳堡头村，因遗址位于堡头村西和泰安大汶口一带，故名。在许多遗址中都发现氏族公共葬地。晚期墓中葬有男女合葬，这时可能已经进入父权制。生产工具以磨制石器为主，骨、角、牙器多而精致。陶器以灰陶最多，红陶次之，还中黑陶、白陶和少数彩陶。

孔子

孔　子（前551—前479）

山东曲阜人。春秋末期思想家、政治家、教育家，儒家的创始者。他一生广收门徒，相传有三千弟子、七十二贤人。晚年致力于教育，整理《诗》、《书》等古代文献，并把鲁史官所记《春秋》加以删修，成为我国第一部编年体的历史著作。提出“仁”的学说，要求统治阶级以德治民。自汉以后，孔子学说成为两千余年传统文化的主流，影响极大。封建统治者一直把他奉为圣人。现存《论语》一书。

孟　子（约前372—前289）

山东邹城人。战国时思想家、政治家、教育家。他把孔子“仁”的观念发展为“仁政”学说。教育上强调认识论和伦理学相统一的“天人合一”说。还指出“劳心者治人，劳力者治于人，治于人者食人，治人者食于人”这一历史事实。被认为是孔子学说的继承者，有“亚圣”之称。著作有《孟子》。

诸葛亮（181—234）

山东沂南人。字孔明。三国蜀汉政治家、军事家。东汉末，隐居隆中。公元207年刘备三顾草庐后，成为刘备的主要谋士，协助刘备建立了蜀汉政权，任丞相。当政期间，励精图治，赏罚严明，推行屯田政策，并改善和西南各族的关系，有利于当地经济、文化的发展。

河南省

郑州长途区号：0371

郑州邮政编码：450000

艺术视野

■ 豫 剧

也称河南梆子、河南高调。流行于河南及邻近各省的部分地区。板腔体结构，板式有二八板、慢板、流水板、飞板等。以梆子击节，板胡为主要伴奏乐器。传统剧目近800个，建国后整理了《花木兰》、《穆桂英挂帅》等。

民俗节庆

■ 牡丹花会

时间：	每年4月
地址：	洛阳市
活动内容：	有大型文艺演出，举办赏花、灯展、书画、摄影展、研讨会、贸易洽谈会等活动。

■ 少林武术节

时间：	每两年9月
地址：	嵩山少林寺
活动内容：	集武术、文化、旅游为一体的大型综合性国际活动。

■ 中岳古庙会

时间：	农历三月初十和农历十月初十
地址：	嵩山中岳庙
活动内容：	赶庙会、民俗表演。

河南省地处华中地区、黄河中下游。因位于黄河之南而得名；因自古属豫州，故简称豫；又因居九州之中部，所以有“中原”、“中州”之称。春秋战国时为周畿内、东周等国地。秦置三川、颍川、南阳等郡。隋置河南、荥阳等郡。唐分属都畿、河南、河北等道。北宋属京东西、京西北等路。金属汴京路及河北西路。元属中书省、湖广行省、河南江北行中书省。明置河南承宣布政使司。清设河南省，省会开封府。1949年5月，河南省人民政府成立，省会开封市。1954年省会迁至郑州市。全省面积16.7万平方公里，人口9683万（居全国第1位），有汉、回、蒙古、满等民族。

境内三面环山：北部山地为太行山南段；西部为秦岭东延余脉，有崤山、熊耳山、嵩山等，其中老鸦岔脑海拔2414米，为省内最高峰；南部山地由桐柏山、大别山等组成，是长江和淮河流域的分水岭；东部是黄淮平原，属华北平原，海拔多在100米以下，辽阔坦荡；黄河从北部横穿而过，由于大量的泥沙沉积，孟津以下的黄河河床高出附近地面，成为“悬河”景观。南部主要是淮河、汉水的上游。

本省属温带—亚热带、湿润—半湿润气候，冬寒少雨雪，春旱多风沙，夏季多暴雨。年平均气温12℃～16℃，1月−3℃～3℃ C，7月24℃－29℃。年平均降水量500～900毫米。

本省是我国粮、棉、油、烤烟的重要产区，烟草、芝麻产量常居全国首位。淮河以北和南阳盆地是小麦生产区，信阳盛产茶叶，许昌盛产烟叶。畜牧业以南阳黄牛、泌阳毛驴、新密寒羊著名。信阳毛尖茶、灵宝大枣、荥阳柿饼、河阴石榴、中牟西瓜、黄河鲤鱼、洛阳牡丹等是著名特产。豫北盛产生地、牛膝、山药、菊花，誉称“四大怀药”。

工业以煤炭、石油、化工、冶金、电力为主。原煤产量居全国第2位，以平顶山、义马、焦作、鹤壁的煤最为著名，平顶山亦有“中原煤仓”之称。原油产量居全国第5位，以中原油田著名。洛阳的拖拉机、轴承、矿山机械等在全国占重要地位；氧化铝产品产量居全国首位，是全国最大的铝工业基地，亦是我国主要的卷烟、布匹、工艺陶瓷的生产省份。

交通发达。有京广、陇海、焦枝、京九等铁路干线；京珠高速公路纵贯本省，洛开（洛阳－郑州－开封）和洛阳－三门峡、漯河－周口等高速公路也已开通；郑州新郑机场、洛阳机场有航班飞往各地。

郑州、洛阳、开封、安阳、南阳、商丘、浚县是国家历史文化名城，洛阳、开封、安阳是我国七大古都之一。国家级重点风景名胜有鸡公山、王屋山—云台山、洛阳龙门、嵩山、石人山、林虑山等。洛阳龙门石窟被列入《世界遗产名录》。

特产快递

■ 汴绸

因产于七朝古都汴梁而得名。始于明末清初，创始人为山西洪洞县人景文洲，迄今已有300多年的历史。汴绸的特点是经久耐磨，美观大方，拉力强，穿着时日愈久，光色越亮。

九曲黄河

■ 唐三彩

唐三彩是指唐代俑器和陶器上的釉色而言。唐时多以红、绿、黄为主，故称“唐三彩”。洛阳和巩县是唐三彩的故乡。洛阳唐三彩是传统出口的工艺品，深受国内外人士的喜爱。

唐三彩

亮点点击

■ 郑州市

河南省省会，国家历史文化名城。位于中原腹地、黄河南岸。早在3500年前，这里就是商王朝的都城。周朝为管国，后为郑国。隋置管城镇，后为郑州治，明人郑州。1928年设市，1931年撤销，1948年复设市。郑州地处京广陇海两大铁路交会处，是中国东西、南北大动脉的纽带，交通便利，商业繁华。是全国重要的棉织工业中心之一，被誉为“纺织城”。郑州名胜古迹众多，有商代遗址、黄河游览区等。1923年，这里发生了著名的京汉铁路工人“二七”大罢工，建有“二七”纪念堂、“二七”广场、“二七”纪念塔。

■ 洛阳市

国家历史文化名城。位于河南省西部、黄河中游南岸，洛水穿城而过。因居洛水之阳而得名。周为雒邑。战国时改称雒阳。秦置洛阳县，汉改雒阳县，三国魏复改雒阳县。1948年设市。洛阳是中国七大古都之一，自公元前770年周平王东迁洛邑，定为国都，以后有东汉、曹魏、西晋、元魏、隋、唐和五代后梁、后陈等九个朝代相继建都于此，故称“九朝故都”。历代王朝在此建都的时间超过千年。人文景观及为丰富，有龙门石窟、白马寺、关林、古墓博物馆等。洛阳牡丹冠绝天下。

■ 龙门石窟

位于洛阳市南郊13公里的伊河两岸龙门山上，古代帝王常来此朝香拜佛，是我国古代四大石窟艺术宝库之一。始凿于北魏孝文帝迁都洛阳前后。到了唐太宗至玄宗时期，迎来了开凿的第二次高峰。是一个拥有窟龛2100多个的大规模石窟群。其中“龙门二十品”是魏碑精华，唐代著名书法家褚遂良所书的“伊阙佛龛之碑”则是初唐楷书艺术的典范。已被列入《世界遗产名录》。

■ 南阳市

国家历史文化名城。位于河南省西南部，北靠伏牛山，东扶桐柏山，西依秦岭，南临汉水，是一个三面环山，南部开口的盆地，简称宛。历史悠久，是著名的古城。有纪念诸葛亮的武侯祠、纪念医学家张仲景的医圣祠，有东汉科学家、文学家张衡之墓，还有汉代宛城遗址、南阳汉画像馆等文物古迹。

■ 安阳市

国家历史文化名城，位于河南省最北部，是一座具有3000多年历史的文化名城，是华夏文明的主要发祥地，中国七大古都之一。安阳西北郊的殷墟是我国最早的古都，曾出土大量甲骨文。位于安阳老城的文峰塔被誉为安阳的象征，塔呈伞状，在我国古塔中极为罕见。安阳还有西门豹治水的邺城、袁世凯的墓园袁林、有“人工天河”之称的红旗渠和岳飞庙等名胜古迹。

■ 开封市

国家历史文化名城。地处河南省中东部，北濒黄河。古称汴梁、汴京。早在春秋战国时，郑国就在此“开拓封城”，始称开封。战国魏称大梁，隋唐时称汴州，后梁改称开封府。元改南京路，后又改汴州路。明复称开封府。明清及民国时为河南省省会。1948年设市。开封是中国七大古都之一，战国魏、五代梁、晋、汉、周及北宋、金等均在此建都，号称“七朝都会”。悠久的历史，灿烂的文化，给这里留下了丰富的名胜古迹，有铁塔、繁塔、龙亭、相国寺、禹王城、北宋东京城遗址等。新建的宋都御街是中国目前规模最大的一组仿宋建筑群。

宋都一条街 位于中山路北段，南起新街口，北止龙亭公园，全长400米，宽40米。主要根据《东京梦华录》中有关记载修建。街道两边排列着众多仿宋式建筑，其中最著名的建筑是樊楼，两侧耸立两座雄伟的角楼。临街店铺里经营着汴绣、字画、古董、小吃等。进入这条街，仿佛置身于当年繁华的东京。

■ 汴绣

也称宋绣，距今已有800余年历史，是我国名绣之一。汴绣以绣制中国古名画而著称。作品以北宋画家张择端的《清明上河图》为代表。汴绣作品形象逼真、色彩丰富，技法细腻，立体感强，深为人们所喜爱。

■ 南阳玉雕

南阳玉雕始于西汉，盛于明末。产品品种有人物、花鸟、走兽、亭阁四大类。雕刻按技法不同分花活、素活两类。南阳玉雕融汇国画的山水、人物、花鸟等风格，有“花活以技取奇，素活以色显贵”的特点，具有极高的艺术价值。

知识补给站

■ 少林武术

是中国的国宝之一。由少林寺僧人博采众家之长，汇集武艺之精华发展而成。包括少林拳、气功、散打、棍术等。

■ 洛阳民俗博物馆

位于洛阳市老城东关新街南端，原为潞泽会馆。始建于清代乾隆九年（1744年），1987年改建为洛阳民俗博物馆。是一座以陈列、展览豫西地区民俗风情为主要内容的专题性博物馆。

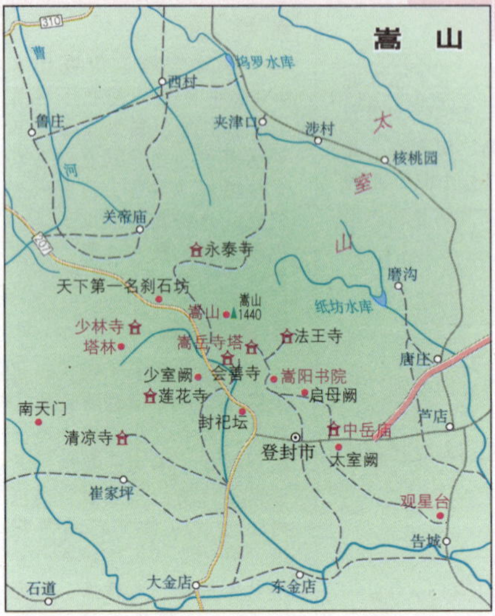

嵩　山

位于登封市西北，东周时因其地处“天地之中”而被尊为中岳。国家级重点风景名胜区和国家地质公园，2004年入选世界地质公园。有72峰，主峰为嵩顶，又名峻极峰。是我国宗教、文化活动的重要地区，有少林寺 、塔林、初祖庵等胜迹。嵩山紧邻九朝古都洛阳，地势险要，易守难攻。轩辕关是秦汉八大关之一，历来为兵家必争之地。

鸡公山

国家重点风景名胜区。位于信阳市南约35公里，京广铁路线旁，鄂豫交界地带。属大别山余脉的一支，主峰报晓峰海拔744米，因整个山体形状酷似引亢啼鸣的雄鸡而得名。巍峨秀丽，气候温和，为避暑胜地。景点有报晓峰、灵华山、青龙潭、将军石等。另外，还保留有大量的山庄别墅。

愚公移山雕塑

王屋山

国家重点风景名胜区，国家地质公园。在济源市城西北45公里处。山有三重，丘陵环抱，谷深洞幽，其形如王者之屋，因而得名。由日精、月华、天坛三峰组成，是我国道教名山之一。传说“愚公移山”的故事就发生于此。景点有天坛峰、轩辕庙、王屋洞、愚公村、愚公洞、愚公井、烟萝子祠、仙猫洞、阳台宫等。

甲骨文

也叫“契文”、“卜辞”“龟甲文字”、“殷墟文字”，是商周时代刻在龟甲兽骨上的文字，是最古的文字体系。1899年首次发现于河南安阳小屯村的殷墟。这些文字都是商王朝利用龟甲兽骨占卜吉凶时写刻的卜辞和与占卜有关的记事文字。已发现的甲骨文文字在4500字左右，可认识的约1700字。文字结构已趋合理，且有大批的形声字，但多数字的笔画和部位还没有稳定。

虢国文化城

虢国是西周时期一个重要的姬姓封国，开国之君为周文王的弟弟虢叔。虢国博物馆位于三门峡市区北部的上村岭，是建立在国家级重点文物保护单位—西周虢国贵族墓地遗址上的一座专题性博物馆。

风物链接

黄河游览区

位于郑州市西北30公里处的黄河南岸。登高北望，黄河水无际无涯，浩浩荡荡。由于黄河在这里冲出最后一个峡口进入平原，形成悬河，所以在此观黄河别有一番情趣。游览区包括五龙峰、岳山寺、骆驼岭和汉霸二王城四部分景区。主要景点有岳山寺、骆驼岭、汉霸二王城、炎黄二帝石塑等。

白马寺

位于洛阳城东，是中国最早的佛寺，被尊为“祖庭”和“释源”。始建于东汉永丰十一年（公元68年），明嘉靖三十五年（1556年）重修。寺内佛像、碑刻甚多，所藏唐代经幢、元代碑刻都有较高艺术价值。

白马寺

小浪底水利枢纽工程

位于洛阳市以北、黄河中游最后一段峡谷的出口处，是黄河干流在三门峡以下惟一能够取得较大库容的控制性工程。1994年9月主体工程开工，1997年10月28日实现大河截流，1999年底第一台机组发电，2001年12月31日全部竣工，总工期11年。坝址控制流域面积69.4万平方公里，占黄河流域面积的87.3%。水库总库容126.5亿立方米，长期有效库容51亿立方米。工程以防洪（防凌）、减淤为主，兼顾供水、灌溉和发电，蓄清排浑，除害兴利，综合利用。工程建成后，可使黄河下游防洪标准由60年一遇提高到千年一遇，基本解除黄河下游凌汛威胁，可滞拦泥沙78亿吨，相当于20年下游河床不淤积抬高，电站总装机180万千瓦，年平均发电量51亿千瓦时。

殷　墟

位于安阳市北2公里处的小屯村，是商代后期都城遗址所在地。自公元前14世纪起即为都城，直到商纣亡国，历时273年。1928年，首次发掘，先后发现了宫殿遗址、殷王族陵墓、祭祀坛、车马坑、10多万片带字甲骨，殷商甲骨文是我国现已确认的最古老的文字，以及大量青铜器和生产生活用具等珍贵文物，其中重875千克的司母戊大方鼎为世界罕见。现建有殷墟博物馆。

仰韶文化

又称彩陶文化，是新石器时代中期的一种文化，距今约6950～4950年。1921年首次发现于河南渑池仰韶村，故名。分布地域以陕西关中地区、河南为中心。生产工具以磨制的石器为主，打制石器仍占一定的数量，骨器打磨相当精细。日用陶器以细泥红陶和夹沙红褐陶为主。彩陶极为发达，著名的人面鱼纹盆即是该文化的杰作。生活以农业为主，渔猎为辅，并饲养猪、狗等家畜。同时出现了布局整齐的村落。从社会发展阶段看，已经进入发达的氏族社会阶段。

龙山文化

是新石器时代晚期的一种文化，年代约为公元前2800～公元前2300年。1928年首次发现于山东章丘龙山镇城子崖故名。早期主要分布在关中、晋南、豫西一带；晚期主要分布于河南和河北的南部。生产工具有很发达的磨制石器，陶质以灰陶为主，磨光黑陶数量更多，并烧出了薄如蛋壳的器物，是中国制陶史上的鼎峰时期。经济生活以农业为主，有较发达的畜牧业。龙山文化与仰韶文化之间是一种承袭关系。

名人专区

刘禹锡（772－842）

河南洛阳人。唐文学家、哲学家。和柳宗元交谊很深，人称“刘柳”，晚年与白居易唱和甚多，并称“刘白”。其诗通俗清新，善用比兴寄托手法。《竹枝词》、《杨柳枝词》和《插田歌》等组诗，富有民歌特色，为唐诗中别开生面之作。

张　衡（78–139）

河南南阳人。东汉科学家、文学家。精通天文历算。创制世界上最早利用水力转动的浑象和测验地震方位的候风地动仪。首次正确解释月全食是由月球进入地影而产生的。观测和记录了中原地区能看到的2500颗星，并且绘制中国第一幅较完备的星图。

岳　飞（1103–1142）

河南汤阴人，字鹏举，南宋抗金名将。南宋初年，金兵屡次南下，岳飞率领岳家军一次次地击退金兵，先后收复了建康（南京）、郑州、洛阳等地，并在郾城大败金兵。1142年被秦桧以“莫须有”的罪名杀害。

老　子

姓李名耳，河南鹿邑人。春秋时著名思想家，中国道教的创始人。著有《老子》一书。书中用“道”来说明宇宙万物的演变，“道”是客观自然规律，是永恒绝对的本体。其学说对中国哲学的发展有很大的影响。老子被奉为道教教主，又被称为“太上老君”。

湖北省

武汉长途区号：027

武汉邮政编码：430014

知识补给站

千湖之省

湖北地处江汉平原，在古代为云梦大泽，后受长江及其支流泥沙的淤积，逐渐淤积成平原。由于平原形成年代较晚，至今仍残存数百个大小不等的湖泊，因而号称“千湖之省”。其中较大的湖泊有洪湖、梁子湖、刁汊湖等。

屈家岭文化

属于旧石器时代晚期的一种文化，1954年发现于京山县屈家岭，故名。屈家岭文化约为公元前2750－公元前2650年，距今约4700－5000年，早于龙山文化。它以薄如蛋壳的小彩陶器为主要特征，其社会发展已进入父系氏族社会阶段。

中华鲟

最早出现在1.5亿年前的中生代，是我国特有的珍贵鱼种，被称为活化石。它生活在长江河口海域，在海洋中要经过10年时间才能达到性成熟。繁殖时期溯长江而上，至四川的合江和屏山一带产卵。有“长江鱼王”之名。

中华白鳍豚

是中国特有的珍贵稀有水生哺乳动物，为国家一级保护野生动物。分布在长江干流的中下游水域，洞庭湖、鄱阳湖及钱塘江也有发现。它不但是研究鲸类演化系统发育的珍贵材料，而且对仿生学、生理学、动物学、军事科学等方面，都有重要的科学研究价值。

湖北省地处长江中游北岸，因位于洞庭湖之北而得名，又因古属鄂州，故简称鄂。春秋战国时为楚地。汉属荆州。三国时，北部属魏荆州，南部属吴荆州。唐分属淮南、山南东、江南西、黔中等道。宋大部属荆湖北路。元至元十一年（1274年）置荆湖行中书省，后改称湖广行中书省。明属湖广承宣布政使司。清康熙三年（1644年）析置湖北省，省会武昌府。1949年5月，湖北省人民政府成立，省会武汉市。全省面积18.6万平方公里，人口5978万（居全国第8位），有汉、土家、回、满、苗等民族。

境内地势呈西、北、东三面环山，向南敞开的不完整盆地。西部山地由大巴山、巫山、武当山、荆山等组成，其中大巴山神农顶海拔3105米，为全省最高峰；北部山地有大洪山、桐柏山、大别山等；东南部有幕阜山、九宫山等。中南部为江汉平原，与湖南省洞庭湖平原合称两湖平原。长江横贯全省，枝江至湖南城陵矶段的长江段称荆江，由于弯曲多水患多而谓之“荆江河曲”；汉水为长江在本省最大支流。本省素称“千湖之省”，其中洪湖为省内最大湖泊。

本省属亚热带湿润季风气候，冬干燥，夏湿热，武汉是我国有名的夏热中心之一。年平均气温13℃～18℃，1月1℃～6℃，7月24℃～30℃。年平均降水量750～1500毫米。

本省是我国粮油、棉花、淡水鱼的重要产区。粮食作物主要有水稻、小麦、玉米，经济作物主要有棉花、芝麻、苎麻等。江汉平原既是稻、麦主产区，也是全国棉花重点产区之一。淡水养殖发达，盛产莲藕。鄂西山区有大面积的原始森林，有冷杉、水杉、珙桐等珍贵树种。襄阳芝麻、保康和房县的银耳、来凤桐油、恩施毛坝生漆等为著名特产。

工业主要有钢铁、机械、电力、建材、化学、纺织等部门，钢铁、汽车、水电产量居全国前列。武钢是我国3大钢铁工业基地之一，十堰市二汽是我国最大的汽车工业基地，大冶铁矿历史悠久，是全国10大铁矿之一，大冶钢厂的轴承钢产量占全国的1/3；水利资源蕴藏量居全国第7位，有葛洲坝、丹江口等大型水电站，长江三峡水电站已并网发电。

交通发达。京广、焦枝、汉丹、襄渝等铁路线沟通西北、西南；京珠高速公路纵贯本省；有汉宜（武汉－宜昌）、武黄（武汉－黄石－黄梅）、武汉－黄陂等高速公路；有汉口王家墩机场、天河机场和宜昌三峡机场等。

武汉、江陵、襄樊、随州、钟祥为国家历史文化名城，国家重点风景名胜有武汉东湖、武当山、隆中、大洪山、九宫山、陆水等。武当山古建筑群、明显陵被列入《世界文化遗产名录》。

葛洲坝

■ 葛洲坝

位于长江三峡出口宜昌南津关下游2.3公里处。因坝址穿过江中小岛葛洲坝，故名。由大坝、船闸、泄水闸、冲沙闸及电站等组成。1970年底开始兴建，1981年8月第一台机组发电。它是长江三峡水利枢纽工程的重要组成部分。担负三峡水库反调节和改善三峡枢纽到南津关间航道的任务。

■ 荆江防洪大堤

万里长江，险在荆江。荆江上起湖北枝江、下到湖南城陵矶，全长337公里，有“九曲回肠”之称。荆江大堤始建于东晋，至今已有1600多年，是江汉平原的重要防洪屏障，已被列为国家确保堤防。

长江晴川阁

亮点点击

武昌起义

1911年10月10日晚，由革命党人领导的新军在武昌举行起义，第二天占领武昌。接着，汉阳、汉口的新军响应起义。革命在武汉三镇取得了胜利。历史上称这次革命为辛亥革命。在武昌起义胜利的影响下，到11月下旬，全国有十几个省以及上海宣布独立。清朝的统治土崩瓦解了。

武汉市

湖北省会，国家历史文化名城。长江、汉水交汇于市区，形成武昌、汉口、汉阳三镇鼎立的格局。自商代盘龙城开始，已有3500多年的历史。三国时孙权在武昌筑夏江城，唐宋时武昌已成为中原重镇。明清时汉口因商业繁荣而成为“四大名镇”之一。1911年辛亥革命武昌起义推翻了中国两千多年的封建统治。1926年武昌、汉口分别设武昌市、武汉特别市。1949年三镇合并设武汉市，取镇首字为名，武汉又称“江城”。京广铁路大动脉和长江黄金水道交汇于此，武汉长江大桥连通南北，有“九省通衢”之称。是华中地区物资集散中心和商业中心。武汉是中国优秀旅游城市，有龟山、黄鹤楼、东湖、古琴台等著名风景区。

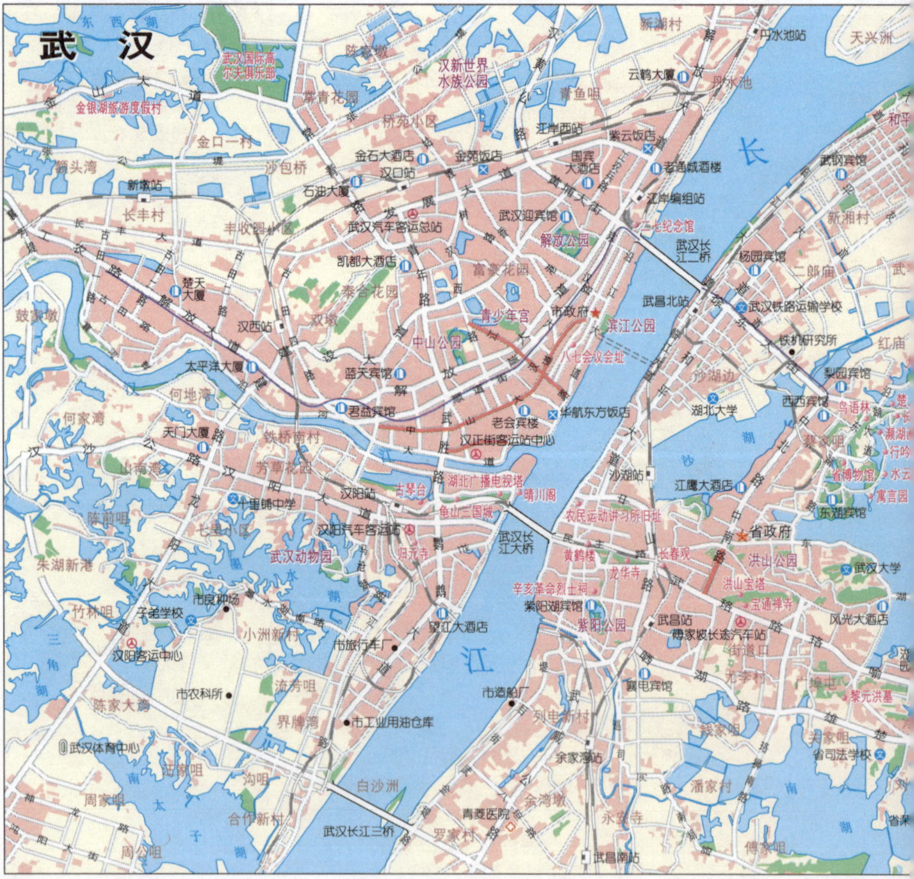

■ 明显陵

明显陵

位于钟祥市城东北7.5公里的松林山，俗称皇陵，2000年列入《世界文化遗产名录》。是明代嘉靖帝的父亲朱祐杬，母亲章太后的合葬墓，始建于明正德十四年（1519年），历时40年，一陵二冢。具有由王墓改帝陵以及其它明陵所没有的特点。陵园由30余处规模宏大的建筑群组成，其布局构思巧夺天工，殿宇楼台气势恢弘，原始建筑和环境风貌保存完好。

■ 荆州市

位于湖北省中部偏南、长江北岸。古称郢，战国时已是楚国的都城，是楚文化的发祥地。秦汉以后一直是历代王朝封王置府的重镇，先后有20位帝王在此建都，达411年之久。1949年设沙市，1994年改荆沙市，1996年改荆州市。荆州自古为兵家必争之地。三国时，魏蜀吴为争荆州留下大量的三国胜迹。其中最著名的当数荆州古城。荆州古城位于荆州市区西北，已有2000多年的历史，相传为三国关羽驻守荆州时所筑。初为土城，南宋时改为砖城，元初曾被拆除。现存在砖城为清顺治三年（1646年）所建。城东西长南北短，长9公里多，城高9米，厚10米。城墙脚处为糯米浆粘合的条石，坚固异常，有“铁打荆州”之说。其他名胜古迹还有章华寺、楚郢都纪南城、楚庄王墓、西汉古墓等。

■ 宜昌市

位于湖北省西部，长江西陵峡口，有川、鄂咽喉之称。古称夷陵，建城历史约2500年。现在的宜昌，是世界电都，三峡明珠。在宜昌市境内已经建成了湖北省举足轻重的水利枢纽工程——清江隔河岩电站，中国最大的水电站——长江葛洲坝水电站，正在蓄水的长江三峡工程将是世界最大的水利枢纽工程。宜昌市旅游资源丰富多彩，以长江三峡为代表的自然风光和以三峡水利枢纽工程为代表的人文景观奠定了宜昌旅游在全国和国际旅游中的重要地位。著名景点还有三游洞、南津关等。

特产快递

■ 武昌鱼

武昌鱼属鳊鱼的一种，又名团头鲂。体形呈扁平状，肉味腴美，脂肪丰富，为上等食用鱼类。又因为现代有毛泽东“才饮长沙水，又食武昌鱼”的词句，使武昌鱼更为闻名。

■ 洪湖羽毛扇

用飞禽的羽毛当作扇面，扇骨是用牛骨、象牙、竹或塑料制成，扇尾装饰有一红线结坠。相传当年孔明用的就是这种羽毛扇，故又称孔明扇。

荆州古城

美食情报

■ 热干面

是武汉独具特色的面食，与山西刀削面、两广的尹府面、巴蜀的担担面、北京的炸酱面并称我国“四大名面”。做法是将面条在碱水中煮烫，出锅后放在凉水中冲拌碱面，捞出备用。吃时再将面条放入开水中烫一下后，放入碗中，加入麻酱等佐料即可。

名人专区

杜　甫(712—770)

祖籍湖北襄阳。唐代最伟大的现实主义诗人，被尊为“诗圣”。他的诗大胆揭露当时社会矛盾，对穷苦人民寄以深厚同情，显示出唐代由盛世转向分裂衰微的历史过程，被称为“诗史”。主要作品有《三吏》、《三别》、《茅屋为秋风所破歌》、《秋兴八首》等，有《杜工部集》。

李时珍(1518—1593)

湖北蕲春人。明医药家。常上山采药，向农民、渔民、樵夫、药夫、民间医生请教，并参考历代有关书籍800余种，对药物加以鉴别考证，纠正了古代本草书籍中药名、品种、产地等某些错误，又搜集整理宋、元以来民间发现的药物，充实内容，历时27年著成医学巨著《本草纲目》，对药物学的发展作出了巨大的贡献，成为中医药学的一份宝贵遗产。

李时珍铜像

三峡工程

位于长江干流西陵峡，是一项具有防洪、航运、供水等巨大综合效益的特大型水利工程。主要由拦河大坝、两座坝式水力发电厂及通航建筑物组成。工程自1993年开工，预计2009年竣工。总投资2000亿元人民币。大坝坝址位于三斗坪，建成后它将是世界上最大的水电站，水库正常蓄水位海拔175米，总库容393亿立方米，其中防洪库容221.5亿立方米，能够抵御百年一遇的洪水。年发电量847亿千瓦时，位居世界第一，相当于10座大亚湾核电站。万吨级船队将通江达海，可直抵重庆朝天门码头 。目前，三峡大坝已蓄水发电。

九宫山

国家重点风景名胜区。位于通山县城东南，后晋安王兄弟九人建造九座宫殿于此，因而命名九宫山。山体绵延百里，上下九重，峰峦竞秀，景色优美，溶洞遍布，湖水清澈。山下有明末家民起义领袖李自成墓。

武当山古建筑群

位于湖北省西北部丹江口市西南，是我国著名的道教圣地。武当山绵延70余公里，保存有数千座元、明各代的建筑和道教建筑。其中金殿、紫霄宫为全国重点文物保护单位。武当山古建筑群1994年12月被列入《世界遗产名录》。

襄樊市

国家历史文化名城。位于湖北省北部、汉江中游，由隔汉江相望的襄阳、樊城二地组成，取二地首字为名。东汉时为襄阳郡治，宋以后为襄阳府统治。1949年设市。襄樊地处“南襄隘道”门户，商贸发达，向为鄂北及豫、陕两省南部的交通重镇和经济中心。名胜古迹众多，有隆中、绿影壁、米公祠、夫人城等。国家重点风景名胜区隆中位于城西南15公里处。东汉末年，诸葛亮隐居于此，刘备三顾茅庐，请诸葛亮出山。后人敬仰诸葛亮的丰功伟绩、筑祠纪念，遂成著名的名胜。

神农架

位于湖北省房县、兴山、巴东三县交界处，面积704.67平方公里，最高峰神农顶海拔3105米，有“华中屋脊”之称。1990年加入联合国教科文组织国际“人与生物圈”保护区网，主要保护对象为北亚热带山地森林生态系统及特有珍稀物种。

神农架是我国原始森林之一，拥有奇丽的自然景观，丰富的生物资源。仅野生植物就有2000多种，其中属于世界稀少或我国特有的就有30多种；野生动物500多种，属珍贵动物20多种，动物白化现象世界罕见。

神农溪

风物链接

■ 黄鹤楼

位于武昌蛇山，面临武汉长江大桥，隔长江与龟山上的电视塔遥遥相望。是武昌历史上有名的古建筑，与岳阳楼、滕王阁并称江南三大名楼，且以其历史之悠久，楼姿之雄伟而居三楼之首，享有“天下绝景”的盛誉。始建于公元223年，其后屡毁屡建，最后一座焚于1884年。1981年重建，1985年落成。五层楼阁高达51米，层层飞檐，金碧辉煌，极富民族特色。登临其上，江城美景尽收眼底。

■ 武汉长江大桥

是我国长江上第一座铁路公路两用大桥。于1957年建成，横跨龟山蛇山之间，全长1670米，桥高80米，上可联通三镇公路和京广铁路南北线，下可航行大型轮船。可谓“一桥飞架南北，天堑变通途”。

■ 昭君故里

王昭君，西汉南郡秭归（今湖北兴山）人。汉元帝时被招入宫中，竟宁元年（公元前33年）自愿出嫁匈奴，与单于和亲，肩负起加强汉匈民族间的友好关系的重大使命。死后葬于匈奴。昭君故里位于兴山县城南郊昭君村，1985年在其故地上重建，内立昭君雕像，陈列众多纪念昭君的诗词书画及剧本。附近尚有昭君井、妃台山、昭君台、望月台等遗迹。

■ 屈原故里

旧称乐平里，位于秭归县长江北岸卧牛山麓的屈坪。相传屈原诞生于此。坪前石碑上刻有“楚三闾大夫屈原故里”。现存有屈原庙、读书洞、吟诗台、照面井等遗址。屈原庙中立有屈原塑像。

■ 随州编钟

是随州市曾侯乙墓出土的古代乐器中规模巨大、保存最好的打击乐器。这套编钟共六十五件，重2500多公斤，皆为青铜铸造。最为可贵的是这套在地下埋藏了2400多年的编钟，仍能演奏古今各种乐曲，被誉为“世界奇观中独一无二的珍宝”，是中国古老优秀文明的象征。

■ 李四光（1889－1971）

湖北黄冈人。蒙古族。中国地质学家，中科院地学部委员。从事化石和中国第四纪冰川的研究，倡导以力学观点研究地质构造的发生、发展及组合的规律，建立了“构造体系”的概念，创建了地质力学学派。著有《地球表面形象变迁的主因》、《中国地质学》、《地质力学概论》、《地震地质》等。

■ 闻一多（1899－1946）

湖北浠水人。中国诗人、学者。先后在青岛大学、清华大学等校任教。抗日战争期间，任昆明西南联合大学教授，积极参加反对内战的民主运动。1946年7月15日在昆明被国民党特务暗杀。著有诗集《红烛》、《死水》。有《闻一多全集》行世。

■ 董必武（1886–1975）

湖北黄安（今红安）人。中国无产阶级革命家，中国共产党的创始人，中华人民共和国的领导人，中共一大代表。曾任中华人民共和国政务院副总理，最高人民法院院长，全国政协副主席，国家副主席、代理主席，全国人大常委会副委员长等职。参与新中国第一部宪法的起草和修改工作。1975年4月2日在北京病逝。

编钟乐舞

湖南省

长沙长途区号：0731

长沙邮政编码：410005

艺术视野

竹艺

益阳是“楠竹之乡”，他们用楠竹制作出竹编、竹雕、竹饰等各种工艺品达800余种，竹艺品远销欧美等20多个国家和地区。

花鼓戏

湖南各地地方小戏花鼓、灯戏的总称，源出于民歌。表演艺术朴实、明快、活泼，行当以小丑、小旦、小生的表演最具特色。著名的传统戏有《刘海砍樵》、《打鸟》等。

湘绣

是我国的四大名绣之一，起源于湖南民间刺绣。湘绣作品构图严谨，色彩鲜明，善于利用丰富的色线和千变万化的针法，绣出的人物、动物、山水、花鸟等具有特殊的艺术效果。著名作品有《鬅毛狮》、《鬅毛虎》等。

湖南省地处长江中下游的南岸，因位于洞庭湖之南而得名；又因湘江纵贯全境，故简称湘。战国时为楚国地。西晋初年置湘州，治长沙郡。唐置长沙观察使，宋设荆湖南路。元至元十二年（1275年）属荆南行省，至元十四年（1277年）改称湖南行省，后以鄂州行省及南宋广西地并入为湖广行省。明属湖广承宣布政使司。清康熙三年（1664年）析置湖南省，省会长沙府。1949年8月，湖南省人民军政委员会和临时省政府成立。1950年湖南省人民政府成立，省会长沙市。全省总面积21万平方公里，人口6564万（居全国第7位），有汉、土家、苗、瑶、回、白、壮、维吾尔等民族。

本省东、西、南三面环山：西部为雪峰山、武陵山构成的湘西山地，西接贵州高原，其中壶瓶山海拔2099米，为全省最高峰；南部山地系南岭山脉部分，八面山、阳明山、骑田岭、都庞岭、萌渚岭等是长江和珠江之分水岭；东部为幕阜山、武功山、九岭山等组成的湘东山地；北部偏东为洞庭湖平原。山地丘陵约占全省总面积的80%。湘江、资江、沅江、澧水等四水从南向北汇流于洞庭湖，并与长江相通。洞庭湖是我国第2大淡水湖。

本省属南亚热带湿润季风气候，冬季较寒冷，但为期不长，夏季湿热，却常有伏旱。年平均气温16℃～18.5℃，1月4℃～8℃，7月20℃～30℃。年平均降水量1250～1750毫米。

本省是我国粮食生产基地之一，素有“湖广熟，天下足”之誉。稻谷占全省粮食总产量的80%以上，以洞庭湖平原和湘江流域为主产区。此外，油菜、油茶、桐油、苎麻、茶叶等产量居全国前列。森林资源丰富，湘西辰（溪）杉、湘南瑶杉，以及桐油、生漆、白蜡等久负盛名。洞庭湖区盛产鱼虾。临湘老青茶、安化和汉寿黑茶、平江红茶，以及宁乡猪、武冈铜鹅、湘莲、宝庆（邵阳）椒干、新宁脐橙、道州红瓜子、龙牙百合等是著名特产。

矿产资源十分丰富，誉为“有色金属之乡”。冷水江市锡矿山有“世界锑都”之称，常宁市水口山的铅锌矿和钨、汞等产量均居全国前列，南岭的钨、湘中南的煤亦是主要矿产。钢铁、煤炭、建材、机械等工业发展较快，电力机车、矿山机械、造纸、麻纺、食品、陶瓷为主要工业门类。长沙湘绣、浏阳夏布、醴陵瓷器、酒鬼酒、芙蓉王香烟等是著名轻工产品。

交通便利。有京广、湘桂、焦柳、浙赣、湘黔、娄邵、醴茶等铁路线；有长浏、长邵、长醴、长常（长沙－浏阳、湘潭、醴陵、常德）等高速公路；水运以洞庭湖和“四水”为主；长沙黄花机场、张家界机场、永州机场有至全国各地航班。

长沙、岳阳、凤凰为国家历史文化名城。国家重点风景名胜有崀山、衡山、武陵源、岳阳楼－洞庭湖、韶山、岳麓山、猛洞河、桃花源。武陵源被列入《世界遗产名录》。

崀山骆驼峰

特产快递

■ 浏阳花炮

浏阳是花炮的发源地。早在1723年，浏阳花炮即为京城贡品、畅销全国。1995年浏阳被国家授予“中国烟花之乡”的称号。现拥有13大类3000多个花色品种，产品畅销海内外。

亮点点击

■ 长沙市

湖南省省会，国家历史文化名城。位于湘江下游，有“荆豫唇齿、黔粤咽喉”之称。长沙具有3000年的历史，春秋战国时为楚国南部重镇青阳，秦为长沙郡治，西汉建立长沙国，明清为长沙府治。1939年设市。长沙具有光荣的革命传统，清末是维新运动和旧民主主义革命的策源地之一，五四运动后，成为中国新民主主义革命的重要策源地，是毛泽东早期革命活动的中心。著名的古迹有岳麓书院、马王堆汉墓、开福寺、天心阁等。湘菜、湘绣、湘戏具有浓郁的湖湘文化特色。

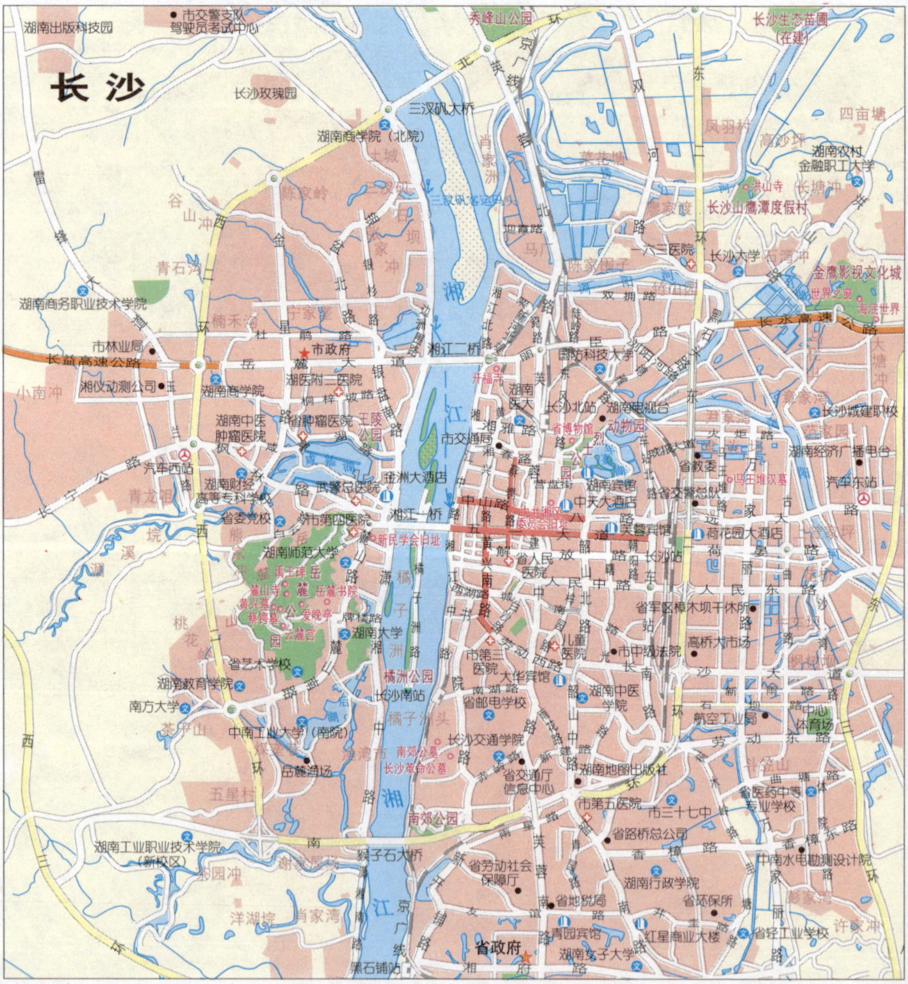

武陵源

位于张家界、桑植、慈利三市县交界处，系武陵山脉的一部分，由张家界国家森林公园、索溪峪自然风景区、天子山自然保护区和张家界风景区构成，1992年列入《世界遗产名录》。它是“扩大了的盆景，缩小了的仙境”，其岩溶地貌，构成奇峰怪石、深谷幽溪，是优秀的自然旅游资源；普光禅寺、玉皇洞石窟等古迹，贺龙、杜心五等名人故居构成了当地的人文旅游资源；而古朴的少数民族风情和民间武术硬气功，更为当地的旅游资源锦上添花。

桃花源

位于常德市桃源县境内，西临沅水。据传是东晋大诗人陶渊明描绘的人间仙境、世外桃源所在地，至今已有1600多年的历史。其山水田园之美，寺观亭阁之盛，诗文碑刻之丰，历史传说之奇，举世闻名，具有很高的游览价值、历史价值和文化艺术价值。

韶山市

位于湘中丘陵中部，湘潭市北部，距湘潭市30公里。1990年设市。相传舜帝南巡到此，见风景优美，遂奏韶乐，引来“百凤朝仪，翩翩起舞”。又传“韶氏三女得道于此，有凤鸟衔天书到，女皆仙去。”韶山故此得名。是毛泽东主席的诞生地。韶山风景区有故居景区、滴水洞景区、清溪景区，是国家级风景名胜区。

毛泽东纪念园

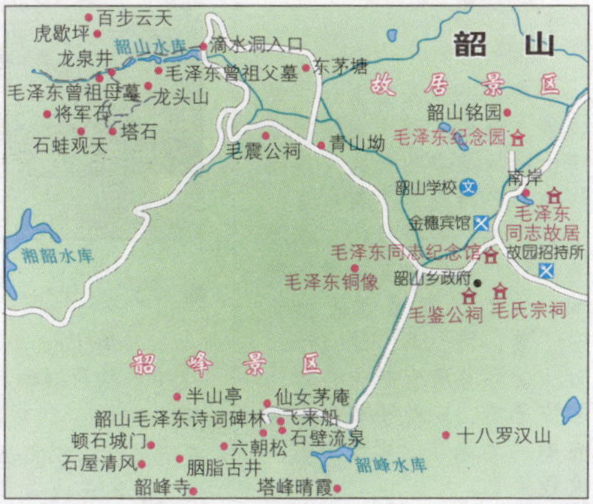

湘莲

至今已有二三千年的种植历史，有“贡莲”之称，是湖南省传统的土特产品。湘莲粒大饱满，洁白圆润，清香鲜甜，具有降血压、健脾胃、安神、固精、润肺清心之功效。

知识补给站

活字印刷术

由毕升在北宋庆历年间（1041—1048年）发明，活字印刷的方法是先制成木质或泥塑的单字阳文反文字模，然后按照稿件把单字挑选出来，排列在字盘内，涂墨印刷，印完后再将字模拆出，留待下次排印时再次使用。它是印刷史上一次伟大的技术革命，比西方铜活字印刷术早400年。

秋收起义

1927年9月，毛泽东遵照中共中央湖南省委的决定，将湘赣边界地区的工农武装和国民革命军第二方面军总指挥部警卫团合编为工农革命军第一军第一师。11日举行起义，即秋收起义。工农革命军分三路攻打长沙，损失惨重，随后转战井冈山，从此开始了创建井冈山农村革命根据地的斗争。

岳阳楼

民俗节庆

■ 岳阳国际龙舟节

时　间	每年6月
地　址	岳阳市南湖
活动内容	龙舟比赛、旅游。

湘西风情

■ 吊脚楼

土家族的传统住宅。一般修建在依山傍水之地，住宅随着山势的高低而建造，前后立柱也随地势长短不同地立在陡坡上。房屋分上下两层。吊脚楼看起来美观，灵巧别致，凌空欲飞；住起来舒适，干爽透气，通风采光。

吊脚楼

美食情报

■ 湘菜

我国八大菜系之一，是以湘江流域、洞庭湖区和湘西山区的菜肴为代表发展而成的。其特点是用料广泛，油重色浓，多以辣椒、熏腊为原料，口味注重香鲜、酸辣、软嫩。烹调方法擅长腊、熏、煨、蒸、炖、炸、炒。著名菜肴有腊味合蒸、东安子鸡、麻辣子鸡、红煨鱼翅、汤泡肚、冰糖湘莲、金钱鱼等。

毛泽东故居　位于韶山上屋场，坐北朝南，为土木结构的“凹”字形建筑，共有民房13间，为毛泽东同志的父亲所建。1893年12月26日，毛泽东同志在这里诞生，并度过了童年和少年时代。1925年和1927年，毛泽东同志曾在这里开展过革命工作。故居有毛泽东诞生的房间、书房和父母的住房，并陈列了部分原物、照片。

■ 岳阳市

国家历史文化名城。位于湘江下游、洞庭湖与长江交汇处。有2500多年历史，古称巴陵。东汉建安时置改昌郡，南朝宋置巴陵，隋改称岳州，岳阳始有岳州之称。1961年设市。这里土地肥沃，农业发达，毗邻的洞庭湖使之成为一个富饶的鱼米之乡。岳阳旅游集“名山、名水、名楼、名人、名文”于一体，以龙舟文化、湘楚文化为特色。位于城西的岳阳楼，脚踏烟波浩淼的洞庭湖，面对青螺滴翠的君山，背靠繁华秀丽的闹市，与武昌的黄鹤楼、南昌的滕王阁齐名，同为“江南三大名楼”。相传这里曾是三国时鲁肃训练水军的阅军楼。唐开元四年（716年），中书令张说谪守岳州，将阅军楼改建为岳阳楼。北宋庆历四年（1044年），滕子京谪守巴陵，重修岳阳楼，并请范仲淹作《岳阳楼记》，由书法家苏舜钦书写，邵竦刻字。一时“滕楼、范记、苏书、邵刻”成为岳阳楼四绝。

■ 洞庭湖

位于岳阳市境，面积2740多平方公里，是我国第二大淡水湖，有“八百里洞庭”之称。现在因湖底逐渐於积，被分割成东洞庭湖、南洞庭湖、大通湖等。东洞庭湖是候鸟的重要栖息地，为国家级自然保护区。洞庭湖“衔远山，吞长江，浩浩汤汤，横无际涯，朝晖夕阴，气象万千”，自古以来，就以湖光山色吸引游人。被列为国家重点风景名胜。

■ 衡　山

五岳中的南岳，国家重点风景名胜。位于衡山县境内。有海拔1290米的祝融峰和海拔1000米左右的紫盖、芙蓉、观音、天柱、石廪等72峰。“祝融峰之高，方广寺之深，藏经殿之秀，水帘洞之奇”为“南岳四绝”。名胜古迹有南岳大庙、观日台、南天门、忠烈祠、高台寺等。

风物链接

凤凰古城

国家历史文化名城。位于湘西土家族自治州南部，沱江穿城而过。凤凰古称镇竿，是一个苗族、土家族等少数民族聚居县，熊希岭、沈从文、黄永玉的故乡。依山傍水，人杰地灵，是一座独具古色古香特色的山城，虽历经沧桑，然风姿犹存，古城名胜古迹众多，古建筑独具特色。端庄雄伟的古城楼临江屹立，石板街、吊脚楼别具风格。

岳麓书院

位于岳麓山东麓，是我国古代著名的“四大书院”之一，也是我国目前保存最完好的一座古代书院。始建于宋开宝九年(976年)。宋祥符五年(1012年)太守刘师道再次扩建书院。祥符八年宋真宗召见山长周式，颁发经书，并书门额“岳麓书院”，从此，“书院之称闻天下，鼓简登堂者不绝”，学生增至数百人。清光绪二十九年(1903年)改为高等学堂，1925年改为湖南大学。为全国重点文物保护单位。

马王堆汉墓

位于长沙市东郊五里牌，为一马鞍形土堆。据考证，这是西汉初期诸侯家族墓地。1972～1974年先后发掘出土了3座西汉墓葬。出土文物3000多件。其中一号汉墓出土距今2100多年的女尸，保存完好，为世所罕见。这里出土的3幅绘制精美、方位准确、符号形象的古地图，是目前最早的古地图之一。还出土了许多帛画、丝织品、乐器、漆器，以及记载随葬物品名称和数量的竹简。它的发现，为研究西汉初期的历史、文化艺术和社会礼俗提供了丰富的实物资料。建有马王堆汉墓博物馆。

爱晚亭

位于岳麓山清枫峡。始建于1792年，取唐杜牧“停车坐爱枫林晚，霜叶红于二月花”之意，被誉为中国四大名亭之一。亭高12米，呈方形，碧瓦重檐，正面“爱晚亭”乃毛泽东手书。三泓清溪合流于亭右，再注入亭前湖中，更显山明水秀。

名人专区

毛泽东(1893—1976)

湖南湘潭韶山人，字润之。中国无产阶级革命家、政治家、军事家，中国共产党、中国人民解放军和中华人民共和国的主要缔造者和领袖，毛泽东思想的主要创立者。他创建了中国工农红军，领导了二万五千里长征、抗日战争、解放战争和土地革命的胜利。1943年3月以后在历届中央委员会上都连续当选为中央委员会主席、中央政治局主席，直至1976年9月9日在北京逝世。

刘少奇(1898—1969)

湖南宁乡人。中国无产阶级革命家、政治家，中国共产党和中华人民共和国的主要领导人。1921年加入中国共产党。建国后，历任中央人民政府副主席、中央军委副主席、全国人大常委会委员长、中华人民共和国主席兼国防委员会主席。“文化大革命”中遭到林彪、江青反革命集团的残酷迫害，1969年11月12日在河南开封逝世。

谭嗣同(1865—1898)

湖南浏阳人。中国维新派政治家、思想家。甲午战争后，在浏阳倡立学社。1898年8月参与戊戌变法。9月政变失败后，被捕下狱，与林旭、杨锐、刘光第、杨深秀、康广仁等同时遇害，史称“戊戌六君子”。所作的诗富于爱国精神，风格雄健。

蔡　伦(？—121)

湖南郴州人。东汉造纸术发明家。发明用树皮、麻头、破布、旧渔网为原料造纸，于东汉兴元元年(105年)奏报朝廷后在民间推广。所造纸张有“蔡侯纸”之称。

广东省

广州长途区号：020

广州邮政编码：510130

艺术视野

■ 粤　绣

中国四大名绣之一。分绒绣、线绣和金银线绣三种。作品在图案和色彩上都具有构图饱满、图案均齐对称、装饰性强、色彩对比强烈、富丽堂皇、鲜艳夺目、富有江南四季如春、繁花似锦的地方特色。代表作有《百鸟朝凤》。

■ 粤　剧

粤剧是我国南方一大剧种，流行于广东、广西及港澳、东南亚地区，唱念均用广州方言。它以“梆簧”为基本曲调，又保留昆、戈、广腔并吸收广东民间乐曲和时调。同时，粤剧在伴奏、表演、舞台美术、灯光布景等方面敢于创新，使其永葆艺术活力。

民俗节庆

■ 广东迎春花市

每届岁暮，从农历腊月二十七至三十日晚，广州都要举办规模盛大的花市。除夕之夜人们吃罢团年饭，便呼亲唤友，三五成群去逛花市，购买鲜花妆扮房屋，直至初一凌晨二点多钟才散去。

迎春花市

广东省地处我国大陆南部，南临南海，北倚南岭。因宋代为广南东路而演化得名，又因古属百越(粤)地，故简称粤。公元前214年秦始皇统一岭南后，在今广东省内设南海郡。西晋置广州。唐属岭南道后改岭南东道。元属江西、湖广2行省。明置广东承宣布政使司。清设广东省，省会广州府。1950年1月，广东省人民政府成立，省会广州市。全省总面积18万多平方公里，人口7649万（居全国第3位），有汉、瑶、壮、回、满、畲等民族。是我国华侨最多的省份。本省地势北高南低，大致可分为4个区：一是粤东平行山地和粤东南沿海丘陵平原区；二是粤北山地区，一般海拔在1000－1500米之间，其中石坑崆海拔1902米，为全省最高峰；三是珠江三角洲区，多平原台地；四是粤西山地与沿海台地区。丘陵、山地约占全省总面积的60%。大陆海岸线长达3368公里，居全国第1位；有大小岛屿759个，居全国第3位。主要河流有西江、北江、东江，三江汇合后为珠江，是我国四大河流之一；此外有韩江、潭江、漠阳江等。

北回归线横贯全省，除粤北山区属中亚热带季风气候外，大部分地区为亚热带—热带湿润季风气候，高温多雨。年平均气温19℃～26℃，1月9℃～16℃，7月28℃～29℃。年平均降水量多在1500～2000毫米以上，沿海时有台风暴雨成灾。本省农作物一年三熟，水稻是主要粮食作物，甘蔗、黄麻、花生、茶叶、烟叶是主要经济作物，其中甘蔗产量占全国一半以上，黄麻产量占全国1/5。同时是全国热带、亚热带作物栽培区，主要有橡胶、油棕、剑麻、香茅、胡椒等。是我国的水果之乡，品种达200多种，其中香蕉、菠萝、荔枝、龙眼、木瓜等是岭南佳果。渔场广阔，海洋捕捞和养殖发达，沿海盛产蚝类、鲍鱼、虾类、珍珠、海马等。

矿产资源丰富，全国162种矿中广东省116种，其中高岭土、泥土、冶金用脉英石、锗、碲等储量居全国第1位。

本省近代工业发展较早，手工业发达。1980年起在深圳、珠海、汕头3市的部分地区试办经济特区后，全省经济发展迅速。纺织服装业、食品饮料制造业、建筑材料工业是广东3大传统工业；

电子及通讯设备、电气机械及器材制造、家用电器、汽车制造等行业发展迅速。电冰箱、空调器、洗衣机、电风扇、塑料制品、家具、服装、玩具等产量持续居全国前列。广东已成为全国经济发展最活跃的地区之一。

交通发达，有京广、广九、三茂、广梅汕、粤海(广东－海南)等铁路；有广佛、广深(广州— 深圳)、 佛开(佛山－开平)、深汕(深圳－汕头)、京珠(北京－珠海)南段等高速公路；有黄埔、湛江、汕头、汕尾等海港；有广州白云、深圳、珠海、汕头、梅州、湛江等机场，白云机场是全国3大国际机场之一。

广州、潮州、佛山、雷州、肇庆、梅州是国家历史文化名城。国家重点风景名胜有丹霞山、西樵山、肇庆星湖、白云山、惠州西湖、罗浮山、湖光岩。

美食情报

■ 粤 菜

是中国四大菜系和八大菜系之一。以山珍野味、生猛海鲜为最大特点，取百家之长，用料奇异广博，鸟、兽、虫等都是席上珍品。粤菜做法种类繁多，尤以炒、煎、焖、炸、煲、炖、扣见长，注重色、香、味、形，讲究鲜、嫩、爽、滑。常见的有白斩鸡、烤乳猪、龙虎斗、红烧乳鸽、红烧大裙翅等。

知识补给站

■ 粤 语

汉语方言之一，分布于广东中部和西南部、广西东南部。特点是语音的韵母系统保留了古代汉语完整的鼻音韵尾m、n、g和入声韵母p、t、k；创新词语多，古词多，外来词多；语法上有状语倒置现象，如“我行先”。同普通话有差异。

亮点点击

■ 广州市

广州市容

广东省省会，国家历史文化名城，别称羊城。地处珠江三角洲北部，西江、北江、东江三流汇合处，跨珠江两岸，已有2000年的建城史。秦时为南海郡治，东汉末年为交州治，元以后为广州路、府治。1925年设市。自古商业繁荣，唐朝时这里已是外商海舶的凑集之地，是华南地区最大的城市。广州也是一个港口城、外贸城，是古代海上丝绸之路的发祥地之一。自1957年始，中国出口商品交易会每年春秋两届在这里举行。优越的地理环境，悠久的历史渊源，孕育了别具特色的岭南文化。主要名胜有陈家祠、西汉南越王墓、中山纪念堂、黄埔军校旧址、白云山等。

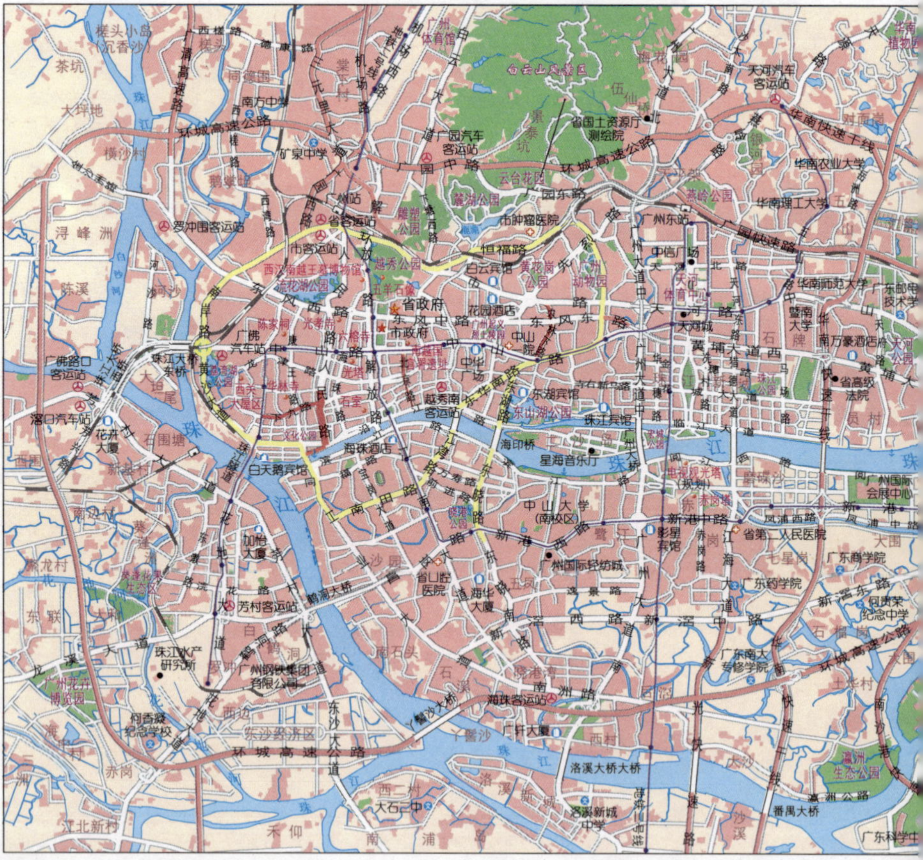

深圳市

位于广东省中南沿海，东临大鹏湾，西连珠江口，市区与香港特别行政区仅一河之隔，是通往香港的陆路交通要地。1979年建市，1980年设深圳经济特区。深圳原是一贫穷的边陲小镇，通过改革开放以来二十多年来的开发建设，现发展成多功能、国际性的现代化城市，是我国对外贸易和国际交往的重要口岸，商业贸易十分活跃，既是国内外名牌产品的集散地，也是国内出口商品展销窗口。旅游业发达，以主题公园为代表的时尚旅游，如世界之窗、欢乐谷、明思克航母世界、赛格观光等颇具规模。深圳是中国第一座国际花园城市。

潮州市

国家历史文化名城。位于广东省东部韩江中下游，因临大海，潮流往复，故名。历代是郡、州、路、府的治所，为粤东政治、经济、文化中心。悠久的历史，沉积了众多的文物古迹，如国家级文物保护单位——广济桥、开元寺、韩文公祠、潮州西湖等，也酿造了潮剧、潮乐、潮绣、潮菜、潮州功夫茶等独特的潮州风情文化。

梅州市

国家历史文化名城。位于广东省东北部、梅江中游。素有文化之乡、华侨之乡、足球之乡和山歌之乡、金柚之乡、单丛茶之乡的美称。是客家人最主要的集散中心和聚居地，曾经举办过世界客属恳亲大会和世界客家联谊会，具有浓郁的客家风情。广梅汕铁路经此，为粤东北货物集散中心。市内人境庐、灵光寺、雁南飞度假村等是著名游览区。

珠海市

地处广东省南部，因位于珠江口与南海之间而得名。1976年建市，1980年设珠海经济特区。经过20多年的建设，已发展成以工业为主，农渔牧业、商贸旅游业综合发展的现代化城市，是我国重要的口岸和外贸基地。市区环境优雅，空气清新，1998年荣获联合国颁发的“国际改善居住环境最佳范例奖”。主要旅游点有圆明新园、石景山滑道、农科奇观、四大佛山、外伶仃岛等。两年一届的中国国际航空航天博览会更丰富了珠海旅游业的内涵。

深圳街景

鸦片战争

18世纪末期，英国开始向中国大量输进鸦片，1838年清政府派林则徐到广州查禁鸦片，1839年6月，林则徐在广州虎门当众销毁230多万斤鸦片，英国因此决定发动侵华战争。1840年6月，英国军舰封锁了珠江口，进行挑衅，鸦片战争爆发。战争持续了3年，1842年8月，清政府与英军在南京议和，签订了丧权辱国的《南京条约》，鸦片战争结束。从此，中国逐步沦为半殖民地半封建社会。

功夫茶

盛行于潮汕地区，因其精制的茶叶，玲珑精致的茶具，酽厚浓郁的茶汤，科学考究的冲泡方法而广为流传。冲茶前先烫洗茶壶茶杯，冲茶时要高举开水壶，让水有力下注，是谓“高冲”；沏茶入杯时持壶要低，将茶汤依次巡回均匀地注入各杯，谓之“关公巡城”；壶内余少量茶汤时，要均匀地将茶汤滴入各杯中，称之“韩信点兵”。沏出的茶汤色泽浓淡相宜，入口清香四溢。真可谓“慢炒细焙有次第，高冲低斟见工夫”。

珠海渔女

肇庆七星岩

特产快递

广州象牙雕刻

广州牙雕工艺始于晋代，已有2000多年的历史。制品有人物、饰品、山水盘景、花鸟虫鱼和文房四宝等。特别以镂空通刻见长，如象牙球以一块完整的象牙料镂空成几十层的圆球，每层都能自由转动。

端砚

居我国四大名砚之首。端砚石出产在肇庆的烂柯山和北岭山一带，石质坚实而润滑，制出的端砚研出的墨汁细滑，书写流畅不损毫，字迹颜色经久不变。品种有淌池、斗方以及各种雕花砚、太史砚等。

名人专区

孙中山(1866—1925)

名文，号逸仙。广东中山人。中国近代伟大的民主革命家。他领导的辛亥革命推翻了中国两千多年来的封建专制，建立了资产阶级共和国。他创建了中国国民党。实行“联俄、联共、扶助农工”三大政策，把旧三民主义发展成为新三民主义，积极推行国共合作。1925年3月12日在北京逝世。

肇庆市

国家历史文化名城。坐落在珠江三角洲的西部，西江北岸。三称端州，是岭南文化的发祥地之一。隋唐为端州治，宋以后为肇庆府、路治。到了近代，这里又成为两广总督府驻地。1949年设市。星湖是国家级风景名胜区；石室、天柱、玉屏等七座岩峰拔地而起，犹如北斗七星，在湖水映衬下，格外秀美；石室洞号称“千金诗廊”，其中1200年前的李邕（北海）的《端州石室记》更是珍品中之精品。市内主要古迹有梅庵、阅江楼、学宫、宋城墙等。出产居四大名砚之首的端砚。

鼎湖山

位于肇庆市区东北18公里处。2000多亩的原始森林是世上少有的森林类型，被誉为“活的自然博物馆”、“北回归线沙漠带上的绿洲”。是联合国“人与生物圈”保护区、国家级重点风景名胜区。景区以亚热带森林、溪流飞瀑、深山古寺为特色，分为天溪、云溪、天湖三个风景区。这里有我国第一个品氧谷，谷内空气无污染，有超高浓度的负离子，在品氧谷内如沐森林浴。园内有世界上最大的铜铸宝鼎和最大的端砚。

鼎湖山宝鼎

佛山市

国家历史文化名城。位于广东省中南部，珠江三角洲腹地。“肇迹于晋，得名于唐”，明清时更是鼎盛一时，成为当时中国“四大名镇”之一。是著名的艺术之乡、武术之乡、陶瓷之乡和美食之乡。石湾素有“南国陶都”之称，石湾陶瓷早在唐代就开始形成商品生产，现已成为综合性陶瓷生产基地。

丹霞山

国家重点风景名胜。位于韶关市东北54公里，距仁化县城9 公里，是世界丹霞地貌的代表地和命名地，国家地质公园。主峰宝珠峰海拔408米，山体由富含氧化铁的第三纪厚层红砂岩、砾岩组成，“色渥如丹、灿若明霞”。有别传寺、观日亭、锦石岩，阳元山景区有阳元石、坤元山，翔龙湖、八仙洞、风月台等景点。

中山纪念堂

风物链接

中山纪念堂

位于广州市越秀山南麓，建于孙中山总统府旧址上，由著名建筑师吕彦直设计，1929年奠基，1933年建成。乳白色的墙，宝蓝色的琉璃瓦，金色的宝顶，朱红的立柱，镂花的大门，使纪念堂金碧辉煌，光彩夺目。大厅内声学和力学结合巧妙，无一根立柱阻碍视线，亦无回音。堂前有孙中山铜像。

黄埔军校

全称中国国民党陆军军官学校。第一次国共合作时期，孙中山在苏联和中国共产党帮助下创办了这所军事学校。校址在广州黄埔长洲岛，世称黄埔军校。1924年5月成立。孙中山任军校总理，蒋介石任校长，廖仲恺任国民党党代表。分步兵、炮兵、工兵、辎重兵、政治等科。1926年3月改组为中央军事政治学校，1928年3月迁南京。1930年9月停办。中国共产党人周恩来、恽代英、叶剑英、聂荣臻等曾在黄埔军校担任政治领导工作和其他重要职务。

佛山祖庙

位于佛山市内，因居佛山诸庙首，故称祖庙。始建于北宋，明洪武五年(1372年)重修，是供奉北帝的神庙，分为前殿、正殿、庆真楼、锦香池和万福台五个部分。建筑风格秉承了唐代的特色，装饰工艺精巧，华丽瓦脊上密布石湾陶瓷，院壁上点缀砖雕和灰塑，极富地方民间工艺色彩。

祖庙

中英街

位于深圳市沙头角镇。是中方与英港方交界处的一条街道。长250米，宽4.5米，呈曲尺形，中轴有7块距离不等的界石。街道两边商铺林分属中港两边。香港回归祖国后，中英街已成历史，但它依然是繁华的商贸地点和旅游点。

中英街街碑

骑　楼

是20世纪初广州和岭南地区的临街商业楼房的一种建筑形式。商业建筑中的“骑楼”部分是在楼房前半部跨人行道的建筑，在马路边相互联接而形成自由步行的长廊。这种建筑格式很好地适应了岭南多雨的气候特征，曾经风靡一时。

康有为 (1858–1927)

广东南海人，中国近代维新派领袖。1895年《马关条约》签订时，联合赴京会试的举人1300余名上书要求拒签和约、迁都抗战、变法图强，即“公车上书”。1898年在北京成立保国会，受到光绪帝召见，实行变法。戊戌变法失败后逃亡出国。此后组织保皇会反对民主革命。

冼星海 (1905–1945)

广东番禺人，作曲家。1926年在北大学小提琴，1928年入上海国立音乐学院，1930年到法国半工半读，1935年考入巴黎音乐学院，同年回国，1938年赴延安，次年任鲁艺音乐系主任。著作有大合唱、歌剧、交响乐、歌曲等数百种，《黄河大合唱》是其代表作。

冯　如 (1883–1912)

广东恩平人。中国第一个飞机设计师、制造者和飞行家。1909年设计并制成飞机，亲自驾驶，试飞成功。1911年带两架自制的飞机返回广州，被孙中山任命为广东革命军陆军飞行队长。1912年8月25日在广州作飞行表演时失事牺牲。

洪秀全 (1814–1864)

广东花都人。太平天国领袖。1851年1月在广西桂平金田村举行起义，建号太平天国，称天王。1853年定都南京，称天京。1864年6月天京陷落后病死。

广西壮族自治区

南宁长途区号：0771

南宁邮政编码：530012

民俗节庆

■ 歌　节(三月三歌墟)

又称会歌、坡会、圩会等，壮语称“窝埠坡”，即去赶唱歌圩市之意。每年农历三月初三，桂西一带的壮族人民都要庆祝自己的传统节日——歌节。节前，家家户户扫房设铺，有的地方还为对歌赛歌搭歌棚。歌节期间，青年男女都打扮得漂漂亮亮，分别用歌声唱答。歌节中还有放花炮等活动。

知识补给站

■ 壮　族

是中国人口最多的少数民族。绝大多数分布在广西，云南、广东、贵州、湖南等省也有少量分布。壮族是由古代百越的一支发展而来的。他们有自己的语言和文字。壮族的民居是木楼。壮族人能歌善舞，喜爱唱山歌，三月三歌会是他们的传统节日。

广西壮族自治区地处我国南疆，西南与越南接壤。因宋代为广南西路而得名，又因秦属桂林郡地而简称桂。唐初属岭南道，后属岭南西道。五代十国时分属南汉、楚2国。宋置广南西路，治桂州（今桂林）。元初属湖广行省，至正二十三年（1363年）析置广西行省。明代改为广西承宣布政使司。清为广西省，省会桂林府。1950年2月，广西省人民政府成立，省会南宁市。1957年7月，广西僮族（后改为壮族）自治区成立，首府南宁市。全区总面积23.7万平方公里，人口 4791万（居全国第11位），有壮、汉、瑶、苗、侗等民族，其中壮族约占1/3。

境内四面环山，中部为岩溶丘陵、平原，称之为“广西盆地”。桂东北山地属南岭山地，其中越城岭猫儿山海拔2141米，为区内最高峰；桂南山地有云开大山、大容山、六万大山、十万大山等，且多峡谷急流，沿海为丘陵和滨海平原；桂北山地有九万大山、大苗山等；桂西北诸山属云贵高原边缘，山高谷深；中部山地有大瑶山、大明山、都阳山等向边缘过渡为丘陵。丘陵、山地占全省总面积的85%。石灰岩分布约占全区总面积的一半，是我国岩溶地貌发育最典型、分布最广的地区之一。境内河流大部分属珠江水系，并分段称之为南盘江、红水河、黔江、浔江、西江，郁江、桂江、柳江为其较大支流。

本区属南亚热带湿润季风气候，夏长而炎热，干湿季节明显。年平均气温17℃～23℃，1月6℃～16℃，7月25℃～29℃。年平均降水量1200～1800毫米，多集中在4～9月。

本区是我国重要的水稻、甘蔗和黄红麻产区之一。南部是我国热带、亚热带经济作物的主要产区，主要有橡胶、咖啡、胡椒、剑麻、香茅等。森林资源丰富，盛产柳杉、银杉等珍贵木材；有油茶、油桐、八角、肉桂、栓皮栎等经济林。北部湾是我国4大渔场之一，盛产石斑鱼、红鱼、鱿鱼、大虾、蚝等；北海合浦珍珠有“南珠”之誉。容县沙田柚、玉林桂圆（龙眼）久负盛名。桂皮、八角、蛤蚧、田七、罗汉果等是著名土特产。

矿产资源丰富，锰、锡、砷的储量居全国首位，南丹县大厂有“锡都”之称，平果县誉称“铝都”。百色盆地的田东油气田和北部湾油田已开采。以柳州为中心的重工业有钢铁、机械、汽车、有色冶金等，轻工业有制糖、罐头加工、绢纺、造纸等。是全国食糖供应基地之一。靖西等地的壮锦、瑶绣极具民族特色。

铁路交通以湘桂、黔桂、南昆、黎湛、枝柳、南防等铁路线为骨干；已建成南宁－钦州－防城、南宁－钦州－北海、柳州－桂林、柳州－南宁等高速公路；有北海、防城港、钦州等主要海港；梧州为内河航运枢纽；有南宁吴圩机场、桂林两江机场、柳州白莲机场、北海福成机场等。

桂林山水

桂林、柳州为国家历史文化名城。国家重点风景名胜有桂林漓江、桂平西山、宁明花山等。

亮点点击

壮族衣饰与壮锦

在服饰上，男子与汉族无大区别，女子则形式多样，各有特色，多穿无领左衽上衣，下着宽脚裤，束花围腰。凡鞋、帽、胸兜之类，往往都用五色丝绣上花纹、鸟兽、花卉，色彩艳丽。

壮锦是壮族妇女编制的丝织品的总称，是享有盛誉的纺织工艺品。它用棉纱和五彩丝线织成；花纹图案别致，色彩绚丽，可作床毯、被面、头巾、壁挂等日常生活用品及装饰品。

南宁市

广西壮族自治区首府。位于西江支流邕江沿岸，取“粤南永宁”之意而得名。唐为邕州治，元以后为南宁路、府治。1946年设市。是郁江流域航运要冲，广西的交通枢纽和物资集散地。四周群山环绕，市区主要街道两旁种有观赏树木和果木，终年常绿，四季花开，被誉为“绿都”。有南湖、人民公园、青秀山等风景名胜。

柳州市

国家历史文化名城。位于广西中部，柳江沿岸。是一座具有2100多年的古城。汉置潭中县即为建城之始。唐以后为柳州州、路、府治。1946年设市。柳州向为柳江航运要冲和桂中物资集散地，是区内最大的工业基地和交通枢纽。这里奇特的石山，瑰丽神奇的岩洞，幽深碧绿的潭水，弯曲明净的江流，自古以来即是游览胜地。市内名胜有为纪念唐代被贬谪到柳州的思想家和文学家柳宗元而兴建的柳侯祠、纪念壮族歌仙刘三姐的鱼峰山、马鞍山、龙潭公园和都乐岩等。

■ 桂林市

国家历史文化名城。位于广西东北部，桂江上游。桂林历史悠久，三国吴始为郡安治，南朝梁为桂州治，明清为桂林府治。历史上是广西政治文化中心和军事重镇。素有“桂林山水甲天下”之称，以独特的喀斯特地貌成为举世闻名的旅游胜地。桂林的旖旎风光可用八个字概括——山奇、水秀、石美、洞异。市区内外名胜古迹众多，除漓江风景区外，还有桂林欢乐世界、靖江王陵等名胜古迹。

漓　江　又名桂江，发源于兴安县的猫儿山，流经桂林、阳朔，于梧州汇入西江。漓江风景区是世界上规模最大、风景最美的岩溶山水游览区，群峰挺拔多姿，流水碧波回环，古树葱翠繁茂，石壁色彩斑斓，有独秀峰、叠彩山、伏波山、象鼻山、芦笛岩、七星岩等著名风景，被誉为“人间仙境”。新版人民币20元背面，就是漓江山水的一段。

靖江王陵墓群　靖江王是朱元璋封其长兄之孙朱守谦的爵号。靖江王陵位于桂林城东郊5公里尧山的西南麓，是保存较完好的明代藩王墓群，占地10余平方公里，有王、妃合葬墓11座，厚葬次妃墓3座及将军、中尉宗室、王亲藩戚墓320多座。墓群中的藩王陵墓规制严谨，构筑物奢侈工致，显示了藩陵的铺张与华丽。现修复并对外开放的是靖江庄简王陵。

■ 北海市

位于广西南端，濒临北部湾，三面环海，四季如春，是著名的海滨旅游城市，也是对外开放的沿海城市。早在秦汉年间，北海就是海上丝绸之路的始发港之一。北海盛产珍珠，有西珠（意大利产）不如东珠（日本产）、东珠不如南珠（南海产）之说。北海也是广西最重要的渔业生产基地，附近海域有石油天然气资源。

北海银滩　位于北海市南部海滨，滩平沙白，上等的石英砂在阳光照耀下似银光泻地，故称银滩。这里浪缓、水清、沙细，松软的沙滩绵延十多公里，而且海水无污染，透明度在2米以上，近岸无鲨鱼，是优良的天然浴场。海滨建有风格各异的建筑物20多座。海滩公园里有亚洲最大的音乐雕塑喷泉。有“南方北戴河”之誉。

漓江

■ 桂林山水的成因

桂林山水是喀斯特地貌（岩溶地貌）的典型代表，以峰丛、峰林和孤峰为主的溶蚀程度较强的喀斯特地貌。由于桂林一带石灰岩质纯层厚，岩层平缓且节理发育，在热湿气候条件下，经水的溶解、析出、沉积等化学变化过程，发育了典型的岩溶地貌。

靖江王陵墓群

艺术视野

■ 桂　剧

也叫“桂林戏”。流行于广西和湖南南部，清嘉庆、道光年间形成。以弹腔为主，兼唱高腔、昆腔、吹腔、杂腔小调，表演重做功，伴奏乐器有胡琴、月琴、三弦等。剧目《拾玉镯》、《抢伞》、《泥马泪》等影响较广。

特产快递

田七

又名田三七，是名贵的中药珍品，主要产于广西靖西县。田七性微温，有行淤、止血、消肿、镇痛的功能。用田七泡制酒对治疗贫血、产后虚弱、月经不调、四肢麻木、身体虚弱等有神奇的疗效。

桂林三花酒

采山上桂花，用漓江水酿制而成的。桂林三花酒饮之蜜香清雅，入口柔绵，落口爽洌，回味怡畅，在广西名酒中最为出名。

南珠

是广东、广西沿海所产珍珠的统称。有“西珠（意大利产）不如东珠（日本产），东珠不如南珠”之说，可见南珠之盛名。而北海、合浦出产的“廉珠”粒大凝重、晶莹灿烂，是南珠中的佼佼者。

友谊关

山口红树林生态保护区

红树林是热带、亚热带海湾、河口泥滩上特有的常绿灌木和小乔木群落。红树林的种子可以在树上的果实中萌芽长成小苗，然后再脱离母株，坠落于淤泥中发育生长。小苗掉在海水中即使被海浪冲走，一遇泥沙，数小时后即可生根成长。

位于广西合浦县东南部沙田半岛的山口红树林生态自然保护区，是北回归线以南热带红树林生态系统的代表。被列入联合国“人与生物圈”自然保护区网。

风物链接

芦笛岩

位于桂林市西北的光明山，是一处地下溶洞，因洞口长满能做笛子的芦草而得名。洞内天然形成密集的钟乳石，组成各种景物，有石柱、石笋、石芽、石钟乳、石幔、石旗等，在灯光的照射下宛若一件件艺术瑰宝。存有唐宋以来的壁书105幅。芦笛岩于1962年开放时，属全国少数开放游览的岩洞之一，因此很快名扬四海，被誉为“大自然艺术之宫”。

龙脊梯田

位于桂北龙胜各族自治县，造于元代，距今已有600多年。梯田从海拔380米到880米，高差达500米，从山脚到山顶，层层环绕，形成“小山如蝉、大山成塔”、“层层梯田绕山村，条条渠道涌山泉”的曲线工程，被称为“世界一绝”。

友谊关

位于凭祥市西南中越边境。明朝初年置镇南关，1953年改为睦南关，1965年改为友谊关。关楼曾两次毁于战火，建国后重建。湘桂铁路终于此，并与越南铁路相连，是中国通往越南的交通要道之一。

灵　渠

位于桂林北郊66公里的兴安县境内，全长34公里。是秦始皇为统一岭南，令史禄于公元前223～前214年兴修，分南渠和北渠，南渠注漓水，北渠汇湘江，既能通航，又利灌溉，秦汉以后，中原地区与岭南交通多取道于此。是世界上最早的运河之一。它连接湘江、漓江，沟通了长江和珠江两大水系，与长城、都江堰并称为秦代三项伟大工程，是我国古代四大工程之一。灵渠的开凿对当时统一中国，沟通南北交通和促进中国西南地区的开发，都起了积极作用。

灵渠

德天瀑布

位于大新县西的中越边境，跨越中越两国，与越南板约瀑布相连。宽200米，落差70米，纵深60米，是世界第二大跨国瀑布。瀑布气势磅礴，三级跌落，水势激荡，蔚为壮观。附近还有明仕田园、沙屯叠瀑、黑水河等40多处景点。

程阳风雨桥

又叫永济桥，位于三江侗族自治县，建于1916年，是我国目前保存最好、规模最大的风雨桥。这座横跨林溪河的木石结构大桥，长64.4米，宽3.4米，高10.6米，桥中有5个侗族风格的楼亭，整座桥梁不用一钉一铆，大小条木、凿木相吻，以榫衔接，是侗乡人民智慧的结晶。

花山崖壁画

主要分布在广西左江及其支流明江两岸的悬崖峭壁上。已发现60多处。其中宁明县花山一处画面长达百余米，高40余米，规模最大，人像最多（约1300人）。画面以人像为主，大的高3米余，小的约30厘米，多是双手上举，两脚叉开；每组画中常现一高大的人位于人群中央，腰间佩剑（少数佩环首刀），间有似兽类、铜鼓、铜锣等形象，皆赭色，笔调粗犷有力，古朴逼真。绘制年代久远，对研究壮族古代历史和文化具有重大价值。

美食情报

桂林米粉

已有300多年的历史。制作工艺独特，色、香、味俱全，是桂林传统地方风味的一绝。以粉条细腻柔韧、卤水鲜美芳香、肉菜松脆爽口而闻名。

灵川狗肉

灵川人爱吃狗肉，自古就有“好狗不过灵川”之民谚。做法是选择10千克左右的健壮黄狗，用稻草将褪尽毛的狗周身烧烤成金黄色，剁成碎块，并要块块带皮；烹调时，要选择上等茶油，将剁成碎块的狗肉大火焖干；再佐以茴香、桂皮、枸杞等30多味中草药熬成的汤汁，用文火慢炖至脱骨，拌以捣烂的桂林腐乳即可。

名人专区

李宗仁(1891—1969)

广西临桂人。中国爱国民主人士。早年加入同盟会。原为国民党桂系首脑。抗日战争时期曾指挥徐州会战，获台儿庄大捷。1948年4月任国民党政府副总统。1949年1月任代总统，12月去美国。1965年7月回到北京，并发表声明，决心为国家统一作出贡献。

海南省

海口长途区号：0898

海口邮政编码：570145

民俗节庆

海南国际椰子节

时间：	每年农历三月初三
地址：	海口、五指山、三亚

活动内容：

灯会、国际龙舟赛。

黎族“三月三”

时间：	每年农历三月初三
地址：	琼中、东方、白沙

活动内容：

跳竹竿舞、篝火晚会。

跳竹竿舞

黎乡歌舞和服饰

黎族歌舞取材于劳动和生活，有竹竿舞、舂米舞、钱铃双刀舞、踩波舞、草笠舞等。黎族女子服饰为对襟上衣和筒裙，加各种饰物。男子留长发，结发于额前，头缠3米多长的头巾，上穿对襟上衣，下穿长及膝盖的前后两幅布。

黎族服饰

海南省位于我国南部海域，北隔琼州海峡与广东省相望。古称朱崖洲，汉置儋耳、珠崖2郡，后增设琼州，属岭南道。元于湖广行省设琼州，明设琼州府，清设广东省琼州府和崖州。1914年设广东省琼崖道。1933年设为广东省第9行政督察区。1950年1月广东省人民政府成立，5月设广东省海南行政区。1981年10月设广东省人民政府西沙群岛、南沙群岛、中沙群岛办事处（县级），由海南行政区领导。1984年5月，海南行政区行政公署改为海南行政区人民政府。1988年4月撤销海南行政区，设海南省，包括海南岛和西沙、南沙、中沙3群岛及其海域，省会海口市。全省陆地面积3.4万平方公里（其中海南岛面积 3.22万平方公里），人口779万（居全国第29位），有汉、黎、苗、回等民族。

本省主体海南岛是我国第2大岛，岛形像雪梨。中南部为五指山山地，主峰五指山海拔1867米，为省内最高峰；四周地势低平，台地、平原约占全岛面积的2／3，北部玄武岩台地较广，并有死火山锥散布；南渡江为岛内第一大河，次为万泉河、昌化江；海岸线长约1528公里。琼州海峡宽约20公里，平均深度60米，由断层陷落形成。西沙、中沙、南沙等3组岛群均由珊瑚岛、滩、礁、暗沙组成，永兴岛面积最大，达2平方公里，石岛最高，海拔17米，曾母暗沙是我国最南端领土。

本省为热带季风、热带海洋性气候，高温多雨，长夏无冬。年平均气温22℃～27℃，1月16℃～23℃，7月26℃～29℃。年平均降水量多在1600毫米以上，海南岛东南部迎风坡超过2000毫米；台风季节长，东部沿海有“台风走廊’之称。

本省是我国热带作物生产基地，主要有橡胶、咖啡、椰子、油棕、腰果、剑麻、胡椒、槟榔、可可等热带经济作物。盛产优质热带水果，如文昌椰子、琼西芒果、兴隆榴莲、保宁红毛丹等。五指山区出产各种优质木材和林产品。砂仁、益智、槟榔、巴戟、沉香是海南岛出产的著名中药材，称之为“五大南药”；万宁燕窝久负盛名。热带海洋渔场广阔，盛产金枪鱼、大红鱼、马鲛鱼、鲳鱼、带鱼、对虾、海参等，白马井、三亚、清澜为主要渔港；加积鸭、文昌鸡、东山羊、和乐蟹久负盛名；海南岛还是全国最大的育种基地。

本省是我国最大的经济特区，大力发展外向型经济，扩大外贸产品门类，已建成以加工本岛资源为主的制糖、橡胶、纺织3大工业体系。此外有电子、纺织、制药、化工、造船、汽车、电缆、机械、建材、水产品加工、食品等部门。橡胶产量占全国60%以上。石碌铁矿历史悠久，质优易采，为亚洲8大铁矿之一。

莺歌海盐场是我国著名的海盐产区。北部湾、琼中南等盆地有着丰富的石油和天然气；钛矿储量丰富，有“钛矿之乡”之称。

海运居对外运输首位，海口、三亚、八所、清澜、洋浦、马村为主要海港。环岛高速公路有东线、西线，西南部有环岛铁路约200公里。粤（广东）海（海南岛）高速公路、粤海铁路已建成通车。有海口美兰国际机场、三亚凤凰机场等。

海南岛是我国重点建设的国际热带海滨度假旅游区，具有阳光（充足）、海水（清澈）、空气（清新）、沙滩（细软）、绿色等国际公认海滨旅游胜地所必需的5大要素（即5S），是天然的休养和旅游胜地。三亚附近的大东海是我国最著名的冬泳胜地；亚龙湾是我国最秀美的热带海滩，被称为“中国的夏威夷”；此外，天涯海角是海南岛富有神奇色彩的旅游胜地，这个“天的边缘，海的尽头”已成为海南标志性景观。琼海市的博鳌水城地处万泉河入海口，其地形地貌酷似澳大利亚的黄金海岸、美国的迈阿密、墨西哥的坎昆，其自然生态保护近乎完善，2001年2月27日在此举行亚洲论坛成立大会，而成为天下所知。

省会海口市有“椰城”之称。琼山为国家历史文化名城。三亚热带海滨是国家重点风景名胜区。

艺术视野

■ 琼剧

也叫“海南戏”。流行于海南省和雷州半岛部分地区。形成于清朝前期。原系曲牌体结构，有帮腔。清咸丰至光绪年间逐渐改为板腔体。板式有中板、程途、苦叹板、腔类、专腔专用类五种。伴奏乐器有竹胡、二胡、二弦、唢呐、喉管等。《红叶题诗》、《狗衔金钗》、《红色娘子军》等剧目影响较广。

特产快递

■ 槟　榔

槟榔属棕榈科，常绿乔木。槟榔的种子叫做槟榔子，它含有槟榔碱和鞣酸等，可供食用。它的药用价值很高，中医用作治疗虫积、食滞、脘腹胀痛、水肿、脚气等症。

■ 文昌鸡

是中国最佳食用型鸡种之一。鸡食蓉树籽而肥，放养8－9个月再笼圈于安静避光之处，饲以花生饼、椰肉丝、热米饭等催肥。文昌鸡皮黄且脆，肉嫩且美，骨酥且鲜。食文昌鸡以白切为主，另有椰汁乳鸡、酥鸡、炸子鸡等。

亮点点击

■ 海口市

海南省省会。宋称海口浦，1912年称海口镇，1926年设市。因地处南渡江入海口，故名。是以热带海岛风光著称的南国旅游名城之一。琼山区是国家历史文化名城。这里椰风海韵，令人神往。有秀英海滨浴场、东郊椰林、马鞍岭风景区、海瑞墓等古迹。橡胶制品、糖和罐头食品在工业中占有重要地位，手工艺品有椰雕、贝雕、海石花等。盛产多种鱼虾、贝藻和热带水果。

■ 博鳌水城

位于琼海市博鳌镇，濒临南海，是著名的万泉河入海口所在地，自然生态保存完好，更是“博鳌亚洲论坛”永久性会址。博鳌水城是一个集国际会议中心、海滨温泉度假中心和高尔夫休闲康乐中心于一体的国际性旅游度假胜地。

博鳌水城

三亚热带海滨

位于三亚市南部，濒临南海。由海棠湾、亚龙湾、榆林湾、落笔洞、天涯海角、大小洞天等景区组成。在长达150多公里的海岸线上，沙岸约占 50%～60%，沙滩宽数百米至数千米不等，向海面坡度一般为5°，缓缓延伸，多数地方风平浪静，海水清澈，沙白如絮，清洁柔软；岸边绿树成荫，空气清新；海水温度一般为18℃～30℃，阳光充足明媚，可进行海水浴、日光浴、沙浴和风浴。

南海诸岛

位于中国南海的200多个岛屿、沙洲、礁、暗沙和浅滩的总称。北起海岸附近的北卫滩，西起万安滩，南至曾母暗沙，东止黄岩岛，南北长1800公里，东西宽约900多公里。自北至南分为东沙、西沙、中沙和南沙四大群岛。主要岛屿有永兴岛、太平岛、南威岛、中业岛、景宏岛、马欢岛、万安滩、海马滩等。其中永兴岛面积2平方公里，为南海诸岛中面积最大的岛屿。曾母暗沙是我国领土的最南点。

南海诸岛位于中国领土的最南部，地处热带海域之中，终年高温多雨，四季皆夏，最冷月平均气温也在20℃以上。岛上植被属肉质耐旱型，如麻疯桐等，栽培植物有椰子、番木瓜、菠萝蜜等。盛产鸟粪磷矿、鱼类及其他珍贵海产品。海底富藏石油。南海诸岛自古以来就是中国的领土。

风物链接

热带植物园

位于万宁市兴隆华侨农场。创建于1957年，占地面积32公顷，共有1200多种热带植物，由中国热带农业科学院热带香料饮料作物研究所开发、管理，是我国热带地区十分重要的热带作物科研、科普示范基地和物种基因库，素有“热带风景明珠”之称。现已建成七个浏览区：一、热带香料饮料作物区；二、热带果树区；三、热带经济林木区；四、热带观赏植物区；五、棕榈植物区；六、热带药用植物区；七、热带植物区。

天涯海角

位于三亚市郊的天涯镇，地处海南岛南端，离三亚市区大约有20公里，是分布在银色海滩上的一片石群，“天涯”、“海角”和“南天一柱”等字分别铭刻在三块突兀耸立的巨石之上。景区的主要景观有天涯石刻、日出日落奇观、历史名人雕塑园、黎族风情寨、神龟探海、钓鱼台等。

知识补给站

红色娘子军

首届百花奖最佳故事片、最佳导演、最佳女演员和最佳配角四大奖的获奖电影，梁信编写。谢晋导演。通过对海南椰林寨女奴琼花成长为革命战士的过程，表现了三十年代初海南岛一支红色妇女队伍的英雄业绩，体现出鲜明的南国风味。后又被改编成芭蕾舞剧。

名人专区

宋庆龄(1893—1981)

海南文昌市人，生于上海。曾任中华人民共和国副主席。逝世后被授予国家名誉主席。1913年任孙中山秘书，1915年和孙中山结婚。是一位爱国主义、民主主义、国际主义、共产主义战士，一生致力于和平和儿童事业。

海　瑞(1514—1587)

海南琼州人。明代名臣，一生刚正不阿，被誉为“海青天”、“海包公”。明嘉靖四十五年（1566年）任户部主事时，上疏批评世宗不理朝政等事，被逮入狱。后被释。隆庆三年（1569年）任应天巡抚，因推行一条鞭法，而被排挤，革职闲居十六年。万历十三年（1585年）再起，官至南京右佥都御史，力主严惩贪污，病死于任上。

重庆市

长途区号：023

邮政编码：400010

美食情报

重庆火锅

既是一种美味佳肴，又是一种烹饪方式，也是饮食文化的一个内容，受巴蜀人“尚滋味”、“好辛香”之饮食风俗的影响，以麻、辣、烫闻名遐迩。有“毛肚火锅”、“清汤火锅”，同时还有将两味火锅融为一锅的“鸳鸯火锅”。

担担面

已有四五十年的历史，它来自小贩沿街叫卖的面担子上。担子一头是锅灶，另一头放着面、碗及准备好的各种调料，随吃随下。其特点是面条细薄，臊子肉质香酥，调料以葱花、芽菜、猪油为主，备有汤汁，鲜美爽口，辣不重，微酸。

樟茶鸭

是选用秋季上市的肥嫩公鸭，经腌、熏、蒸、炸四道工序，故又名“四制樟茶鸭”。在四道工序中以选用樟树叶和花茶叶烟熏鸭最为关键。食时荷叶软饼卷食，风味尤佳。

重庆市为中央直辖市，地处长江上游。因南宋赵惇先封恭王于此（恭州），随之继承帝位（光宗），一年之内双重喜庆，因而得名；又因境内嘉陵江古称渝水，故简称渝。商至战国为巴国都；秦设巴郡；自西汉起属益州；隋初置渝州，后改为巴郡；唐属渝州；五代十国时为后蜀地；北宋称恭州；南宋淳熙十六年（1189年）升为重庆府；元置重庆路，历属陕西四川行省、四川行省；明清为四川省重庆府。1921年设重庆商埠，1927年设重庆市。1937年抗日战争爆发后，国民政府迁至重庆，1940年定为陪都（1946年还回南京）。1949年12月重庆市人民政府成立。1950年1月，设为西南行政区直辖市，为西南及川东行政中心；1954年6月，撤销行政区，改为四川省地级市；1997年3月14日批准设为中央直辖市。全市总面积8.23万平方公里，人口3114万（居全国第20位），有汉、回、苗、土家、满、壮、彝等民族。

本市平面图形似一“人”字，北、东、南三面为山地环绕，仅西部及西南部有丘陵和平坝分布。北部为大巴山，呈西北—东南走向，海拔在1500米以上；东部为巫山，地势陡峭，河谷深切；东北部与湖北省交界的乌云顶海拔2441米，为全市最高峰；长江自西而来，横切巫山，形成举世闻名的长江三峡，进入湖北宜昌后，海拔不足100米。

本市属亚热带湿润季风气候，由于地形较为封闭，夏季高温闷热，是长江流域著名的3大“火炉”之一；又因冬春多雾，亦有“雾都”之称。年平均气温13℃～18℃，1月1℃～8℃，7月21℃～29℃。年平均降水量980～1400毫米。

本市以山地丘陵为主，自然条件富多样性，因此生产从亚热带到温带的多种农产品。盛产稻米，次为小麦、花生、油菜等，亦是我国生猪、柑桔、蚕茧主要产区之一。林木蓄积量大，经济林分布广，盛产桐油、生漆等；药材资源丰富，产杜仲、天麻、黄连等名贵中药材。涪陵榨菜、江津广柑、奉节脐橙、梁平柚子、白市驿板鸭，以及永川豆豉、荣昌夏布、大足竹编等为著名土特产。

本市是我国八大综合城市、三大铝加工基地、五大汽车及纺织工业基地之一，亦是西南地区最大的工商业中心、外贸口岸和第二大钢铁基地，天然气、铝土、岩盐储量丰富，机械、冶金、化工、纺织、食品为支柱工业门类。

重庆是西南最大的水陆交通枢纽。有成渝、襄渝、川黔等铁路干线交会于此；已建成重庆－成都、重庆－长寿、渝北－合川、长寿－涪陵、涪陵－垫江等高速公路；水运主要是长江，可直达上海及沿江各大中城市；重庆白市驿、江北机场为西南重要航空港。

市中心群山环抱，嘉陵江和长江交汇于此，一面靠山，三面临水，势如半岛，常常日晴夜雨，故有“巴山夜雨涨秋池”的诗句。名胜古迹有红岩革命纪念馆、歌乐山烈士陵园、南温泉、北温泉、解放碑等，朝天门码头是长江三峡旅游的最佳起点。重庆菜是川菜中特别的一支，重庆火锅风行全国；担担面、红油抄手、王鸭子、樟茶鸭等是著名风味食品。民权路、中华路、邹容路为繁华商业街，解放碑附近为著名步行街。

国家重点风景名胜区有长江三峡、缙云山、金佛山、四面山、芙蓉江、天坑地缝。大足石刻被列入《世界遗产名录》。

知识补给站

重庆长江公路大桥

位于渝中区和南岸区之间，是长江上游第一座大型公路大桥。全长3015米，正桥长1121米，宽21米，主航道跨度174米，1980年建成通车。

亮点点击

大足石刻

2000年列入《世界文化遗产名录》。位于重庆西162公里的大足县境内。开凿于晚唐，终于南宋末期，共有唐、宋石刻造像近100处、5万余尊。其中以宝顶山和北山2处最为集中，规模最大，内容最丰富。大足石刻不仅有佛、道、儒三家的独立造像，而且多为“三教”、“两教”合一的雕刻，创造俊美的菩萨像，是中国石窟艺术上最后一座丰碑，在文化艺术和宗教史上都占有重要地位。通过石刻造像，我们可以了解到数以万计的宋代各阶层人物形象，以及众多的社会生活场面。

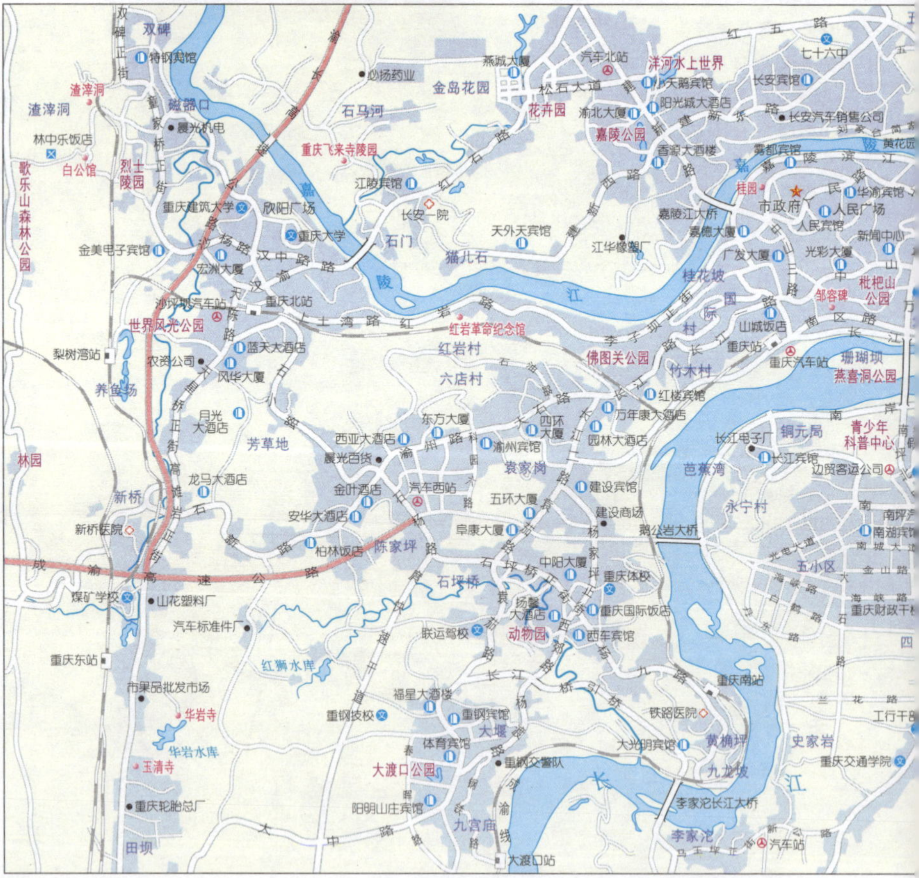

■ 红岩村

红岩革命纪念馆主馆，位于沙坪坝区红岩村13号，是抗日战争时期中国共产党代表团、中国共产党南方局和十八集团军重庆办事处旧址。抗日战争时期，周恩来、邓颖超、董必武、叶剑英等同志先后在这里开展统一战线工作。抗日战争胜利以后，毛泽东同志于1945年8月28日自延安亲临重庆与国民党谈判时，也住在这里。纪念馆还包括曾家岩50号、桂园、《新华日报》营业部旧址等革命纪念地。被列为全国重点文物保护单位。

■ 缙云山

国家重点风景名胜区。位于重庆市北碚区，嘉陵江温塘峡南面，因缙云寺得名，素有“小峨眉”之称。有缙云寺、温泉寺、白云寺、石华寺等古迹。缙云山山势雄峻，林木茂密，环境清幽，山上生长着1700多种亚热带植物，是重庆著名的植物宝库和中外闻名的森林公园，为国家级自然保护区。

■ 金佛山

国家重点风景名胜区。位于南川市南大娄山脉东段，最高峰海拔2251米。以原始古朴的自然风貌、种类丰富的珍稀动植物资源、奇特的岩体洞宫而闻名。景区内有一个庞大的高山溶洞群，是我国目前发现的海拔最高、历史最久的洞穴群，著名的有金佛洞、古佛洞、燕子洞、黑风洞等。珍稀动植物主要有银杉、方竹、杜鹃、大叶茶、天竹黄、金钱豹、华南虎等。有古生植物、稀有植物自然博物馆之称。

■ 大宁河小三峡

大宁河古称巫溪，是长江三峡中的第一大支流，在巫峡的北口注入长江。从巫山到巫溪的100多公里河道，蜿蜒曲折，岩峰叠障，山青水秀，人称小三峡。从河口溯流而上，依次为龙门峡、巴雾峡、滴翠峡，以及庙峡、剪刀峡等。小三峡的山峦峭壁可与长江三峡相媲美，但是河道更弯，水流清澈见底。从龙门峡到巫溪县檀木坪的绝壁古栈道遗迹，号称我国古栈道之最，悬崖峭壁间的悬棺、石寨充满神秘色彩。

■ 重庆谈判

抗日战争胜利后，国民党政府为欺骗国内外舆论，争取时间调动兵力，发动内战，1945年8月蒋介石三次电邀毛泽东到重庆共商国是。中国共产党为争取和平民主，团结、教育广大人民，于8月28日派毛泽东、周恩来、王若飞等从延安飞赴重庆，同国民党谈判。谈判进行了43天。10月10日签订了《政府与中共代表会谈纪要》，即《双十协定》。不久，蒋介石便撕毁协议，向解放区进攻，挑起内战。

■ 渣滓洞集中营

位于重庆磁器口。原是一煤炭厂旧址，附近有一个煤坑，故名。1939年国民党军统在此设立集中营，1943年后改为中美合作所第二看守所。1949年11月底重庆解放前夕，囚禁于此的革命志士200余人被国民党反动派集体杀害。

大宁河

瞿塘峡

巫 峡

西陵峡

长江三峡

是长江从重庆白帝城到湖北南津关之间的瞿塘峡、巫峡、西陵峡的总称，全长193公里，是著名的长江天险。瞿塘峡以雄奇壮观著称；巫峡以秀丽多姿著称；西陵峡以滩多水急闻名。三峡以其奇异的自然风光，众多的历史古迹和优美的神话传说成为举世闻名的游览胜地。沿岸主要有白帝城、神女峰、孔明碑、张飞庙、昭君村、屈原宅、大宁河小三峡等胜迹。

为了配合举世瞩目的三峡水利枢纽成功蓄水，即将被淹没的重要旅游资源全部搬迁至水位线以上，如张飞庙和瞿塘峡名人题刻等；或采取了保护性措施，如石宝寨加高护堤、白鹤梁建水下博物馆等。可以说三峡工程对三峡旅游资源没有造成任何损坏性影响。相反，三峡工程的建设给库区的旅游业发展带来新的契机：一是从峡谷和人文观光旅游发展到峡谷人文观光和湖岛观光、高山生态观光、腹地地质观光；二是从单纯的观光旅游，发展到观光和休闲度假、生态体验及会务旅游等多种形态的旅游；三是从一线游发展到一个区域多线游。三峡水库库区和腹地将逐步成为一个旅游区。

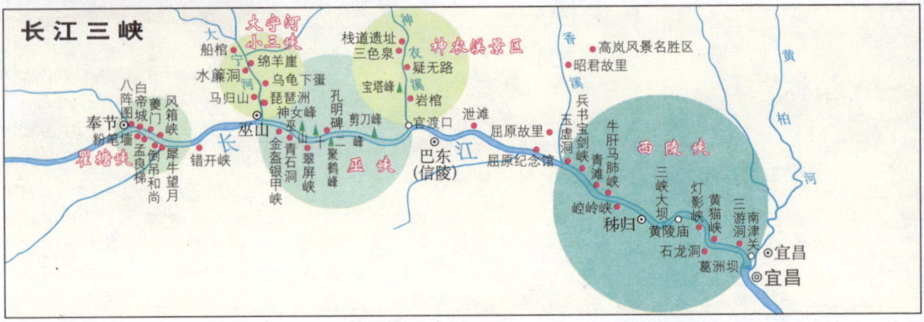

风物链接

千古悬棺

悬棺葬是2000多年前大宁河一带濮人的习用丧葬方式。其方法是将死者的棺材安置于人迹难至的悬崖峭壁之上，或者停放于天然洞穴之中，或者人工打桩将棺材架于其上。巴雾峡东岸一处黄褐色绝壁上，有一长方形洞穴，内置“悬棺”。古人采用这种丧葬方式的目的和手段，至今仍是一个千古之谜。

千古悬棺

特产快递

合川桃片

是用上等糯米、桃仁、麻油、猪板油、蜜玫瑰等材料加工精制而成，具有补脑、健脾、润肺、利尿的功能。合川桃片有甜、盐品种，甜桃片色泽洁白，厚薄均匀，散如展卷，卷裹不断，细腻化渣，香甜爽口，有核桃仁和玫瑰的清香味。椒盐桃片色泽微黄，香甜酥脆，有浓郁的桃仁、芝麻、花生、椒盐香味和微有甜咸麻味。

白帝城

白帝庙

位于奉节城东4公里处，是一座历史悠久的山城，相传始为西汉末年公孙述所建。三国时期，刘备伐吴兵败后退守于此，临终托孤（刘禅）于诸葛亮。现存众多古迹，有白帝庙、武侯祠、观星楼、明良殿等。城外望江亭可眺望夔门天下雄。奉节城与白帝城之间沙洲上，据传有孔明八阵图遗址。

张飞庙

位于云阳城外长江南岸的飞凤山麓，相传建于蜀汉末年，一老渔夫从云阳江中捞起张飞首级，为纪念张飞而建，后遭水毁。现存庙宇重建于清同治年间，有结义楼、大殿、助风阁等建筑。庙内存有大量的汉、唐以来书法名家的石刻书画。杜鹃亭后石壁上有“大清同治庚午洪水至此”的摩崖石刻。张飞庙现因三峡蓄水而整体向上搬迁。

大溪文化遗址

位于瞿塘峡东口长江南岸与大溪河交汇处的三级台地上，距奉节县城15公里。该文化遗址距今约五六千年，属母系氏族晚期至父系氏族的萌芽阶段，是我国著名的原始社会古文化遗址之一。

白鹤梁石鱼

位于涪陵城北长江中。为一天然石梁，东西长1600米，南北宽15米，常年淹没于江水中，仅冬春枯水期才露出梁脊。是长江中上游一处著名水文古迹，上刻有自唐代至今163则题记，14尾石刻鱼图，断续记录了72个年份的历史枯水情况，被誉为“水底碑林”。它对研究长江中上游枯水规律及航运等有重大的史料价值。长江三峡水库蓄水后被永久淹没，现建立了水下博物馆。

丰都鬼城

丰都县城自古以来被称为“鬼城”。传说东汉时有两个叫王方平、阴长生的人曾在丰都名山修炼成仙，后人误读为阴王，以讹传讹之下，丰都便成了“鬼城”。名胜古迹众多，历代曾在此修建了庙宇楼阁40多座，成为有名的佛门圣地。有鬼门关、阴阳界、奈何桥等景点。丰都鬼城是集儒、道、佛文化为一体的民俗文化艺术宝库。

石宝寨

位于长江北岸玉印山脚，距忠县港45千米。始建于清康熙年间，高56米，12层，由寨门、城楼、寨顶古刹组成，木结构建筑，每层楼都是飞檐斗拱，雕龙画凤，远看好似一座垂直悬空的宫殿，令人叹为观止。

涪陵榨菜

中国榨菜首推涪陵榨菜。它具有丰富的营养价值，以脆、嫩、鲜、香的传统风味闻名，是食品工艺宝库的优秀遗产之一。

天府花生

是江津市的名优土特产品，中外驰名。天府花生颗粒大小一致，酥脆可口，营养丰富。

名人专区

聂荣臻 (1899—1992)

重庆江津人。中国无产阶级革命家、军事家，中国人民解放军的创建人和领导人之一。1919年赴法国勤工俭学，1922年参加旅欧中国少年共产党。参加过北伐战争、南昌起义、广州起义、长征、抗日战争和解放战争。建国后，任解放军代总参谋长，人民革命军事委员会副主席。参与领导人民解放军革命化、现代化、正规化建设。1955年被授予中华人民共和国元帅军衔。

邹　容 (1885—1905)

重庆巴南人。中国民主革命家。1903年在《苏报》上发表《革命军》一书，号召推翻清政府，建立中华共和国。《苏报》案发生后被捕，死于狱中，年仅20岁。

丰都鬼门关

四川省

成都长途区号：028

成都邮政编码：610015

艺术视野

■ 川剧

流行于四川和云南、贵州的部分地区。清乾隆年间起，昆腔、高腔、胡琴、乱弹等剧种和当地民间灯戏经常同台演出，逐渐形成共同风格，清末统称“川剧”。其表演细腻、幽默，有完整的程式动作。分川西派、资阳河派、川北河派、下川东派四个支派。传统剧目现存2000余个。川剧以绝活“变脸”著称。

美食情报

■ 川菜

川菜历史悠久，已有1000多年的历史。其特点是“一菜一味，百菜百味”，味有数十种，犹长于麻辣。其辣、酸、麻的风格为其他菜系中少有，辣又分微辣、香辣、麻辣、酸辣、咸辣、冲辣等轻重层次。传统名菜不下千种，有干烧岩鲤、坛子肉、鱼香肉丝、回锅肉、麻婆豆腐、夫妻肺片、锅巴肉片、豆瓣鲜鱼等。

四川省位于我国西南、长江上游。以北宋益州、梓州、利州、夔州4路总称四川路而得名，简称川；又因春秋为蜀国地，亦简称蜀。元中统三年（1262年）设四川行省；明置四川承宣布政使司；清设四川省，省会成都府。中华人民共和国成立后，分设川东、川西、川南、川北等4行署区；1952年8月，四川省人民政府成立，省会成都市。全省总面积48万平方公里，人口8474万（居全国第4位），有汉、彝、藏、苗、土家、回、羌等民族。

本省东部为四川盆地，因多紫红色砂页岩分布，又称之为“红色盆地”，盆地四周有大凉山、邛崃山、大巴山、巫山、大娄山等；西部为川西高原，属青藏高原东缘，山峰多在3000米以上，大雪山主峰贡嘎山海拔7556米，为本省最高峰；北部有松潘草地；南部属横断山脉北端，峡谷纵列。长江在宜宾以上称金沙江，以下称长江至湖北宜昌段贯称川江。

由于地形的明显差异，东部盆地属亚热带湿润季风气候，夏热秋雨，多云雾，少日照；西部山地高原属温带亚热带高原气候，气温低日照强；南部为高山峡谷气候，垂直差别明显。年平均气温-1℃～19℃，1月-12℃～16℃，7月10℃～30℃。年平均降水量500～1200毫米。

本省有“天府之国”称誉，是我国的产粮大省，其产量居全国第3位，主产稻谷、小麦、薯类和青稞，亦是我国油菜、甘蔗、蚕茧、黄红麻、茶叶、水果的重要产区。是我国南方各省中森林资源最丰富的省区之一，保存许多特有和珍贵的树木、鸟兽，如珙桐、冷杉、桢楠，以及熊猫、金丝猴、白唇鹿等；盛产柏油、生漆、白蜡、樟脑、毛竹、棕片等。内江甘蔗、德阳锦橙、泸州红桔等久负盛名；山区盛产天麻、虫草、川贝、川芎、杜仲、黄连等中药材，畅销全国，并供出口。

矿产资源丰富，攀枝花铁矿储量集中，可露天开采；汉源、平武等地的锰矿、川中油气田和川东、川南煤田等在全国均居重要地位；自贡、五通桥、盐源的井盐，历史悠久，是我国最大的井盐产地；天然气产量、泸州合成氨与化肥生产能力、雅砻江二滩水电站装机容量均居全国前列；并有我国最大的彩电、白酒生产企业和西部最大的攀枝花钢铁联合企业，以及西昌国际商用卫星发射基地。

成渝、宝成、成昆、川黔、成灌等铁路贯通全省；有成渝、成绵、成乐、成雅（成都－重庆、绵阳、乐山、雅安）和成都－都江堰等高速公路；有成都双流机场和广元机场。

成都、都江堰、自贡、宜宾、泸州、乐山、阆中为国家历史文化名城。国家重点风景名胜区有峨眉山、黄龙寺－九寨沟、西岭雪山、四姑娘山、青城山－都江堰、剑门蜀道、贡嘎山、蜀南竹海、石海洞乡、邛海螺髻山、天台山、白龙湖、光雾山－诺水河、龙门山。九寨沟、黄龙、峨眉山－乐山大佛、都江堰－青城山被列入《世界遗产名录》。

民俗节庆

灯会

自贡灯会，久负盛名，有“天下第一灯”的美称。自贡灯会以文化品位高、灯彩精品多、艺术特色鲜明、灯会场面宏阔著称。满目灯山光海、珠阁琼楼、叠玉堆金、流光溢彩、龙游凤舞、灯景交融，组成灯彩的大观园。有放天灯、舞龙灯、戏狮灯、闹花灯等活动。

成都望江楼

亮点点击

成都市

国家历史文化名城，四川省省会。位于四川盆地西北部，成都平原中部，是西南地区经济、文化和交通中心之一。周代末年蜀王治此地，提出“一年成邑，二年成都”，因此得名。战国秦置成都县，汉为益州治，五代前蜀、后蜀及北宋李顺、明末张献忠等农民起义军先后在此建都。1930年设市。五代后，遍植芙蓉，又称“蓉城”。人文景观丰富，自然风貌独具一格。有青羊宫、杜甫草堂、望江楼、文殊院、武侯祠、都江堰、青城山等风景名胜。

青城山

2000年列入《世界自然与文化遗产名录》。位于都江堰市西南15公里处，因山四面俨如城廓而得名，素有“青城天下幽”之称。青城山是道教名山，东汉末年道教创始人张道陵来此布坛设道，晋范长生，隋赵显、唐杜光庭等相继在此修道，留下不少古迹。晋唐以后宫观多达100多座，现存建福宫、上清宫、常道观等道观以及试剑石、天师池、五代天师像等文物遗迹。

特产快递

五粮液

产于四川宜宾。宜宾素有“名酒之乡”美名。五粮液酒选用优质大米、糯米、玉米、高梁、小麦五种粮食，采自金沙江江心之水，巧妙配方酿制而成。其特点是喷香浓郁、清洌甘爽、醇甜余香、回味悠长，是浓香型白酒的代表。

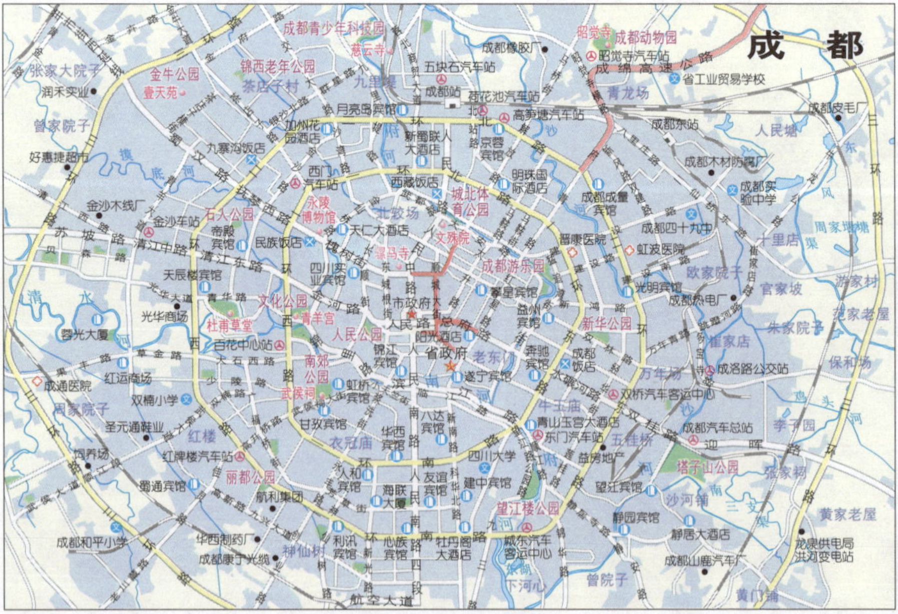

九寨沟

位于阿坝藏族羌族自治州境内，巍峨的岷山山脉深处。这是一个神奇莫测的旷世胜地，一个不见纤尘、自然纯净的“童话世界”。“黄山归来不看山，九寨沟归来不看水”，九寨沟的精灵是水、湖、泉、瀑、滩。仅有九个藏族村寨坐落在这片崇山峻岭之中，九寨沟因此得名。主要景点有五彩池、五花海、珍珠滩、宝镜岩、长海等。是国家级自然保护区和国家地质公园，1992年被列入《世界自然遗产名录》。

黄龙寺

位于松潘县东约35公里处的黄龙沟，与九寨沟一山之隔，但被雪山阻隔。黄龙寺古称雪山寺，北倚玉翠峰，面向黄龙谷，是一座明代木结构建筑，寺门有匾额，正视现“黄龙古寺”，右视现“飞阁流丹”，左视现“山雪水碧”等字。寺后有一黄龙洞，洞中的龙、佛、床、灯，全由石灰岩经人工雕凿成，洞深不见底，在洞深处有暗流的流水声。寺庙周围林木茂密，大小湖池数以千计，状若梯湖，底色斑斓，通称五彩池。

九寨沟

瓷胎竹编

是四川近百年来发展起来的一种具有地方风格的传统工艺品。它是用竹丝精心编织人物山水、飞禽走兽、奇花异草等图案在瓷胎上，既能对陶瓷起到保护作用，又是极好的日用品和欣赏品。

蜀绣

是中国四大名绣之一。以软缎、彩丝为主要材料，其艺术风格可以概括为“严谨细腻的针法，淡雅清秀的色彩，优美流畅的线条，中国水墨画的格调”。蜀绣品种繁多，主要有高级艺术绣屏，代表作品有《熊猫》等。

彩池

知识补给站

四川盆地

是中国四大盆地之一，盆底海拔200～750米，面积16.5万平方公里。盆地广泛出露红色岩系，又有“红色盆地”之称。盆西为平原，自流灌溉，土壤肥沃，有“天府”的美誉。

卧龙

■ “国宝”大熊猫

大熊猫仅分布于我国的四川西部和北部、甘肃南部、陕西西南部的高山竹丛中。为国家一级保护动物。大熊猫体态肥胖，形似熊，视觉、听觉迟钝，憨态可鞠。除眼周、耳、四肢和肩部为黑色外，其余全为白色。喜食竹类植物。

■ 自贡恐龙博物馆

位于市郊大山铺，是中国惟一一座建立在挖掘现场的恐龙博物馆。这里的恐龙化石分布地域之广、埋藏之丰富、种类之繁多，举世罕见。参观者不仅能看到完整的多种属恐龙骨架，还能目睹发掘现场。馆内“天府峨眉龙”龙骨架长20多米。

■ 卧　龙

位于四川盆地的西北边缘，是以保护大熊猫、金丝猴、珙桐等珍稀物种为主及高山生态系统的综合性国家级自然保护区，被纳入联合国“人与生物圈”自然保护区网。保护面20万公顷。区内有脊椎动物450种，高等植物4000多种；国家重点保护动物有大能猫、金丝猴、牛羚、白唇鹿、绿尾虹雉等57种；重点保护植物有珙桐、水青树、连香树等24种。区内分布的100多只野生大熊猫，占全国总数的10%，故卧龙以“熊猫之乡”、“宝贵的生物基因库”、“天然动植物园”享誉中外。保护区现已开放的景点有中华大熊猫园、小熊猫生态馆，中国卧龙大熊猫博物馆、英雄沟、银厂沟、正河等。

■ 宜宾市

国家历史文化名城。位于川、滇、黔三省结合部，金沙江与岷江在宜宾市汇入长江，有“万里长江第一城”的美称。唐置义宾县，取“慕义来宾”之意，宋改“义”为“宜”，始称宜宾。1951年设市。宜宾是名酒五粮液的故乡，被誉为“酒都”。为国家重点能源、原材料生产基地“攀西－六盘水”地区的重要组成部分。宜宾是抗日英雄赵一曼的故乡，翠屏山上建有赵一曼纪念馆，市内的流杯池是北宋大诗人、大书法家黄庭坚被贬谪宜宾时修建的。

■ 四姑娘山

国家重点风景名胜区。地处小金县与汶川县交界处，属邛崃山脉。由横断山脉中四座毗连的山峰组成，根据当地藏民的传说，由四个美丽的姑娘所化，因而得名。主要景区有双桥沟、长坪沟、海子沟等，有“蜀山皇后”之美誉。有高原特有的洁净蓝天，皑皑白雪。主峰幺妹峰海拔6250米，山体陡峭，为各国登山家所瞩目，山麓森林茂密，绿草如茵，清澈溪流潺潺不绝，又是一派秀美的南欧风光，人称“中国的阿尔卑斯山”。

■ 自贡市

自贡恐龙博物馆

位于四川盆地南部，国家历史文化名城。盛产井盐，自古有“盐都”之称。是我国重要的恐龙化石产地。这一带侏罗纪（1.35亿年前～2.1亿年前）的陆相地层相当发育，恐龙化石就埋藏在侏罗纪早、中期陆地层中，而此期的恐龙化石正是世界恐龙研究中的薄弱环节，所以自贡的恐龙化石为世界研究恐龙的演化提供了丰富的原始资料。主要名胜有海古盐井、盐业历史博物馆、西秦会馆、恐龙博物馆。恐龙、盐文化、灯会为自贡“三绝”。

峨眉山—乐山大佛

1996年列入《世界自然和文化遗产名录》。峨眉山是我国四大佛教名山之一，主峰海拔3099米，有大小佛寺数十处，动植物资源亦十分丰富，建有“峨眉山自然生态保护区”。在金顶可欣赏日出、云海、佛光、圣灯四大绝景。

峨眉山（梵宇琳宫）

乐山大佛位于岷江、大渡河、青衣江三江汇流处，雄居凌云山栖弯峰西壁，大佛头齐山峰之颠，脚踏大江之滨，号称天下第一大佛。大佛通高71米，头高14.7米，脚背长11米，宽8.5米。开凿于唐开元元年（713年），峻工于唐德宗贞元十九年（803年），历时90年。

泸州市

国家历史文化名城。位于川南长江与沱江汇合处，以泸水得名，1950年设市。市区三面靠山，一面依水，形势险要。天然气和煤储量丰富，拥有四川最大气矿—泸州气田，有“气城”之称。名产有泸州大曲、泸州老窖等。有老泸城遗址、报恩塔、奎星阁、忠山、济乳岩、烈士陵园等景点。

西岭雪山

国家重点风景名胜区。位于大邑县境内。远望高峰林立，绵延起伏，终年积雪，千年不化。因杜甫隐居草堂时写下名句“窗含西岭千秋雪，门泊东吴万里船”而得名。西岭雪山的特点是原始、神秘。海拔3200多米的阴阳界为高原气候与盆地气候的分界线，一边晴空万里，一边云雾缭绕，酷似阴阳太极的构图，实为罕见。区内还有道教天师正一教的发源地鹤鸣山，以及刘文彩地主庄园、日照金山、阴阳奇观、凤尾瀑、五彩瀑等胜景。

西岭雪山樟子岸

剑门蜀道

国家重点风景名胜区。位于四川东北，穿梭在连绵不断的秦岭、巴山、岷山之间，绵亘数百里，古为入蜀必经之地，故称“蜀道”。沿线地势险要，唐代大诗人李白有“蜀道之难，难于上青天”的诗句。现开发的剑门蜀道风景区，主要指广元经剑门关、剑阁到绵阳这一线的风景名胜。景点有朝天关古栈道、三国古战场遗迹、武则天庙皇泽寺、唐宋石刻千佛岩、剑门关、翠云廊、七曲山大庙、李白故居等胜迹。

乐山大佛

强渡大渡河

1935年5月，红军长征途中渡过金沙江后继续北进，蒋介石却企图围歼红军于大渡河南岸地区。红军第一师第一团于5月24日晚袭占安顺场渡口，获小船一只。25日由17名勇士组成的突击队，冒着密集火力，奋勇强渡，占领北岸渡口。同时红军主力的先头部队于29日晨在泸定桥西头，组成22人突击队，冒着对岸密集火力，攀踏铁索，强渡大渡河，夺取了泸定桥。后续部队迅即攻占泸定城，与第一师胜利会合。

巴蜀文化

是四川、重庆地区古代巴人、蜀人的文化。远在距今4500年左右，在成都平原就已经产生了作为蜀文化源头的新石器时代晚期文化——宝墩文化。宝墩文化是文明孕育时期的考古文化，是四川即将跨进文明门槛的历史见证。著名的三星堆文化是巴蜀地区古文明发展鼎盛的标志，其影响以三星堆文化为中心，并辐射成都平原、汉中盆地、秦岭地区。在距今2500前的东周时期，由于巴文化的兴起，逐渐融汇为巴蜀文化，并扩大为巴蜀大文化体系。

名人专区

邓小平（1904—1997）

四川广安人。中国无产阶级革命家、政治家、军事家，中国共产党和中华人民共和国主要领导人，中国人民解放军创建人和领导人，邓小平理论的主要创立者。以他为核心的党的第二代领导集体丰富和发展了毛泽东思想，创立了建设有中国特色的社会主义理论，开辟了社会主义现代化建设的新道路，使我国的生产力迅速发展，人民生活水平迅速提高，国家面貌发生了深刻的变化。主要著作编为《邓小平文选》。

张大千（1899—1983）

四川内江人。著名画家。擅山水、花鸟、人物，工笔写意俱佳。其画风30岁求“清新俊逸”，50左右取“瑰丽雄奇”，60岁左右达到“苍浑渊博”的意境。

苏洵（1009—1066）

北宋散文家。四川眉山人。以文章著名于世，语言明畅，笔力雄健。与其子苏轼、苏辙并称“三苏”，俱被列入“唐宋八大家”。

西昌卫星发射中心

于1983年建成。总部设在西昌市，发射区位于西昌市西北约60公里处。由技术测试区、发射区、指挥控制中心、跟踪测量站以及通信、气象等技术勤务系统组成，主要担负通信、广播和静止气象卫星等发射任务。1984年发射中国第一颗试验通信卫星以来，多次发射实用通信卫星和实用通信广播卫星。该中心还具有为外国提供卫星发射业务的能力，1990年4月7日和1992年12月21日先后成功地发射了美国制造的“亚洲1号”通信卫星和“澳星”通信卫星。

风物链接

武侯祠

位于成都市区，始建于公元六世纪，为纪念诸葛亮而建，因诸葛亮生前被封为武乡侯故名武侯祠，明初将武侯祠并人刘备的昭烈庙，现存为清康熙年间重建。有刘备殿、诸葛亮殿等建筑及唐碑、钟、鼎、鼓等文物，其中唐碑称之“三绝碑”。刘备殿西侧竹林中有刘备墓。祠内殿宇宏伟，环境幽雅。

杜甫草堂

位于成都市区的浣花溪畔。是诗圣杜甫的故宅旧址。杜甫流离到了成都，靠友人的帮助在城西浣花溪畔营建了草堂。在这里他写下脍炙人口的《春夜喜雨》、《茅屋为秋风所破歌》等240多首诗。当年杜甫居住的草堂早已不在，后人为纪念杜甫而建了包括“诗史堂”和“工部祠”等建筑在内的一所优美的园林。

文殊院

位于成都市区。前身是唐代的妙圆塔院，宋时改称相信寺。清康熙三十六年（1697年）集资重建庙宇，称文殊院。为清代川西四大丛林之一，是全国汉族地区重点佛教寺庙。

都江堰水利工程

世界文化与自然双重遗产。位于都江堰市城西，居岷江中游。古称都安堰、犍尾堰，是中国古代一项伟大的水利工程。公元前256年秦国蜀郡守李冰为治理岷江水患，率众凿离堆、穿二江，修建了这一大型水利工程。包括鱼嘴分水堤、飞沙堰泄洪道和宝瓶口引水口。整个工程巧妙地利用了岷江出山口的地势和弯道水流规律，采用无坝分水方式，即“分流夺江，筑堰引水”的科学方法，既可分洪减灾，又可引蓄灌溉，使成都平原成为名副其实的“天府之国”。

三星堆文明

中国旧石器时代至商代时期早期蜀文化的一种，距今约3000～5000年，因发现于四川广汉市南兴镇三星村，故称这段历史为三星堆文明。1929年春四川广汉南兴镇农民燕道诚父子在挖沟时无意中碰醒了沉睡了三四千年的三星堆文明。时至今日，三星堆出土的青铜器、玉器等文物数量之多，造型之独特，价值之高是世界罕见的。这些珍贵器物都是来自3000多年前与黄河流域商王朝同期的蜀王国，使得人们开始重新认识长江在中华文明发源中的地位。

泸定桥

又名大渡河铁索桥，坐落在泸定县城大渡河上，是中国最古老的铁索桥之一，为全国重点文物保护单位。自清康熙四十五年（1706年）建成以来，一直为四川入藏的重要通道和军事要塞。桥长100米、宽2.8米，由13根铁链组成，其中桥面9根，上铺木板，另4根用作护栏。1935年5月29日，中国工农红军长征途经这里飞夺泸定桥而使该桥闻名中外。

朱　德（1886－1976）

四川仪陇人。中国无产阶级革命家、政治家、军事家，中国共产党和中华人民共和国的主要领导人，中国人民解放军的主要创建人和领导人。早年加入同盟会，参加辛亥革命。领导了南昌起义、井冈山会师，二万五千里长征。抗日战争任八路军总指挥，解放战争时期任解放军总司令。建国后曾任中国人民解放军总司令、中央纪委书记、中华人民共和国副主席、中央军委副主席、全国人大常委会委员长等重要职务。1955年被授予中华人民共和国元帅军衔。

郭沫若（1892—1978）

四川乐山人。著名作家、诗人、历史学家、考古学家、古文字学家、社会活动家。1921年出版第一部诗集《女神》。1928年起从事中国古代史和甲骨文、金文的研究。抗日战争爆发后积极从事抗日救亡运动。建国后，继续进行文艺创作。曾任政务院副总理兼文化教育委员会主任、中国科学院院长兼哲学社会科学部主任等职。对发展新中国科学文化教育事业作出了重大的贡献。

泸定桥

贵州省

贵阳长途区号：0851

贵阳邮政编码：550001

艺术视野

■ 黔 剧

流行于贵阳、遵义、安顺等地。1953年后由曲艺坐唱扬琴发展而成。原称“文琴剧”，1960年改今名。主要曲调有清板、二板、三板、扬调、苦禀、二流、二簧等。伴奏乐器以扬琴、高胡为主。编演的剧目有《秦娘美》、《奢香夫人》等。

■ 蜡染

将白布平铺于案上，用蜡刀蘸蜡汁绘图案于布上，绘成后将布投入染缸用蓝靛渍染，染后捞出用清水煮沸，蜡溶化后即成白色花纹。常见的图案有山水风景、花鸟虫鱼、仕女人物等。早在秦汉时期，我国西南少数民族已熟练掌握了蜡可以防染的特点。

正在蜡染的布依族姑娘

贵州省位于我国西南地区，因境内有贵山而得名，简称贵；又因秦属黔中郡，故又简称黔。春秋时，境内部族林立。战国时，夜郎国是统治大部地区的地方割据政权。汉属荆、益两州。唐置黔中道。宋置矩州，开宝年间土著首领矩州归顺朝廷，因矩与贵同音，始有贵州一名。元分属四川、云南、湖广等行省。明永乐十一年（1413年）析置贵州承宣布政使司。清初设贵州省，省会贵州府。1949年11月贵州省人民政府成立，省会贵阳市。全省总面积17.6万平方公里，人口3748万（居全国第17位），有汉、苗、布依、侗、土家、彝、水、回、仡佬、壮、瑶等49个民族，少数民族人口占34.7%。

本省地处云贵高原东部，通称贵州高原，大部在海拔1000米左右，地面崎岖不平，有“地无三里平”之说。西部山地高原主要有乌蒙山，高原景观明显，韭菜坪海拔2900米，为省内最高峰。山地北有大娄山，南有苗岭，东缘为武陵山。娄山关是本省与重庆市的重要通道。以北为长江水系。主要河流有乌江、赤水河、红水河、北盘江等，长江支流乌江多急流。全省地下水系和岩溶地貌十分发达，多暗河伏流。

本省属亚热带湿润季风气候，冬无严寒，夏无酷暑，多阴雨，是我国阴天日数最多的省份。年平均气温10℃～20℃，1月1℃～10℃，7月17℃～28℃。年平均降水量900～1500毫米，多集中在夏季。

直至明清，本省农业才开始发展。粮食作物以水稻、玉米为主，经济作物以油菜、烟叶最重要。烟叶生产区在贵定、瓮安、遵义、黔西一带，是全国著名的优质烤烟产区。北部为主要蚕区，是我国4大柞蚕生产省区之一。红水河谷地亦产香蕉、菠萝和剑麻、香茅等热带作物。森林资源丰富，是我国杉木主产区之一，著名林产品及药材有生漆、桐油、乌桕、栓皮、杜仲、五倍子、银耳等。都匀毛尖茶、威宁黄梨、罗甸黄果、清镇酥李、兴义红袍桔等久负盛名。

矿产资源和水力资源丰富，六盘水市有“西南煤海”之称，是全国10大煤炭基地之一。汞、磷、铝储量居全国前3位。重工业以煤炭、冶金、化工、机械制造、电力为主，化学工业以化肥工业发展最快，并且结束了本省不产盐的历史；正在建设中的红水河龙滩水电站，仅次于三峡工程为我国第二大水电工程，预计2009年全部完工。轻工业以卷烟、纺织、造纸、皮革、丝绸为主。酿酒业历史悠久，仁怀市的“贵州茅台酒”有中国“国酒”之誉，与法国的白兰地、英国的威士忌齐名，并称世界三大名酒。安顺蜡染布、苗族银饰、大方漆器、威宁火腿是著名传统特产。

有川黔、湘黔、黔桂、贵昆、南昆等5条铁路干线，且80%以上为电气化铁路。有贵毕（贵阳－毕节）、贵遵（贵阳－遵义）、贵都（贵阳－都匀）、贵阳－黄果树等高速公路。贵阳龙洞堡机场有航班飞全国各大城市。铜仁大兴机场已建成通航。

遵义、镇远为国家历史文化名城。国家重点风景名胜区有黄果树瀑布、织金洞、㵲阳河、红枫湖、龙宫、荔波樟江、赤水、马岭河峡谷、九龙洞、九洞天、半蓬山－剑江等。

特产快递

茅台酒

产于贵州仁怀市的茅台镇，迄今已有270多年的历史。具有色清透明、醇香馥郁、入口柔绵、清洌甘爽、回香持久的特点，为酱香型白酒的代表，素有中国“国酒”之称。

贵阳花溪公园

亮点点击

贵阳市

贵州省省会，简称筑。位于贵州省中部，乌江支流南明河畔，是西南重要的铁路枢纽，全国三大磷矿基地之一。贵阳因地处贵山之南得名。明设新贵县，清为贵阳府治。1930年设市。贵阳地处海拔1000米的高原，冬无严寒，夏无酷暑，气候与昆明相似，被誉为“第二春城”。刺绣、挑花、蜡染制品、傩面具等民族文化精品倍受国内外友人的青睐。美丽的贵阳有以山、水、林、洞为特色的高原风光，还有以明代建筑文昌阁和甲秀楼为特色的人文景观。如黔灵山、花溪、百花湖等。

黄果树瀑布

国家重点风景名胜区。位于镇宁布依族苗族自治县城西南，是中国第一大瀑布，也是世界最壮观的瀑布之一。高74米，宽81米，河水从70多米高的悬崖绝壁上直泻犀牛潭中，响声震天。河水上涨时，瀑布如银河倒倾；河水小时，瀑布如仙女秀发。瀑布背后还有个134米长的水帘洞。景区由姿态各异的十几个地面瀑布、地下瀑布和天星桥水上石林、天星洞等组合而成。

黄果树瀑布

红枫湖

国家重点风景名胜区。位于清镇、平坝境内，是贵州高原最大的人工湖，1958~1960年兴建。湖中有岛屿100多个，以岩溶地貌和湖光山色为特色，山青、湖秀、水美、洞奇，呈现山里有湖、湖里有岛、岛中藏洞、洞中有湖的景观。景区里建有苗、侗、布依三个民族村寨，苗家吊脚楼、布依石板房和侗家的鼓楼、风雨桥错落有致，各具特色。

㵲阳河

国家重点风景名胜区。位于凯里市附近的镇远、施秉、黄平三县境内，包括㵲阳河三峡、云台山、铁溪、镇远等景点，融自然山水、名胜古迹、民族风情为一体。㵲阳河三峡是该景区的精华，以峡奇、峰险、水绿为主要特点。云台山位于㵲阳河上游，峰峦重叠，组成千山万壑的岩溶奇观。铁溪为㵲阳河支流，两岸原生植被丰富。镇远古城位于㵲阳河下游，是国家历史文化名城。

遵义市

国家历史文化名城。位于贵州省北部，北依大娄山脉，是黔北重镇，贵州第二大工业城市。遵义历史悠久，文化源远流长，到了近代，更以它在中国革命历史上的重要地位而闻名。山川秀丽，风光独特，尤以山、水、林、洞为主要特色。有遵义会议会址、赤水桫椤国家级自然保护区、赤水十丈洞瀑布等名胜。

知识补给站

四渡赤水

1935年1月遵义会议后，中央红军三万余人准备北渡长江。29日西渡赤水河，进至云南扎西地区。蒋介石急调重兵围堵，当其重兵逼近扎西地区时，红军突然东进，于2月18日至21日东渡赤水河，将围堵之国民党军队甩在后面，在遵义地区重创国民党军队。蒋介石重新调整部署，企图围歼红军于遵义、鸭溪地区。红军突然从遵义地区西进，3月16日三渡赤水河，进入川南古蔺地区。蒋介石急忙派兵西追，当其重兵奔集川南时，红军又折而向东，21日晚四渡赤水河，从国民党部队右翼南进。3月南渡乌江，摆脱数十万国民党军队的围追堵截，取得了战略转移决定性的胜利。

名人专区

王若飞 (1896－1946)

贵州安顺人。中国无产阶级革命家。1919年赴法勤工俭学。1922年在巴黎发起成立旅欧中国少年共产党，同年转入中国共产党。曾参加领导上海工人三次武装起义。1937年任八路军副参谋长、中共中央秘书长。1945年与毛泽东、周恩来一起赴重庆同国民党谈判。1946年4月8日因飞机失事在山西兴县黑茶山遇难。

民族民风

布依族

中国西南少数民族之一，主要聚居在贵州省黔南、黔西南两个布依族苗族自治州，现有人口254万多人。布依族先民是古越人的一支，后称僚人，元明时期称仲苗、青仲或仲家。是创造古夜郎文化的主体民族之一。

布依族有自己的语言，属于汉藏语系壮侗语壮傣语支，原没有文字，1956年后创造了布依文。通用汉语。布依族多依山傍水聚族而居，民居多为干栏式楼房或半边楼式的石板房。布依族男式服装与汉族大致相同。妇女的服饰因地而略有差异，喜欢佩戴银饰品。男女均爱穿蓝、青、黑、白等色布服装。布依族信鬼神，尤崇拜祖先。节日很多，有六月六、三月三、四月八、尝新节、赶干洞等。

苗族

中国西南少数民族之一。有半数以上分在贵州、西南其他各省市以及湖南、湖北、广东、广西等地。有自己的语言和文字，通用汉语文。妇女长于刺绣、蜡染，喜欢跳芦笙舞。他们崇拜祖先，信鬼神。

甲秀楼

梵净山

位于黔东北铜仁地区的江口、印江、松桃交界处，武陵山脉的主峰，海拔2494米。是我国亚热带森林生态系统保存较为完整的典型地区之一。在近300平方公里的原始森林中，生长有珙桐、鹅掌楸、紫薇等多种古老的珍稀树木，栖息着黔金丝猴、娃娃鱼、红腹角雉、白腹锦鸡等珍禽异兽。被列入联合国“人与生物圈”自然保护区网。梵净山是国内有名的佛教圣地。山上多梵宇，故名梵净山。保护区内，群峰交叠、沟谷幽深、飞瀑悬挂、怪石突兀，并保留有众多的寺庙、碑碣遗址。峰顶时有佛光现象出现。

赤　水

赤水古称安乐山，位于贵州、四川两省边境，发源于云南省镇雄，经贵州省赤水市在四川省合江县汇入长江。长500公里，流域面积2万平方公里。茅台镇以下可通航。茅台镇为弛名中外的“茅台酒”产地。1935年1－3月中国工农红军长征中曾四渡赤水河。建有茅台渡口碑。沿河山高水清，悬崖峭壁，险滩急流，森林茂密，景色秀丽。有十丈洞瀑布、葫市摩迹。十丈洞瀑布在赤水河支流风溪河上游，落差71.5米，宽68米，为典型的帘状瀑布，景色壮观。

赤水十丈洞瀑布

风物链接

甲秀楼

矗立在贵阳南明河中的万鳌矶石上。明万历年间（1573-1620年）巡抚江东之于此筑堤联结南岸，并建一楼以培风水，名曰“甲秀”，取“科甲挺秀”之意。甲秀楼经历了六次大规模的修葺。历经400年的风吹雨打而仍旧矗立不倒，是贵阳历史的见证，贵阳文化发展史上的标志。

遵义会议会址

位于遵义老城子君路96号，原为国民党25军第2师师长柏辉章的私邸。1935年1月，红军长征途中到达遵义，将总司令部设在这里。1月15-17日中共中央在这里召开了政治局扩大会议，总结了反"围剿"失败的教训，通过了《中央关于反对敌人五次"围剿"的总结决议》。会议改组了中央领导机构，增选毛泽东同志为中央政治局常委。遵义会议在红军危急的时刻召开，是中国共产党历史上第一次独立自主地运用马克思主义的基本原理，解决中国革命战争的重大问题的重要会议。会议批判了"左"倾路线，确立了毛泽东在全党全军的领导地位，使中国共产党重新走上了马克思主义的正确轨道。从而在最危急的关头，挽救了红军、挽救了党，并为胜利完成长征、开创中国革命新局面奠定了最重要的基础。

织金洞

国家重点风景名胜区。位于织金县东北官寨乡，原名打鸡洞。为喀斯特地形高位旱溶洞，是我国目前发现的溶洞中最出类拔萃的一个。已探明的长度为13.5公里。织金洞里的各种钟乳石、石笋千姿百态造型奇特，还有间歇水塘、地下湖泊，以及各种碳酸盐堆积、结晶达120多种形态，卷曲石、菊花石、月乃石、鸡虫石、蛇皮石等为世界罕见。被列为国家地质公园。

织金洞－古榕增辉

龙　宫

国家重点风景名胜区。位于安顺市境内。以壮观瑰丽的水溶洞、洞穴瀑布为主体。有"岩溶博物馆"之称。这里有五段串珠式的暗洞湖溶洞型地下河，五进五出，称为五进龙宫，全长15公里，是中国目前最长的造型奇特的水上岩溶洞穴。

侗族

侗族源于古百越族系，秦汉时由百越西瓯中的一支自长江支流沅水向西南迁徙于今贵州、湖南、广西三省区毗邻地区和鄂西地区集中居住，现有人口25万多人。侗族的语言属汉藏语系壮侗语族，无文字，通用汉文，1958年制定了拉丁字母拼音文字方案。

侗族人民住的村寨依山傍水。侗寨的房屋一般是用杉木建造的木楼，多为二至三层。在河边或山坡上的房屋大多为吊角楼。鼓楼是侗寨的标志。最能反映侗族人民高超建筑技艺的要数风雨桥，因桥上建有长廊式、可遮蔽风雨的桥屋而得名。侗族服饰朴素，色调以青、蓝、白、紫为主。男子多穿对襟短衣，或右衽无领短衣，包大头巾。女子上穿大襟无领无扣上衣，下穿百褶裙或长裤，束腰带，裹腿，包头帕或戴银冠及各种银饰等。侗族传统节日有侗年、吃新节、祭牛神节等。侗族人善歌，尤以侗族大歌著称。侗族大歌是当今世界上十分罕见的多声部、无指挥、无伴奏民间合唱音乐，与侗寨鼓楼、侗乡花桥一起被称为侗族文化"三大宝"而闻名遐迩，目前已经申报人类口头非物质文化遗产。

云南省

昆明长途区号：0871

昆明邮政编码：650011

民俗节庆

■ 孔雀舞

流行于云南傣族地区。傣族视孔雀为吉祥的象征，以跳孔雀舞表达自己美好的愿望。舞姿多模仿孔雀，动作矫健、优美。用象脚鼓、锣等伴奏。经典作品有《孔雀舞》、《双人孔雀舞》、《金色的孔雀》等。

■ 三月街

也叫“观音市”。是白族民间传统节日和街期。相传起于唐代南诏时期。每年夏历三月十五日起在云南大理市苍山中和峰麓举行，为期5到7天。届时附近以至邻省各族人民汇集在一起交流物资，并举行赛马、射箭、舞龙等活动。建国后成为各族人民经济文化交流和民族团结的盛会。

云南省地处我国西南边疆，南与越南、老挝接壤。因位于云岭以南而得名，简称云；又因战国时为滇国地，亦简称滇。西汉属益州郡，西南部为哀牢地。唐为南诏国地，五代十国为大理国地。元至元十三年（1276年）设云南行省。明置云南承宣布政使司。清设云南省，省会云南府。1949年12月，云南人民军政委员会成立；1950年10月，云南省人民政府成立，省会昆明市。全省总面积 38万多平方公里，人口4141万（居全国第12位），有汉、彝、白、哈尼、壮、傣、苗、傈僳、回、拉祜、景颇、布朗、怒、独龙、佤、纳西等民族，是我国少数民族最多的省份。

本省90%以上为山地高原。西北部有横断山高山峡谷区，高山与大河平行，自西向东为高黎贡山、怒江、怒山、澜沧江、云岭、金沙江、玉龙雪山，形成著名的“三江并流”奇景；金沙江虎跳峡为世界最深的峡谷之一；海拔6740米的梅里雪山为全省最高峰；西南部为高原形态；东部为云贵高原主体，亦称滇东高原，地面起伏大，并有“石林”景观。

本省属亚热带—热带高原型湿润季风气候，受地形影响，垂直变化大，西部高山区有“一山四季”之变化，干湿季节分明。年平均气温4℃～24℃，1月8℃～17℃，西部山区可低至－4℃，7月11℃～29℃。年平均降水量600～2000毫米。

本省有“植物王国”之称，高等植物种类超过1万种，西双版纳热带原始森林中有野象等珍贵动物。南部河谷区和山间盆地产橡胶、咖啡、油棕、金鸡纳、胡椒、剑麻、香茅、紫胶等热带、亚热带作物；紫胶产量占全国的90%；各种食用菌多达270种；有白药、三七、当归、天麻、伏苓等名贵药材。东部盛产烟叶，誉为“云烟”，烤烟产量居全国第2位。粮食作物以水稻为主，次为玉米、小麦、油菜、甘蔗、茶叶。滇红、普洱茶和丽江马驰名中外。

本省被誉为“有色金属之乡”，东川铜、个旧锡、兰坪铅锌、昆明磷、大理石最为著名；水能资源极为丰富，约占全国的1/5。工业以冶金、煤炭、光学机械、化工、水泥、轻工业为主，卷烟、制糖、制茶的产值约占全省总产值的1／5。昆明斑铜、个旧锡器、户撒刀等为传统手工艺品。

交通以铁路、公路为主。有成昆、贵昆、昆河、南昆等铁路干线；有昆明－曲靖、昆明－玉溪、昆明－大理等高速公路；有昆明巫家坝国际机场，以及临沧机场和思茅机场。

昆明、大理、丽江、建水、巍山是国家历史文化名城。国家重点风景名胜有石林、大理、西双版纳、三江并流、昆明滇池、丽江玉龙雪山、腾冲地热火山、瑞丽江－大盈江、九乡、建水、普者黑、阿庐等。丽江古城、三江并流被列入《世界遗产名录》。

悬崖上的龙门

香格里拉

昆明世博园

亮点点击

昆明市

云南省省会，国家历史文化名城。位于云南省中部偏东北、云贵高原中部，是中国西南边陲最大的城市。我国通往东南亚、南亚欧大陆的重要交通枢纽。战国时庄蹻率兵入滇，在此建立滇王国，汉为谷昌、建伶等县地，唐置益宁县，为昆州治，元置昆明县，明置云南府。1922年设市。昆明四季如春，冬无严寒，夏无酷暑，鲜花四季盛开，有“春城”的美誉，是全天候的国际旅游城市。其自然风光与气候条件与瑞士日内瓦相近。风景名胜有滇池、西山、大观楼、世博园、金殿等。

滇　池

又名昆明湖，国家重点风景名胜区。位于昆明市区西南，面积340平方公里。为断层陷落形成的高原湖泊，海拔1886米，南北长32公里，东西平均宽约8公里。是我国第六大淡水湖。这里风光秀丽，景色迷人，水面雄伟、壮阔，颇有海的气魄，被人们誉为云贵高原上的一颗明珠。滇池之滨有大观楼。西山、海埂、观音山、白鱼口、石城、郑和公园等景点。

滇池

艺术视野

滇　剧

流行于云南北部及昆明一带。清道光年间由丝弦腔、襄阳腔、胡琴腔融合而成。系板腔体结构，板式有倒板、机头、一字、二流、三板等。传统剧目约2000多个，《牛皋扯旨》、《闯官》、《打瓜招亲》等影响较广。

丽江市

国家历史文化名城。地处滇西北，是我国西南少数民族纳西族聚居地。丽江历史悠久。早在战国时期，丽江地区属秦国边地；两汉和蜀汉、西晋先后属越简郡、云南郡，称遂久县；东晋和南北朝仍属云南郡；隋朝属越简郡；唐属南诏铁桥节度(后改为剑川节度)。宋代，丽江属大理国善巨郡、谋统府及么些部地。1253年，忽必烈(元世祖)南征大理国时，曾驻军于此，由此开始直至清初的近500年里，丽江地区皆为中央王朝管辖下的纳西族木氏先祖及木氏土司世袭统治。1723年，丽江在云南率先实行“改土归流”，木氏降为土通判。民国初年废府改县。1964年设丽江纳西族自治县，1980年设丽江地区行政公署，2002年12月设市。风景名胜有丽江古城、黑龙潭、玉龙雪山等。

丽江古城始建于宋末元初，面积约1.4平方公里。以四方街为中心，四条主要街道向四周延伸，每条街道又分出许多小街小巷，街街相通，巷巷相连，条条街巷有水桥，条条道路通流水。古建筑以土木结构为主，融入了汉、白、藏民居的传统，形成独特的“三坊一照壁”式民宅风格，是我国保留的明清时代城市风貌最完整的古城镇。被列入《世界文化遗产名录》。

三江并流

三江是指在中国青藏高原南延至云南滇西北横断山脉崇山峻岭间，自北向南并肩奔腾着的三条大河：萨尔温江的上游怒江、湄公河的上游澜沧江、长江的上游金沙江。在这一宽约150公里的区域里，怒江与澜沧江的最短直线距离仅18.6公里，而澜沧江与金沙江最短直线距离仅66.3公里，形成世界上惟一的“江水并流而不交汇”的奇特景观。为国家重点风景名胜区，被列入《世界自然遗产名录》。

大理市

国家历史文化名城。地处云南中西部、苍山之麓、洱海之滨，是白族文化古城。大理是祖国西南边疆开发较早的地区之一，是云南古代的文化摇篮。早在3000多年前，洱海周围就有人类定居。秦汉之际，通过蜀（四川）、身毒（印度）古道，就已与内地发生经济和文化交流。唐朝的“南诏”、宋朝的“大理国”都建都于大理。在唐宋500年间，大理是云南政治、经济和文化中心，明朝时称太和县，民国二年（1913年）改为大理县。1951年设下关市，1960年改大理市。

大理历史悠久，文化灿烂，物产丰富，气候宜人，风光秀美，民族风情浓郁，享有“文献名邦”之美称。名胜古迹有苍山、洱海、崇圣寺三塔、大理古城等。

丽江古城

野生动物的乐园

绿孔雀

为国家一级保护动物。生活在云南西南部和南部，多栖息在山脚下的小溪或农田旁边。雄鸟体长有2米多，羽毛绚烂，有翠绿、青蓝、亮绿、紫褐等色彩，带有金属光泽，尾屏较长，开屏时极为艳丽；雌鸟无尾屏，羽毛也不及雄鸟美丽。

云豹

栖息在热带和亚热带丛林中，在我国分布较广。体形同金钱豹，但较金钱豹小，全身灰黄色或淡褐黄色，体侧有暗灰色的云状色斑，故名“云豹”。颈上有六条黑纹，尾上有十多个棕色环带。属国家一级保护动物。

长臂猿

主要布在亚热带，前臂较长，故名。属国家一级保护动物。栖息于亚洲热带森林中，善于在树上行动，能在地上双足行走。分白眉长臂猿和白手长臂猿。在我国，白眉长臂猿分布海南和云南，白手长臂猿仅云南有分布。

亚洲象

象是陆地上最大的动物，分亚洲象和非洲象两种。亚洲象分布在南亚和东南亚热带丛林中，在我国仅云南有分布，是国家一级保护动物。亚洲象体高约3米，鼻子很长且力大无比，上颌门齿大而长，耳小（非洲象耳大披肩），腿粗壮如柱，后足四蹄（比非洲象多一蹄）。亚洲象仅雄象有象牙。

石林

知识补给站

云贵高原

主要分布在云南、贵州省境内，海拔1000～2000米，是中国第四大高原。云贵高原分布着广泛的喀斯特地貌，是世界上喀斯特地貌发育最完美、最典型的地区之一。在连绵起伏的山岭之间，分布着许多土层深厚而肥沃的小盆地，这些地方农业比较发达，村镇也都集中在这里。

云南民族博物馆

位于滇池东岸，为1995年新建的综合性民族博物馆。是云南各少数民族历史文化最集中的收藏与展示场所，也是东南亚最大的民族博物馆。馆内有藏品12万件，分民俗、服饰、工艺、艺术、生态、古籍、奇石等16个系列陈列。

云南少数民族及习俗

云南是我国少数民族最多的省份。其中，人口在4000人以上的少数民族有25个。云南各民族丰富多彩的风俗民情形成一个活的民俗博物馆。纳西族的东巴文化、大理的白族文化、傣族的贝页文化、彝族的贝玛文化，以及泼水节、刀杆节、插花节、火把节、木鼓节等，无不展现各民族独特的风情。

石　林

国家重点名胜区和国家地质公园。位于昆明西南90公里的石林彝族自治县境内。是世界闻名的喀斯特地区之一，誉为“天下第一奇观”。这里奇峰林立，地下溶洞遍布。大面积厚层二叠系石灰岩在经历了漫长历史时期的高温多雨气候及异常丰富的地下水作用后，逐渐溶蚀而发育成巨大石柱与深切石沟相间的喀斯特地貌形态——石林。这里为撒尼人(彝族的一支)聚居区，相传阿诗玛的故事就发生在这里。

西双版纳

位于云南省南端西双版纳傣族自治州。古傣语为“理想而神奇的乐土”。这里以神奇的热带雨林自然景观和少数民族风情而闻名，是我国的旅游热点之一。西双版纳有我国惟一的热带雨林自然保护区，气候温暖湿润，树木葱茏，蔓藤盘根错节，珍禽异兽众多，素有“植物王国”、“动物王国”、“孔雀之乡”、“大象乐园”之称。已被列入联合国“人与生物圈”自然保护区网。由于临近泰国、缅甸等佛教国家，这里处处可见充满东南亚风情的佛寺、佛塔。

苍山洱海

位于大理市。又名点苍山，共有19座山峰，最高峰海拔4000多米。苍山景色向来以雪、云、泉著称。洱海是一个风光明媚的高原湖泊，呈狭长形，南北长40公里，面积约240平方公里。每当风和日丽，苍山银峰倒映海面，银苍玉洱交相辉映，景色奇美。

风物链接

大观楼

坐落在昆明市西南的滇池岸边，建于清康熙二十一年（1682年），楼高三层，彩画飞檐，气势不凡。登楼远望，西山苍翠；俯视滇池碧波，帆影片片。更有清乾隆年间陕西名士孙髯所撰的180字长联，上联是：“五百里滇池，奔来眼底。披襟岸帻，喜茫茫空阔无边。看：东骧神骏，西翥灵仪，北走蜿蜒，南翔缟素。高人韵士，何妨选胜登临；趁蟹屿螺洲，梳裹就风鬟雾鬓，更苹天苇地，点缀些翠羽丹霞。莫孤负：四围香稻，万顷晴沙，九夏芙蓉，三春杨柳。”下联为：“数千年往事，注到心头。把酒凌虚，叹滚滚英雄谁在？想：汉习楼船，唐标铁柱，宋挥玉斧，元跨革囊。伟烈丰功，费尽移山心力；尽珠帘画栋，卷不及暮雨朝云，便断碣残碑，都付与苍烟落照。只赢得：几杵疏钟，半江渔火，两行秋雁，一枕清霜。”上联写滇池的美景，下联写云南历史。情景交融，对仗工整，堪称杰作。被誉为“古今第一长联”或“海内长联第一佳者”，大观楼也因此而声名远播。

曼飞龙佛塔

位于景洪市大勐龙乡曼飞龙村后山上。始建于1204年，是西双版纳著名的小乘佛教建筑。佛塔群由9座塔组成，主塔居中，高16.9米，小塔高9.1米，塔身白色，分布成八角形，宛如玉笋破土而出，当地人称之为“笋塔”。塔上还有佛龛、雕塑、浮雕和五彩缤纷的彩绘。为全国重点文物保护单位。

沙溪寺登街区

“茶马古道”是云南、四川与西藏之间的古代贸易通道，由于是用川、滇的茶叶与西藏的马匹、药材交易，以马帮运输，故称“茶马古道”。沙溪寺登街区是“茶马古道”上惟一幸存的集市，有完整无缺的戏院、旅馆、寺庙、大门，使这个连接西藏和南亚的集市相当完备。

民俗节庆

火把节

是彝、白、傈僳、纳西、拉祜等族的民间传统节日，一般在夏历六月二十四日举行。届时各村多用大火把竖于寨中，小火把插于家门。入夜点燃，人们手持小火把奔跑于田间地头，以示驱除虫害。其间，还盛装庆贺，举行斗牛及文娱活动。

傣族泼水节

泼水节即傣历新年，是西双版纳最隆重的传统节日，时间一般在傣历六月十七至十九日(公历4月13~15日)举行。节日期间，人们着节日盛装，相互泼水，相互祝福。

特产快递

云南白药

我国著名的中成药，它对于止血愈伤，活血散瘀，消炎去肿，排脓驱毒，具有良好疗效。是主治各种跌打损伤、红肿疮毒、妇科血症、咽喉肿痛和慢性胃病的特效良药。

云　烟

生产高级卷烟不可缺的原料，属清香型烤烟，烟丝橙黄、香气高雅、吸味醇和。名牌云烟有玉溪、大中华、红塔山等。

普洱茶

大理最著名的茶叶，分散茶和紧压茶（即沱茶）两种。散茶色泽褐红；紧压茶用散茶蒸压而成，有长方形茶砖，正方形的方茶，圆形的饼茶等。由于加工制作特殊，香气浓郁，醇厚回甜。

大理石

因盛产于中国云南大理而得名。是石灰岩或白云岩受接触或区域变质作用而重结晶的产物。主要成分为方解石或白云石。一般呈白色，如含不同杂质，就有各种不同的颜色。可分为彩花石、云灰石、水墨石、净白石四种。白色大理岩经物理化学处理后可形成彩色工艺美术大理岩，广泛用于建筑物的装饰和工艺美术等方面。

澄江生物群

为1984年发现于云南澄江帽天山早寒武世早期地层中的生物化石群。以多门类软躯体动物和保存有软体部分的古无脊椎动物占绝大多数。已发现80多种动植物，包括宏观藻类，海绵，水母，蠕虫，腕足动物，软舌螺，三叶虫，叶足类，奇虾类和大型双壳瓣等节肢动物，以及一些分类位置不明的稀珍动物。化石保存精美，一些动物的肠道、神经系统、刚毛等清晰可见。是古生代已发现的最早的具软躯体构造的化石宝库，为窥视古代初期后生生物发展的一个重要窗口。

东巴文化

东巴文化是纳西族的传统文化，因保存于东巴教而得名，已有近千年的历史。东巴教是在本民族原始宗教的基础上与汉、藏等民族的文化因素兼融并蓄而形成，以崇拜祖先、崇拜自然为基本特征。其教徒称“东巴”，意为“智者”，是纳西传统文化的主要传承者。至今保留在民间的东巴象形文字，共有2200多个文字符号，被誉为当今世界惟一活着的象形文字，用东巴文字记载的东巴经文典籍，多达20000余册，1500 多种。内容凡哲学、历史、宗教、医学、天文、民俗、文学、艺术等，无所不包，堪称纳西族古代社会的“百科全书”。东巴文化中，用于祭祀仪式的法器、画卷、著名的《东巴舞谱》、纳西古乐等，均是中华文化艺术之瑰宝。

纳西古乐起源于14世纪，是纳西族人民在接受以儒道文化为代表的中原文明影响下而创建的艺术结晶，是中国和世界最古老的音乐之一。纳西古乐有三个特点：一是曲目（音乐）古老，二是乐器古老，三是演奏的人老，大部分都是七八十岁的老年人。

元谋人文化遗址

位于元谋县大那乌村北约500米山麓。面积约2.5万平方米。1965在此首次发现两颗猿人牙齿化石，经测定，距今距约170万年，是目前我国最早的人类牙齿化石之一，定为“直立人元谋新亚种”，简称元谋人。元谋猿人化石及其文化遗物的发现，说明中国西南地区是人类起源和早期人类演化的重要地区之一。1982年公布为全国重点文物保护单位。

民族民风

纳西族

自称“纳”、“纳西”、“纳汝”。晋、唐史籍称“摩沙”或“磨些”。主要分布在云南丽江、宁蒗、维西、香格里拉，四川盐源、木里、盐边等亦有分布。语言属汉藏语系藏缅语族彝语支。通用汉语。原有东巴文及哥巴文等，建国后创制了拉丁字母形式拼音的纳西文。纳西族传统的节日是每年农历二月初八的“三朵节”。

景颇族

自称“景颇”、“载瓦”、“喇期”、“浪峨”。主要分布在云南西部的德宏傣族景颇族自治州的山区，其周围亦有分布。有自己的语言和文字，语言属汉藏语言。景颇族喜爱音乐和舞蹈。传统节日是“目脑”。

■ 傣　族

自称"傣"。主要分布于云南德宏、西双版纳自治州及滇西南部分河谷平坝地区。有自己的语言和文字。语言属汉藏语系。

傣族原有四种拼音文字，分别使用于云南不同地区：德宏傣文（也称傣哪文），通行于德宏傣族景颇自治州；西双版纳傣文（也称傣仂文），通行于西双版纳傣族自治州；傣绷文（也称傣德文），通行于澜沧、耿马两自治县和瑞丽等市县；金平傣文，用于金平苗族瑶族傣族自治县。西双版纳傣文和金平傣文的声母字母都分两组，每组各拼写三个声调。德宏傣文和傣绷文拼写法很接近。西双版纳傣文和德宏傣文1954年分别作了改进。

傣族的特色民居为干栏式竹楼，建于平坝近水之地。竹楼分两层，楼上住人，楼下养牲畜、堆放什物。

傣族男子一般以白布或青布包头，上穿无领对襟小袖短衫，下着长筒裤，普遍有文身习俗。傣族妇女束发，上穿浅色紧身窄袖短衫，下穿花筒裙。傣族人能歌善舞。

傣族信仰小乘佛教，未成年男子均要入寺为僧，过一段僧侣生活后才能还俗回家。傣族的节日多与宗教有关，主要有泼水节、关门节和开门节等。泼水节即傣历新年，又称佛诞节、浴佛节或堆沙节，节期大约在农历4月初清明节前后。

■ 白　族

自称"白子"、"白尼"。主要聚居于云南大理白族自治州，大理周边及以西南、黔西北、湘西等地也有散居。操白语，曾有"汉字白读"，建国后创立制自己的文字，普遍通用汉语文。属汉藏语系。

白族民居讲究以庭院组合建筑群，有"一正两耳"、"三坊一照壁"、"四合五天井"和两院相连的"六合同春"等形式。房屋多为两层小楼，雕龙画凤，坚固结实，具有很深的文化内涵。

白族崇尚白色，以白色衣服为重。白族男子喜缠白色或蓝色包头，多穿白色对襟上衣，外套黑领褂，下身着宽筒裤，系拖须裤带，有的还喜佩带绣有美丽图案的挂包。妇女多穿白上衣、红坎肩或是浅蓝色上衣配丝绒黑坎肩，右衽结纽处挂"三须"、"五须"的银饰，腰间系有绣花飘带，下着蓝色宽裤，脚穿绣花的"白节鞋"。手上多半戴纽丝银镯、戒指。

白族

白族人多信仰佛教，除此之外还普遍崇奉"本主"。传统节日有三月街、本主节、火把节等。

傣族

名人专区

■ 郑　和（1371—1433）

云南晋宁人。明宦官、航海家。1405年率舰队通使西洋，两年后返回。以后又七次下西洋，遍访三十多个国家和地区，最远曾达非洲东岸和红海海口。促进了中国和亚非各国的经济、文化交流。为中外航海史上的壮举。死于最后一次航海归国途中。

■ 聂　耳（1912—1935）

云南玉溪人，中华人民共和国国歌曲作者。出身清贫，自幼爱好音乐，能演奏多种民族乐器。中学时代即参加进步学生活动。1930年至上海，后积极参加左翼音乐、戏剧、电影等工作，从事创作及艺术评论活动。1935年7月17日在日本藤泽市鹄沼海滨游泳时，不幸溺水逝世。创作了《义勇军进行曲》、《前进歌》、《毕业歌》等37首歌曲，以及《金蛇狂舞》等民乐改编曲四首。

白族民居

西藏自治区

拉萨长途区号：0891

拉萨邮政编码：850012

艺术视野

■ 藏戏

藏戏，藏语叫“阿吉拉姆”，是仙女大姐的意思。在藏族地区普遍流行。唱腔、服装因角色而定，以演出各种人物或神佛传记、本生故事为主要内容。主要剧目有《文成公主》、《朗萨雯蚌》、《苏吉尼玛》、《卓娃桑姆》、《诺桑法王》、《白玛文巴》、《顿月顿珠》、《赤美滚丹》。

西藏自治区地处我国西南边疆，南与缅甸、印度、不丹、尼泊尔等国交界。素为羌地，唐贞观十五年（641年），文成公主与松赞干布结为姻好；到17世纪五世达赖受清朝册封后，取代了藏王的统治地位。元为总制院（后改为宣政院）辖地；明设乌思藏、朵甘2都指挥使司；清分前藏（卫）、后藏（藏）、喀木（康）、阿里4部，并以其位于全国之西，遂称西藏，首府拉萨。民国初年，西藏仍由中央直辖。1951年5月，西藏地方和平解放；1955年3月，设西藏自治区筹备委员会；1965年9月9日，西藏自治区正式成立，首府拉萨市。全区面积120余万平方公里，人口255万（居全国第33位），有藏、汉、门巴、珞巴、回等民族。

境内以青藏高原为主体，平均海拔4000米以上。北部通

民俗节庆

■ 雪顿节

每年藏历七月一日举行，节期四五天。雪顿意为“酸奶宴”，后来演变成以演藏戏为主，所以又称“藏戏节”。

称藏北高原，平均海拔4500米以上，但起伏比较和缓。南部为喜马拉雅山山脉，中尼边境的珠穆朗玛峰海拔8844米，为本区最高峰，也是世界最高峰，号称“地球第三极”；雅鲁藏布江横贯藏南谷地，墨脱、米林县境内的雅鲁藏布大峡谷长度、深度堪称世界之最。本区也是我国湖泊最多的省区之一，总数达1000多个，纳木错为我国第2大咸水湖。

本区属高原气候，降水量少，空气稀薄，气温偏低，日照充足。部分谷地受印度洋季风影响，温暖湿润。年平均气温－3℃～12℃，1月－18℃～3.6℃，7月7℃～19℃。年平均降水量600～1000毫米，藏北高原约有半年时间冰封雪冻，即使在7月夜间也出现霜冻，降水量一般在200毫米以下，而藏南谷地部分地方可达2000毫米以上。

青稞为本区的主要粮食作物，其次有蚕豆、豌豆、小麦、荞麦、马铃薯和油菜、甜菜、麻类等；察隅、墨脱等地区还种植水稻、茶叶等。本区是我国5大草原牧场之一，主要牲畜为藏羊、牦牛、犏牛、黄牛等，其中牦牛谓之“高原之舟”，是高原雪山的主要驮运牲口。藏东南是我国重要的天然林区之一，盛产云松、冷杉、红松、油松、樟、楠、栲、栎等木材。还出产贝母、雪莲、硼砂等动、植、矿物三类药材。

矿产和水力资源丰富，铬铁矿储量居全国之首，铜、钾、石膏、硼砂、菱镁、重晶石等储量居全国前列。地热资源丰富，羊八井地热田有“地热博物馆”之称，并建有地热发电站。手工业历史悠久，地毯、金银器、腰刀、氆氇、藏靴等是著名传统工艺产品。

川藏、青藏、新藏、滇藏和中尼等公路是本区交通干线；青藏铁路正在修建中；拉萨贡嘎机场有航班直达北京、成都、兰州、广州等地。

拉萨、日喀则为国家历史文化名城。雅砻河风景区为国家重点风景名胜区。拉萨布达拉宫、罗布林卡被列入《世界遗产名录》。

雪顿节

■ 旺果节

是藏族庆祝丰收的节日。又作望果节。“旺果”藏语意即“转地头”，盛行于农区。在秋收前择吉日举行，一至三天不等。届时人们穿着整齐，结队骑马，抬着丰收塔，系上哈达，敲锣打鼓，唱着歌曲，在田间巡游。同时举行赛马、射箭等活动。

知识补给站

■ 藏传佛教

即喇嘛教，主要传播于中国藏族、蒙古族地区。是佛教与西藏原有的本教长期相互影响，相互斗争的产物。早在佛教传入西藏以前，藏族信奉的原始宗教为本教。到了公元7世纪时，佛教才由中原及尼泊尔传入西藏。8世纪时，印度僧人寂护、莲华生等到西藏传播显密两教。9世纪时佛教被禁止流传。直到10世纪后期，佛教才以藏传佛教的形式复兴。现有较大的教派有宁玛派（红教）、萨迦派（花教）、噶举派（白教）、格鲁派（黄教）。

拉萨街景

亮点点击

拉萨市

西藏自治区首府，国家历史文化名城。地处雅鲁藏布江支流拉萨河中下游北岸，是一座具有1300多年历史的古城，是西藏自治区政治、经济、文化、宗教的中心。拉萨意为“圣地”、“佛地”。7世纪，松赞干布统一西藏后，从雅隆迁都拉萨，建立了吐蕃王朝。1951年西藏和平解放，1960年设市。拉萨海拔3658米，是世界上海拔最高的城市之一。光照充足，有“日光城”之称。

布达拉宫

布达拉宫

耸立在西藏拉萨玛布日山上的布达拉宫，气势雄伟，巍峨壮丽。始建于7世纪，是藏王松赞干布为远嫁西藏的唐朝文成公主而建。它是当今世界上海拔最高、规模最大的宫殿式建筑群，海拔3700多米，占地总面积36万余平方米。按外表颜色分为白宫和红宫，红宫居中，白宫分列两翼。白宫是达赖生活起居和进行政治活动的地方，红宫内有8座达赖的灵塔和经堂。宫内珍藏大量佛像、壁画、藏经册印、古玩珠宝，是西藏最宝贵的宗教和文化宝库，是国家重点文物保护单位，被列入《世界文化遗产名录》。

■ 纳木错

藏语意为“天湖”，又称腾格里海、腾格里湖。位于当雄、班戈两县间，念青唐古拉山北麓，为构造断陷湖。有罗萨河、打尔古藏布等水注入。面积1961平方公里，湖面海拔4718米，最深处55米。为世界最高的内陆湖之一、全国第二大咸水湖。富产细鳞鱼和无鳞鱼。湖中有三岛，风景秀丽。湖滨为优良牧场。

■ 大昭寺

2000年列入《世界文化遗产名录》，位于拉萨市中心。始建于唐贞观二十一年（647年），寺内主供的释迦牟尼像是文成公主入蕃带进的。大昭寺在西藏有“圣地”之誉。殿高4层，金顶、斗拱等建筑为典型的汉族风格，碉楼、雕梁则是西藏样式，主殿二、三层檐下排列成行的103个木雕伏兽和人面狮身又呈现尼泊尔和印度的风格特点。寺内珍藏着长近千米的藏式壁画《文成公主进藏图》和《大昭寺修建图》，以及两幅明代刺绣的护法神唐卡等艺术珍品。

大昭寺

■ 罗布林卡

位于拉萨的西郊，藏语意为“宝贝公园”，俗称“拉萨的颐和园”，始建于18世纪中叶七世达赖喇嘛时期，是历代达赖喇嘛的夏宫，也是他们处理政务和举行宗教活动之地。整个园林占地36万平方米，由格桑颇章、金色颇章、达旦明久颇章三组宫殿组成。“颇章”即“宫”的意思。有370多间不同大小的房子，是西藏规模最大的人造园林。2003年被列入《世界文化遗产名录》。

■ 珠穆朗玛峰

位于喜马拉雅山中段之中尼边界上，西藏日喀则地区定日县正南方。藏语意为“圣母”。海拔8844.43米，为世界第一高峰，峰顶终年积雪，圣洁庄严。珠峰地区拥有4座海拔8000米以上、38座7000米以上的山峰，被誉为“地球第三极”。是登山探险和科学考察旅游的理想场所，征服珠穆朗玛峰是登山者梦寐以求的愿望。1953年5月29日，英国人希拉里和诺盖伊携手从珠峰南坡成功登顶，完成了人类历史上第一次登上珠峰的梦想。1960年5月25日，中国登山队首次从北坡登顶。2003年5月，在人类征服珠峰50年之际，中国登山队再次从北坡登顶。珠穆朗玛峰山脚下建有一座世界海拔最高的寺庙——绒布寺，是观看珠穆朗玛峰的最佳位置。

纳木错

■ 达赖与班禅的由来及转化

达赖喇嘛和班禅额尔德尼是藏传佛教格鲁派（黄教）中地位最高的两大活佛。“达赖”为蒙古话音译，意为“大海”；“班禅额尔德尼”则集梵、藏、满三语之音译，意为“大宝师”。两者轮流领导黄教。转世是解决继承问题的一种制度，凡活佛圆寂后，寺院上层集团即通过占卜、降神等活动，寻找同时出生的若干个婴儿，从中选定一个“灵童”作为他的“转世”，迎入寺中经金瓶掣签确定后继承其宗教地位。

■ 青藏高原

号称“世界屋脊”、“地球第三极”，平均海拔在4000米以上，面积达230万平方公里，是我国及亚洲几大河流如长江、黄河、印度河等的发源地。这里屹立着世界上绝大部分海拔7000米以上的高峰，中部就是世界最高峰——珠穆朗玛峰。

■ 日喀则市

国家历史文化名城。位于雅鲁藏布江和年楚河汇合处的宽阔河谷平原上，西藏的第二大城市，藏西南地区最重要的农牧产品集散地。历史上称为“后藏”。市内建筑形式独特，名胜古迹众多。日喀则藏语意为如意庄园，城市古老，已有600年的建城历史。

■ 雅砻河

又称雅砻江，是藏族祖先雅砻部落最早的发祥地。位于西藏中南部山南地区。为国家重点风景名胜区。景区内有雪山冰川、田园牧场、河滩谷地、古老文化遗址等。其中桑鸢寺是西藏第一座寺庙，始建于唐代，它以印度著名的欧丹达菩提寺为模式，是西藏古代建筑中最具特色的寺庙建筑群，建筑依据佛经中的世界形成图进行布局，中心建筑为乌策大殿，周围有12座佛殿，且千塔林立。

■ 雅鲁藏布大峡谷

位于雅鲁藏布江大拐弯处的南迦巴瓦峰附近，全长504.6公里，深度超过了曾号称世界之最的美国科罗拉多峡谷，是世界上最深最长的峡谷，两侧高峰与谷底高差达6009米。江面最窄处仅30米，两岸森林茂密。雅鲁藏布大峡谷以其高、深、润、幽、长、险、奇、秀的奇美风景吸引着无数探险者。

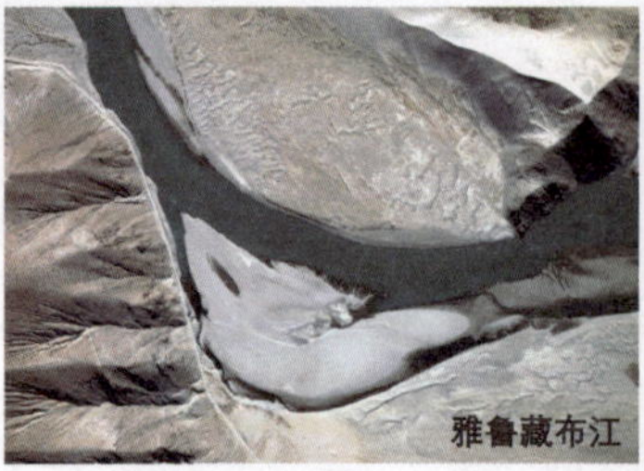

雅鲁藏布江

风物链接

■ 八廓街

围绕大昭寺的一条小街。在游人眼中这条街为商品街，而在藏族人眼里，它是藏族传统的转经之路。八廓街上随处可以看到西藏民族手工艺品和琳琅满目的旅游纪念品，既有老式的首饰、宗教器具、藏香、藏靴、藏帽、藏袍、藏刀、鼻烟壶等各式日用品，还有从印度和尼泊尔远道而来的各种商品。

八廓街

特产快递

■ 哈达

藏语音译，是藏族和部分蒙古族用于礼仪的丝巾。一般为白色，长约五尺。另有五彩哈达，蓝、白、黄、绿、红，分别代表蓝天、白云、大地、江水和空间护法神。

■ 青稞酒

色微黄，酸中带甜，有“藏式啤酒”之称，是藏族同胞生活中不可缺少的饮料，也是欢度节日和招待客人的上品。

■ 糌粑

是藏族特有的一种主食，用青稞或豌豆等炒熟之后磨成的粉做成。可以拌酥油茶后用手捏成团吃，也可以调以盐茶、酸奶或青稞酒。

■ 藏刀

既可防身，又可宰割牛羊，还可作食肉的餐具，深受藏族牧民的欢迎。藏刀风格独特、装饰精美，是藏族地区久负盛名的传统工艺品。

■ 酥油茶

除了进餐时用外，也是藏族平时不可缺少的主要饮料。把砖茶熬成很浓的茶汁，然后倒入木桶内，加上适量酥油和盐，上下抽打，使茶水、酥油和盐交融成乳状，烤热饮用。

羊八井

位于拉萨北90公里处。是我国目前已探明的最大高温地热湿蒸汽田，地热田面积17.1平方公里，温泉、热泉、沸泉、喷汽孔、热池、热爆炸泉星罗棋布。有“地热博物馆”之称。建有羊八井地热电站。

古格王国

位于札达县，是全国第一批重点文物保护单位之一。约始建于10世纪前后，是吐蕃王朝第九代赞普朗达玛的重孙吉德尼玛衮在吐蕃王朝崩溃后，率领亲随逃往阿里建立起来的。现存遗迹有城堡、宫殿、寺庙，还有明代及以前的壁画、佛像和古代写本等。它是一座规模宏伟、面积浩大的高原古城，它不仅为研究西藏历史，而且为研究我国古代建筑提供了重要实物资料。

新藏公路

从新疆维吾尔自治区叶城到西藏自治区噶尔县噶尔雅沙，长1179公里。是沟通新疆南部和西藏西部广大地区的重要交通线。沿新疆和西藏的习惯通道修筑。1957年通车，1958年又南延250余公里到西藏自治区西南边境的普兰。全线平均海拔4200米，为世界上海拔最高的公路。

滇藏公路

从云南省大理至西藏自治区东南的芒康，长716公里，是云南和西藏间的交通干线。1950年起逐段修筑，1976年全线通车。沿途穿越横断山脉，跨金沙、澜沧等江，于芒康同川藏公路南线相接，沿途风光特别壮美。

川藏公路

由成都至拉萨，北线1950年动工，利用原康藏公路旧线改建，1954年完工，全长2410公里。翻越二郎山、雀儿山等12座大山，跨过岷江大渡河、金沙江等12条大河，沿途多峭壁，地质条件复杂，常有塌方和泥石流发生，且冰雪期长，冬季交通不便。1957年开始修筑川藏公路南线，在芒康与滇藏公路连线，经左贡至邦达与原线连接，共长769公里，比北线短242公里。

青藏铁路

从青海西宁至西藏拉萨，长1956公里。其中西宁至格尔木段已于1984年竣工，长814公里；格尔木至拉萨段于2001年开始全面施工，长1142公里，经过海拔4000米以上的地段960公里，翻越唐古拉山铁路最高点海拔5072米。是世界上海拔最高、线路最长、自然条件最艰苦的高原铁路。

羊八井地热

世界屋脊上的生灵

藏羚羊

我国青藏高原的特有物种，是世界上生活在最高处的有蹄类动物。国家一级保护动物。体长约1.2米，背部毛密，浅红棕色，腹部白色，四肢灰白色。它耐高寒，抗缺氧，具有优良的生物性能，堪称高原生物的杰出代表，具有不可估量的科学研究价值。

牦　牛

主要分布在青藏高原海拔3000米以上的高寒地区。体短身健，毛长耐寒，成年公牛体重达400～500千克。由于青藏高原交通不便，当地人常用牦牛驮运货物翻越山岭，故牦牛被称作“高原之舟”。

藏　獒

是高原地区的一种食肉犬类动物。体格比狗大，高达80至90厘米，身长约100厘米，平均寿命为24年左右，以黑色长毛品种为多。藏獒平时不常吠叫，耐寒冷，性格内向，十分凶残，但对主人十分忠诚，是忠实的护羊犬。

陕西省

西安长途区号：029

西安邮政编码：710003

艺术视野

■ 陕北剪纸

将各色纸剪成花草、动物或故事人物等图案。陕北剪纸内容丰富，题材广泛，种类有窗花、炕壁画(炕围子)、顶棚画、板架挂画、小孩鞋头画、裹肚画等。以刚劲有力、粗犷豪放见长，反映了陕北人民豪放古朴的性格和对美好生活的向往。传统题材有抓鬏娃娃、连年有余(鱼)、蛇盘兔、福禄寿、麒麟送子、莲生贵子、寒雀弹梅等。

陕北剪纸

■ 秦　腔

也称“乱弹”，是我国最古老的剧种之一，明末清初盛行于南北各地。现主要流行于西北各地，为群众所喜闻乐见。其特点是慷慨激昂，宽音大嗓。唱腔、道白、板路、脸谱、身段、角色门类自成体系。秦腔所保留的剧目达700多个，为各剧种之首。

陕西省地处我国西北门户，黄河中游。因古时位于陕原（今河南陕县）以西而得名，简称陕；又因春秋时为秦国地，亦简称秦。为中华民族发祥地之一。公元前221年秦始皇统一中国后，分属内史及上、汉中等郡，所设京兆尹、左冯翊、右扶风合称“三辅”。唐初属关内京畿、山南东、西道。宋淳化五年（994年）置陕西路。元中统元年（1260年）置陕西四川行省，后分设陕西、四川2行省。明洪武九年（1376年）置陕西承宣布政使司。清设陕西省，省会西安府。1950年1月，陕西省人民政府成立，省会西安市。全省面积19万多平方公里，人口3611万（居全国第16位），有汉、回、满、蒙古等民族。

本省北部为黄土高原中心部分，黄土深厚，达50～150米，塬、梁、峁、沟等典型黄土地貌明显；南为秦岭、巴山和汉水谷地，秦岭是黄河、长江两大流域的主要分水岭，是我国自然地理上南方与北方的分界线，其主峰太白山海拔3767米，为全省最高峰；中部是渭河平原（又称关中平原、关中盆地），西起宝鸡，东至潼关，东西长约360公里，土壤肥沃，农业发达，号称“八百里秦川”。

以秦岭为界，北部大陆性气候明显，干燥少雨，南部为亚热带湿润季风气候，南北差异明显。年平均气温7℃～16℃，1月－11℃～3.5℃，7月21℃～28℃。年平均降水量400～1000毫米，南多北少，大巴山区最多，而长城沿线最少。

农业发展历史悠久。渭河平原是著名的小麦、棉花产区，全省粮食总产的40%、小麦总产的80%以上，以及全省棉花总产的90%均产于此。南部汉水干、支流沿岸谷地以水稻、油菜、柑桔、苎麻、蚕丝、茶叶为主；陕北农牧并重，谷子、糜子是当地名产；牧业以羊为主。渭南花生、宝鸡烟叶、韩城花椒、秦巴山猕猴桃、彬县晋枣、关中水晶柿、商洛核桃、板栗、凤县党参、陕北甘草和秦川牛、关中驴是著名特产。

矿产资源丰富，以铜川为中心的渭河北岸，煤田绵延不断，称之为“陕西黑腰带”，有著名的神府煤田；延长油矿是我国最早开采的石油矿；安康自古以来就盛产金，有“金州”之称。机械化工、燃料、电子、纺织等工业门类在全国占有重要地位。咸阳是我国纺织工业基地之一，陕西彩色显像管总厂是国家大型企业。西凤酒、耀州青瓷、汉中棕箱为传统名产，其中耀州青瓷为全国5大名瓷之一（另4名瓷为钧、汝、官、定）。

交通以铁路和公路为主。有陇海、宝成、宝中、阳安、襄渝、侯西、西延等铁路线；已建成西宝（西安－宝鸡）、西榆（西安－榆林）、西潼（西安－潼关）等高速公路；有西安咸阳机场和延安安东机场。

西安、延安、韩城、咸阳、汉中为国家历史文化名城。国家重点风景名胜有华山、临潼骊山、宝鸡天台山、黄帝陵、洽川等。秦始皇陵及兵马俑被列入《世界遗产名录》。

知识补给站

■ 西安事变

亦称双十二事变。1936年12月12日，张学良、杨虎城扣留了到西安督促东北军和西北军“剿共”的蒋介石，逼蒋抗日，发生了震惊中外的西安事变。通过谈判，蒋介石被迫接受“停止内战，联共抗日”的条件。西安事变的和平解决，对推动国共两党再次合作，共同抗日起了重大作用。

亮点点击

■ 西安市

国家历史文化名城，陕西省省会。位于陕西省渭河平原中部，渭河之南，西北地区第一大城市和交通枢纽之一。古称长安，我国七大古都之一，黄河流域古代文明的重要发源地之一。自西周建都沣镐以来，已有3100多年的历史，先后有西汉、新莽、东汉、西晋、前赵、前秦、后秦、西魏、北周、隋、唐等王朝在此建都，历时1000多年，是中国封建社会前期中期的政治、经济文化中心之一。盛唐时是当时世界上惟一拥有100万人口的大城市，与雅典、罗马、开罗并称为世界四大古都。这里是丝绸之路东部的起点，有保存完好的西安古城墙、碑林、大雁塔、小雁塔、钟鼓楼，以及周、秦、汉、唐四大遗址、秦始皇陵兵马俑等珍贵的文化遗产。

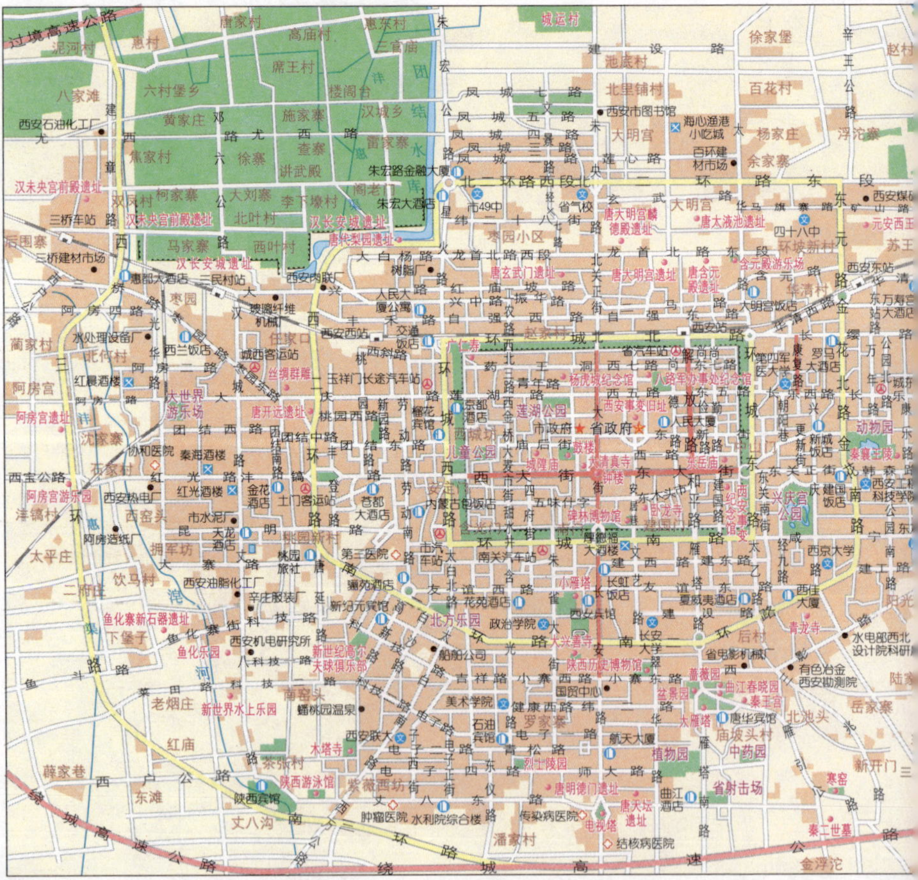

兵马俑

■ 秦始皇陵、兵马俑坑

1987年列入《世界文化遗产名录》。

兵马俑坑 位于秦始皇陵东侧，是秦始皇陵的陪葬坑，发现于1974年，是当代最重要的考古发现之一。已发掘的三个坑呈“品”字形分布，内藏陶俑约8000件，战车百余乘，以及数以万计的实用兵器等文物。陶俑真人大小，分为将军俑、武士俑、车士俑等。坑内还出土有剑、矛、戟、弯刀等青铜兵器，虽然埋在土里2000多年，依然刃锋锐利，是世界冶金史上的奇迹。

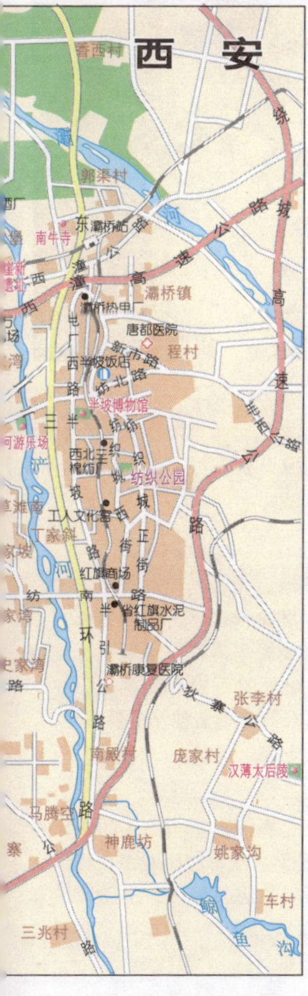

秦始皇陵 位于西安市临潼区骊山镇东5公里处的下河村附近，为秦始皇嬴政的陵墓，是中国、也是世界上规模最大的陵墓。规模宏大，修建时间长达37年之久，分为内外两城，内城方形，外城长方形。陵园南部是墓葬区，墓冢为四方锥形，墓内机关重重，由于条件的限制，至今尚未发掘。2003年，通过对秦陵的最新遥感考古和物探勘察，初步得出了秦陵中墓冢的位置、埋深、大小和形状。秦陵的布局之谜即将揭开。

秦始皇陵

■ 临潼骊山

国家重点风景名胜区。位于西安市临潼区骊山镇南，因山形似骊马而得名。是秦岭北侧的支脉，东西绵延20余公里，最高峰海拔1256米。相传这里就是女娲炼石补天的地方，西周周幽王烽火戏诸侯的闹剧也发生于此，还有老母殿、老君殿、炼丹炉、石瓮寺、兵谏亭等景点。华清池就在山脚下，景区风景秀丽，曾是古代王朝的京畿之地，建有大量离宫、别墅、陵寝等。

■ 张骞出使西域

张骞是西汉著名的探险家。公元前139年，他受命率人前往西域，寻找并联络曾被匈奴赶跑的大月氏，合力进击匈奴。公元前119年，汉王朝为了进一步联络乌孙，断“匈奴右臂”，再次派张骞出使西域。

张骞两次出使西域，沟通了经我国新疆地区到达西亚的交通要道，开辟了举世闻名的“丝绸之路”，加强了汉朝与西域各国政治、经济交往，留下了不朽的历史功绩。

■ 延安整风运动

1942年6月～1945年4月，中国共产党在延安领导全党开展了一场整顿学风、整顿党风、整顿文风的运动。通过整风运动，使广大党员、干部受到了一次深刻的马克思、列宁主义教育，统一了党的认识，为党的七大的召开和夺取中国革命的胜利奠定了坚实的思想基础。

■ 陕西历史博物馆

位于西安市小寨东路91号。是我国目前规模最大、设施最完备的国家级历史博物馆。由基本陈列、专题陈列和临时陈列组成。馆藏各类文物11万件，为全国各博物馆藏品之首。其中陕西古代史陈列馆集中了陕西出土文物的精华，展出了精美文物3000多件。

延安市

国家历史文化名城。位于陕西省北部，黄土高原中部，延河中游，是陕北经济、文化和交通中心。秦置高奴县，隋流扶施县，明、清为延安府治，以滨延河得名。1937年设市。是中国革命的圣地，1937～1947年是中共中央所在地，中国共产党在此领导了敌后的抗日武装斗争和全国的解放战争。是爱国主义的教育基地，有革命纪念地凤凰山麓、杨家岭、枣园、宝塔山、王家坪、南泥湾旅游景点等。

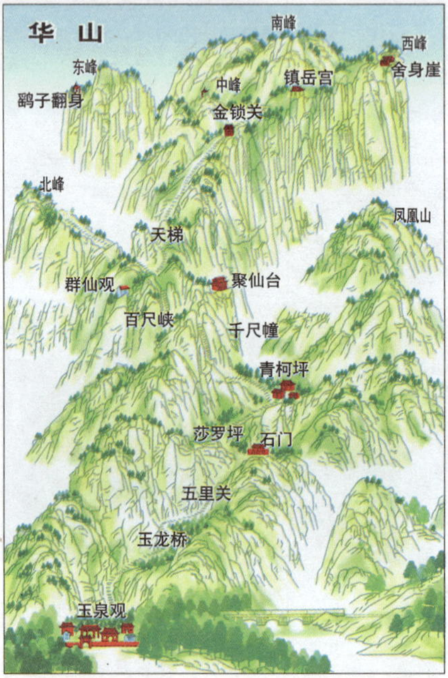

华　山

国家重点风景名胜。位于华阴市南，南依秦岭，北濒黄河，是五岳中的西岳。共有五大峰，即东峰朝阳、西峰莲花、中峰玉女、南峰落雁、北峰云台。主峰南峰海拔2160米。奇峰突起，巍峨壮丽，气势磅礴，以险拔峻秀称雄于世。沿途山路崎岖，上接蓝天，下临绝壁，有“自古华山一条路”之说。

蓝田猿人

为晚期猿人化石，1963～1964年，考古工作者在蓝田县陈家窝村附近发现。有下颚骨、头盖骨和三颗牙齿化石。经古地磁测定，蓝田猿人距今约115～65万年，被国际学术界定名为直立人蓝田亚种。较北京猿人更为原始。

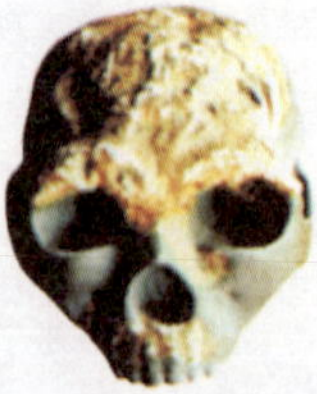
蓝田猿人头骨

风物链接

华清池

位于骊山西北麓，是著名的温泉胜地。相传西周的周幽王曾在这里建离宫，秦始皇、汉武帝也都在这里建行宫，唐代更是大兴土木，特别是唐天宝年间修建了豪华宫殿楼阁华清宫，华清池因此得名。有荷花阁、飞霞阁、五间厅(闻名中外的西安事变就发生在这里)等建筑。华清池大门上方有郭沫若书写的“华清池”匾额。

法门寺

位于扶风县城北约10公里的法门镇，是一座历史悠久的佛家名刹。原名阿育王寺，唐初改为此名。始建于东汉，曾历经多次修缮，1987年在清理塔基时，发现了被封闭千年的唐代地宫，里面珍藏着佛祖释迦牟尼指骨舍利以及大批的唐代珍贵文物。是继秦始皇兵马俑之后的又一重大发现，佛教史上的一大盛事。

陕北窑洞

窑洞是陕北特有的民居形式，延安附近最多。中华民族的祖先就是在窑洞中生存、繁衍和壮大起来的。窑洞分土窑洞、石窑洞、砖窑洞等多种。一般深7～8米，最深的可达20米，高3米多，宽3米左右，其特点是冬暖夏凉。窑洞是黄土高原的产物，陕北农民的象征。陕北民间剪纸艺术就是农家妇女为了美化自己的窑洞而创造出来的。

黄帝陵

坐落在黄陵县城北1公里的桥山上，是轩辕黄帝的陵墓。堪称“天下第一陵”。黄帝姓姬，名轩辕，号有熊氏，是传说中中原各族的共同祖先。他后打败炎帝和蚩尤，统一了华夏民族，开创了中华民族的历史，被尊为中华文明的始祖。当今中国人自称炎黄子孙，即指黄帝和炎帝。皇帝陵相传创自汉代，历代均有修葺。陵高3.6米，周长48米，陵园内有桥山龙驭碑、古轩辕黄帝桥陵碑、轩辕庙、汉武仙台、黄帝陵等景点。周围古柏参天，其中最大的一株高达20米，是千年古树，传为黄帝手植。桥山夜月、沮水秋风、黄谷黄花、北岩净雪、龙湾晓雾、凤岭春烟、汉武仙台、轩辕古庙被称为“黄陵八景”。

半坡遗址

位于西安市东郊的半坡村，是黄河流域规模最大、保存最完整的母系氏族公社村落遗址，距今已有6000年的历史。半坡人属于新石器时代，使用的工具主要是木器和石器。1958年在遗址上建成半坡遗址博物馆，并在3000平方米的原始村落居住区盖起保护大厅。由居住区、制陶作坊区和氏族公共墓葬区三部分组成。

西安碑林

位于西安市三学街原文庙所在地。建于公元1087年，是收藏我国古代碑石时间最早、数目最大的一座艺术宝库，陈列有从汉到清的各代碑石、墓志共1000多块。它既是我国古代书法艺术的宝库，又汇集了古代的文献典籍和石刻图案，记述了我国文化发展的部分成就，反映了中外文化交流的史实。

名人专区

司马迁（约前135－？）

西汉史学家、文学家、思想家。陕西韩城人。公元前108年任太史令。后因对李陵军败降匈奴事有所辩护，得罪下狱，受腐刑。出狱后任中书令。他忍辱所著《史记》，是我国最早的通史，开创了纪传体史书的形式。书中不少传记语言生动，形象鲜明，对后世史学与文学都有深远的影响。

刘志丹（1903－1936）

中国无产阶级革命家、军事家。陕西志丹县人。1928年与谢子长一起领导渭华起义，1932年组建红军第二十六军，参与创建陕甘苏区。1934年起任中共陕甘边军委主席、西北军委兼前敌总指挥、第二十八军军长等职。1936年4月14日在山西中阳三交镇战斗中牺牲。

王昌龄（？－约756）

唐诗人。陕西长安人。唐开元、天宝年间诗名极盛，有“诗家夫子王江宁”之称。尤擅长七绝，多写当时边塞军旅生活，气势雄浑，格调高昂，如《从军行》七首、《出塞》二首皆有名。其宫词善写女性幽怨之情，也为世所称。后人辑有《王昌龄集》。

杜牧（803－853）

唐文学家。陕西长安人。以济世之才自负，感于藩镇跋扈和吐蕃、回纥的攻掠，诗文中多指陈讽谕时政之作。小诗写景抒情，多清俊生动。也有一些诗写他早年的纵酒狎妓生活。其诗在晚唐成就颇高，后人称杜甫为“老杜”，称杜牧为“小杜”。有《樊川文集》。

甘肃省

兰州长途区号：0931

兰州邮政编码：730030

民俗节庆

■ 春节花会

时间：农历五月十日

地点：兰州市东方红广场

活动内容：

花卉展览。

■ 伏羲文化节

时间：农历五月十三日

地点：天水市秦城区伏羲庙

活动内容：

伏羲祭祀大典、伏羲文化交流、旅游观光、经贸活动。

■ 七月说法会

时间：农历六月二十九至七月十五日

地点：拉卜楞寺

活动内容：

诵经、观看演出。

■ 毛兰姆法会

时间：农历正月初三至十七

地点：拉卜楞寺

活动内容：

举办晒佛、酥油花供灯会。

酒泉大峡谷

甘肃省位于我国西北，黄河上游，因境内有甘州（今张掖）、肃州（今酒泉）而得名，简称甘；又因秦置陇西郡，亦简称陇。春秋战国时为羌、月氏、乌孙地；汉置凉州；三国魏、西晋置凉州和秦州；东晋十六国时，武威、酒泉、张掖曾为国都。唐设甘、肃、沙、兰、瑔等州，属陇右道及关内、山南西道；元中统二年（1261年）置西夏中兴行省，至元二十三年（1286年）改称甘肃行省；明属陕西承宣布政使司；清康熙二年（1663年）析置巩昌省，康熙五年（1666年）改为甘肃省，省会兰州府。1950年1月，甘肃省人民政府成立，省会兰州市。全省总面积39万多平方公里，人口2568万（居全国第22位），有汉、回、藏、东乡、裕固、保安等民族。

本省跨青藏、内蒙古、黄土3大高原，大部分海拔1000米以上。渭河谷地以南属陇南山地，以北以六盘山为界，分为陇东、陇西高原；陇东高原黄土深厚，塬、峁、梁地貌典型；陇西高原是黄土高原的最西缘。中部为祁连山脉，由一系列平行山岭及盆地组成，高峰终年积雪，且多现代冰川。北山山地是内蒙古高原西南边缘，有著名的“河西走廊”，长约1000公里，宽数公里至100多公里。西部的阿尔金山海拔5798米，为全省最高峰。东部河流多属长江、黄河流域，陇东南的白龙江与秦岭、淮河同为我国地理上的南北分界线。

本省处于全国主要气候区之间的过渡地带。白龙江下游为亚热带湿润气候；祁连山一带为高寒半干旱气候。年平均气温−1℃～15℃，1月−14℃～3℃，7月11℃～27℃。年平均降水量30～860毫米，东南较多，向西北过乌鞘岭后剧减，形成一些极干旱荒漠。

农业具有过渡气候带的特色：东南部多冬小麦，西北部多春小麦，西南部产青稞，陇中、陇东干旱地区产谷子、糜子，陇南则以玉米、薯类为主。胡麻生产在全国占重要地位。甘南高原是我国重要牧区，白龙江、洮河流域是重要林区。兰州白兰瓜、天水苹果、庆阳黄花菜、文县花椒等久负盛名。岷县当归、天水大黄、文县党参驰名中外，素称“千年药乡”。

本省是我国有色金属、石油化工、电力机械、毛纺织和核工业基地之一，有金昌多金属共生的镍矿、皋兰铜矿、白银铝厂、兰州石油化工和毛纺、阿干镇煤矿、玉门油田、刘家峡水电站、酒泉卫星发射中心等大型企业。酒泉夜光杯、天水雕漆、甘肃洮砚等是著名的传统工艺品，洮砚是我国3大名砚之一。

本省曾是西达欧洲的“丝绸之路”的重要通道。有陇海、包兰、兰青、兰新等铁路干线；有兰州－西宁、兰州－西安、兰州－银川、兰州－乌鲁木齐高速公路，部分已建成或建设中；有兰州中川机场、敦煌机场等。

敦煌、天水、武威、张掖为国家历史文化名城。国家风景名胜有麦积山、崆峒山、鸣沙山－月牙泉等。敦煌莫高窟被列入《世界遗产名录》。

知识补给站

■ **河西走廊**

又称甘肃走廊。在甘肃省西北部祁连山以北、合黎山和龙首山以南、乌鞘岭以西。因在黄河之西，故名。东西长约1000公里，南北宽约数公里至100多公里。多砂碛、戈壁，绿洲断续相连，依赖雪水、河水灌溉，农、牧业较盛。有玉门、嘉峪关、武威、张掖、酒泉等市。兰新铁路经过，自古是通往新疆及中亚、西亚的要道。

沙漠之舟

刘家峡水利枢纽

位于甘肃永靖县境内。1964年动工，1974年建成。以发电为主，兼有防洪、灌溉、防凌、养殖等效益。控制流域面积18.17万平方公里。大坝高147米，水库蓄水57亿立方米。发电厂房位于大坝下游，装有大型水轮发电机组，其中包括中国自制的第一台30万千瓦双水冷水轮发电机组，总发电能力为122.5万千瓦。和西宁四个电网相接，形成了横跨陕西、甘肃、青海三省的大电网。

刘家峡水利枢纽

亮点点击

兰州市

位于甘肃省中部兰州盆地，南依皋兰山，北临黄河，为西北第二大城市。因其城南有皋兰山而得名，因筑城时得金又称金城。1941年设市。兰州地处中国陆地版图的几何中心，有“陆都心脏”之说。是历史上的军事要塞，又是丝绸之路上的重镇之一，也是河西走廊的起点。文物古迹众多，风景名胜各异，主要旅游景点有五泉山、白塔山公园、雁滩以及藏有艺术珍品铜奔马的甘肃省博物馆。这里盛产瓜果，素有“瓜果城”之称。

莫高窟外景

敦煌市

国家历史文化名城。地处河西走廊最西端，青藏高原北部边缘地带，黄河流域，甘、青、新三省区的交界处。汉元鼎六年（公元前111年）建郡，唐中叶后属吐蕃，宋属西夏，元置沙州路，明为沙州卫，清置敦煌县。1987年设市。敦煌是丝绸之路的咽喉，古人习惯以敦煌为界，向西称为西域。2000多年来，随着东西方文化的交流，人们创造了著名的敦煌艺术。名胜古迹有莫高窟、鸣沙山、月牙泉、阳关、玉门关、沙州故城等。

■ 莫高窟

1987年列入《世界文化遗产名录》。位于敦煌市东南25公里处，又名千佛洞。始凿于前秦建元二年(366年)，历经隋唐以至元代，均有修建。今存洞窟492个，壁画45000平方米，彩塑雕像3000多尊，莫高窟的艺术特点主要表现在建筑、塑像和壁画三者的有机结合。壁画内容包括佛本生、佛传、经变及建筑彩画图案；彩塑像有佛、菩萨、第子、天王、力士等。作品反映了中国从5世纪到14世纪部分社会生活及历代造型艺术的发展，是我国现存石窟艺术宝库中规模最大、内容最丰富、艺术价值最高的一座，被称为“丝路明珠”。藏经洞内有各个朝代的经卷、文书、织绣、画像等6万多件，现已成立专门的研究机构进行研究，并形成了专门学科“敦煌学”。

■ 古丝绸之路

河西走廊自古为中国内地通向西北边远的天然通道。汉唐“丝路”从古都长安(今西安)经本省西去，在本省主要分两路：一经泾川，一经天水，之后合并经武威、张掖、酒泉，在敦煌以西，一出阳关，一出玉门关，分两路进入新疆。古代商人乞求佛教保佑，因此沿线有众多的石窟、寺院。如天水麦积山石窟、张掖大佛寺、敦煌莫高窟等。

■ 麦积山

位于天水东南30公里处，因山形如堆积的麦秸故称麦积山。从公元384~417年的十六国、后秦时期开始创建，共有194个洞窟，泥塑、石雕7200多尊，被誉为“东方最大的雕塑馆”，是中国四大石窟之一。

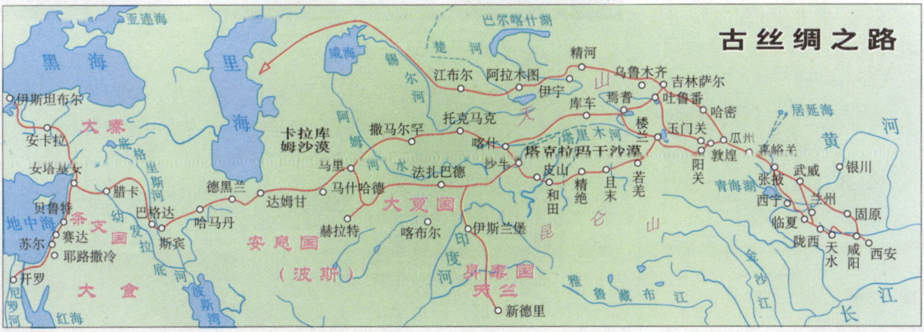

■ 鸣沙山—月牙泉

国家重点风景名胜区。位于敦煌市城南，由鸣沙山和月牙泉两大景区组成。鸣沙山东西长40公里，南北宽20公里，高数十米，因沙动有声而得名，山由流沙积聚而成，又称神沙山。月牙泉被鸣沙山环抱，因水面酷似一弯新月而得名。泉水清澈，水色蔚蓝，经千年而不干涸，泉虽在流沙山群中，但“为飞沙所不到”，实属自然奇观。

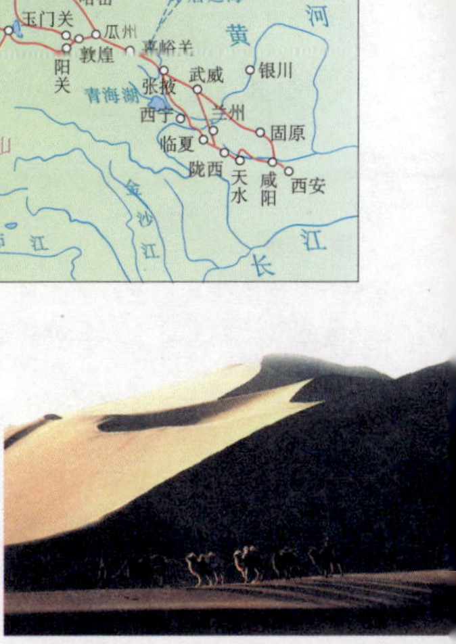

沙漠驼队

酒泉卫星发射中心

酒泉卫星发射中心

中国科学卫星、技术试验卫星、返回型卫星和运载火箭的发射试验基地。创建于1958年。由技术部、通信网、气象网以及发电厂、专用铁路、公路、机场等组成。曾发射过中国第一颗人造地球卫星东方红1号、科学导弹和运载火箭。1987年8月5日，还先后为法国和德国提供卫星上天搭载服务。2003年10月15日“神舟5号”载人飞船从这里发射成功，揭开了中国航天史新的一页。

民俗采风

羊皮筏子

是黄河上游常见而又古老的水上运输工具，由几只或十几只充气的羊皮袋扎在柳条架上组成。具有制作简单、搬运方便、吃水浅、不怕搁浅、操作灵活、安全性好且不消耗能源的特点，因此沿用至今。

羊皮筏子

兰州拉面

兰州独具特色的地方风味小吃。历史悠久，经济实惠，始创于清光绪年间，现已风靡全国。兰州拉面用手拉成，其形状有宽有窄，有扁有圆。将拉成的面条放入沸锅中煮熟捞起，浇上牛肉汤、辣椒油，放上几片白萝卜、牛肉和香菜，香味扑鼻。吃起来滑柔韧爽，鲜美异常。

风物链接

嘉峪关

位于河西走廊中段嘉峪山麓。明洪武五年（1372年）设关，依山而筑，居高凭险，为东西要冲，是明万里长城的最西终点，号称“天下第一雄关”。关城呈梯形，周长723米，高11.7米，城四角有角楼。由内城、瓮城、外城、城壕组成四重城廓，多道防线，形成了重城并守之势，构成了一个森严堡垒的军事防御体系。

玉门关

位于敦煌市西北88公里的戈壁滩上。设于汉武帝时，为汉代西陲两关之一，因西域玉石取道于此而得名，自古为中原进入西域之门户，宋以后因中西陆路交通逐渐衰落，关城废圮。现存关址只是一座耸立在干河旁土岗上的土城。关城呈方形，四周城垣保存完好，为黄胶土夯筑，开西、北两门。城北坡下有东西向的大车道，即历史上丝绸古道。王之涣的名句“羌笛何须怨杨柳，春风不度玉门关”，使玉门关名传千古。

玉门关

阳　关

位于敦煌市西南70公里的南湖乡西侧，为汉武帝“列四郡，据两关”的两关之一，因在玉门关之南，故名阳关，是丝绸之路上通往西域南道的门户。宋以后逐渐废圮。唐代诗人王维有“劝君更尽一杯酒，西出阳关无故人”的名句。

拉卜楞寺

位于夏河县城西1公里处。旧称札西奇寺，始建于清康熙四十八年（1709年）。是我国喇嘛教格鲁派六大寺院之一，也是世界最大的喇嘛教高等学府，全国藏经最丰富的佛教寺院，规模仅次于布达拉宫。寺里有18座金碧辉煌的佛殿，前殿供藏王松赞干布像，正殿悬“慧觉寺”匾额，寺中还有两座讲经坛以及藏经楼、印经院，珍藏文物数万件。拉卜楞寺每年农历正月和七月都举行大法会，场面非常壮观。

拉卜楞寺

炳灵寺石窟

位于临夏回族自治州永靖县小积石山的大寺沟内，旧名龙兴寺，又名灵岩寺。炳灵为藏语千佛或十万佛之意。寺始建于西秦建弘元年（420年），以精美石雕著称于世。寺内共有石雕造像694尊，壁画约900平方米，以唐代作品居多。位于悬崖高处的唐述窟（第169窟）最为精妙，此窟开凿在距地面60米的陡峭绝壁中，面积达200平方米。

文庙西夏碑

西夏是11世纪至13世纪我国西部民族党项拓跋氏创建的朝代。本名大夏，宋人称西夏。武威西夏碑即护国寺感应塔碑，是西夏第四个国王崇宗李乾顺在天佑民安五年（1049年）所立，距今已有890多年。此碑为第一批国家重点文物保护单位，现存武威市博物馆（文庙）石刻陈列室内。

半山－马厂文化

中国石器时代的一种文化。1923年首次分别发现于甘肃和政半山和青海民和马厂塬，故名。过去也有人把它归入马家窑文化（或称甘肃仰韶文化），但半山、马厂的彩陶与马家窑有较大的差别，似应分作另一文化。主要分布于甘肃的洮河、大夏河和青海的湟水流域。生产以农业为主，使用石刀、石斧和骨镞等工具。家畜有猪、狗。陶器手制，器形有壶、瓮、罐、盆等。彩陶很发达，半山的彩陶用红黑两色绘成，并且常以锯齿形镶边；马厂的彩陶多用红色绘成，在造型和花纹方面与半山非常接近，似为一个文化前后相承的两个发展阶段。据碳－14法测定，半山－马厂文化的年代约为公元前2500－前2000年。

名人专区

王进喜（1923－1970）

甘肃玉门人。1938年进玉门油矿当徒工，建国后任钻井队队长。1960年春，率一二〇五钻井队到大庆参加石油大会战，艰苦创业，打出大庆第一口油井，为发展中国石油工业作出了贡献，被群众誉为“铁人”。

李　白（701－762）

唐诗人。字太白，号青莲居士。自称祖籍陇西成纪（今甘肃静宁），隋末其先人流寓碎叶（今吉尔吉斯斯坦北部）。幼时随父迁居四川江油。少年即显露才华，吟诗作赋，博学广览，并好行侠。从25岁起离川，长期在各地漫游，对社会生活多有体验。天宝初曾供奉翰林，但在政治上不受重视，又遭权贵谗毁。天宝三年（744）年在洛阳与杜甫结交。其诗热情奔放、气势磅礴、想象力丰富，被人称为“诗仙”。代表作有《蜀道难》、《梦游天姥吟留别》等。

青海省

西宁长途区号：0971

西宁邮政编码：810000

民俗节庆

■ 开斋节

是我国回、维吾尔等少数民族共同的节日，时间是伊斯兰教历的十月初。早在开斋节到来之前，人们就粉刷房屋、打扫庭院、理发洗澡等。青年男女常常选择节日期间举行婚礼。在新疆地区，开斋节称肉孜节。

■ 古尔邦节

又称宰牲节，时间在伊斯兰教历十二月十日。穆斯林每逢此日沐浴盛装，举行会礼，互相拜会，宰杀牛、羊、骆驼等牲畜，互相馈赠以示纪念。

■ 草原歌舞节

时间多为夏秋时节，流行于玉树地区藏族生活区，主要活动包括大型歌舞表演、赛马和物资交流。

特产快递

■ 冬虫夏草

是虫与草的复合体，含有脂肪、粗蛋白、精纤维、虫草酸和维生素B 等成分。是青海省著名特产。冬虫夏草味甘、性温、气香，入肺肾二经，具有益肺肾、补筋骨、止咳喘、抗衰老等作用，并对结核菌、肝炎菌等均有杀伤力，是中外闻名的滋补保健珍品。

青海省地处我国西北地区，因境内有青海湖而得名，简称青。古为羌地，唐宋时属吐蕃；元为统制院（后设宣政院）辖地，先属陕西四川行省，后属甘肃行省；明代大部属朵甘都司（后改朵甘思宣慰司）；清设青海办事大臣辖区，治所为借驻甘肃省西宁府；1928年设青海省（1929五月正式成立）。1949年9月青海省人民军政委员会成立；1950年青海省人民政府成立，省会西宁市。全省面积72万多平方公里，人口487万（居全国第32位），有汉、藏、蒙古、回、满、土、撒拉等民族。

本省位于青藏高原东北部，一般在海拔3000米以上，北部是阿尔金山、祁连山山地，祁连山西段多高峰，现代冰川分布广，是柴达木盆地的重要水源地，与新疆交界的布喀达坂峰海拔6860米，为全省最高峰。中南部为青南高原，主要由昆仑山脉及其支脉可可西里山、巴颜喀拉山、唐古拉山组成，常年积雪的山峰很多，高原东部是长江、黄河、澜沧江等大河的发源地，所以青南高原有“江河源”之称。青海湖是我国最大、海拔最高的内陆咸水湖，面积达4635平方公里，平均水深19米，湖西北部有鸟岛。

本省属大陆性高原气候，冬寒夏凉，日照长，温差大，雨量少，多大风。年平均气温−5℃～8℃，1月−18℃～−5℃，年平均降水量250～550毫米。青南、祁连山东段多雷暴及冰雹，2～4月时有沙尘暴天气。

本省畜牧业历史悠久，是我国5大牧场和出产羊毛的主要省区之一，羊毛统称“西宁毛”，是织造地毯、毛毯、长绒毛的上等原料，世界最优地毯用毛之一；青、甘、川边境黄河河曲一带所产的河曲马和海北藏族自治州的大通马是我国著名良马；无鳞湟鱼为青海湖特产。本省大部分耕地集中在日月山以东的各河谷地中。主要农作物为小麦、青稞、谷子、蚕豆、豌豆、马铃薯、油菜、甜菜等，青稞是高原上的主要粮食作物。雪莲花、藏红花、枸杞、鹿角是本省著名中药材。

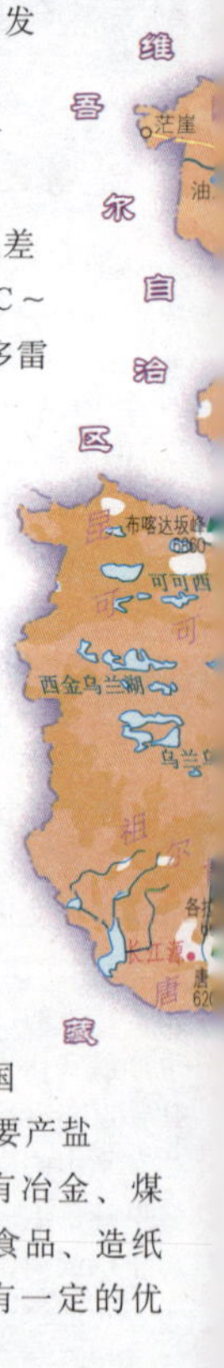

矿产资源丰富。柴达木盆地的石油、钾盐在全国占重要地位，茶卡盐湖、柯柯盐湖、察尔汗盐湖是重要产盐地，也是我国最大的钾肥生产基地。主要工业部门有冶金、煤炭、机械、化工、纺织、石油、建材、皮革、电力、食品、造纸等，盐化工、地毯、长毛绒及皮毛骨等畜产品加工有一定的优势。充分利用黄河上游水力资源，青海已形成以水兴电、以电兴工、以工促农的经济发展新格局，已建成龙羊峡、李家峡等大型水电站，黄河公伯峡水电站、拉西瓦水电站已全面开工，拉西瓦水电站将是黄河上游装机规模最大（5600兆瓦）、坝相对高度最高（250米）的特大型水电站。

格尔木麦地

交通以铁路和公路为主。有兰青、青藏铁路；有青藏、青新、青川、敦（煌）格（尔木）、茶（卡）茫（崖）等公路干线；西宁乐家湾机场有航班飞往各地。

同仁为国家历史文化名城。青海湖风景区为国家重点风景名胜。

■ 雪莲花

雪莲性温，味甘微苦，具有活血通经，散寒除湿和强筋助阳之效。它可治疗风湿性关节炎、肝炎、胆囊炎和一些妇科疾病，是药中珍品。产于青藏高原3000米以上雪线附近。

■ 河曲马

原产于青海、甘肃、四川三省交界处黄河上游的第一个弯曲处，故名。它是中国马的优良地方品种，头略大，颈短而粗，背平腰短，四肢粗壮，情情温驯，可日行50公里。与伊犁马、蒙古马并列中国三大名马。

名人专区

■ **宗喀巴**（1357－1419）

青海湟中人。西藏藏传佛教格鲁派（黄教）创始人。藏族称湟中为“宗喀”，故称宗喀巴。自幼出家，长期生活在西藏，遍学藏传佛教各派显密教法，而以噶丹派教义为立说之本。1409年初于拉萨发起、主持大祈愿会（传召大会），并兴建甘丹寺，从而形成格鲁派。因该派僧人戴黄色僧帽，又称黄帽派，俗称黄教。

亮点点击

■ 西宁市

青海省省会。位于青海东北部湟水谷地。是通往西藏的南蕃古道和通往西域的丝绸之路南线必经之路，亦是青藏高原上最大的工业城市。东汉置西都县，唐为鄯城县，宋为西宁州，明改西宁卫。1913设西宁县，取“西部安宁”之意。1945年设市。以西宁为中心的湟水谷地，被称为宗教上的“神灵世界”，佛教寺院和伊斯兰教寺院众多。主要古迹有东关清真寺、北禅寺、塔尔寺等。

■ 青海湖

是中国最大的湖泊和咸水湖，古称西海，蒙古语意为“青色的湖”。位于青海省东北部的大通山、日月山、青海南山之间。面积4635平方公里，海拔3196米。景区以高原湖泊为主体，兼有草原、雪山、沙漠等景观。湖中有海心山、三块石、鸟岛、海西山、沙岛五个形态各异的岛屿，景观独特，尤其以鸟岛闻名遐迩。这里气候凉爽，即使在盛夏，日平均温度也只在15℃左右，是理想的避暑胜地。

青海湖鸟岛

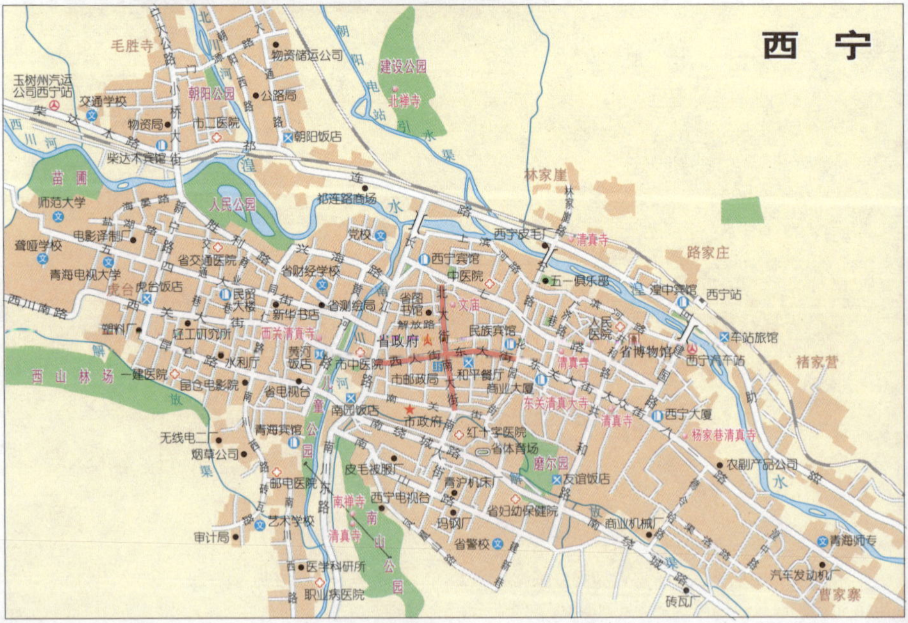

格尔木市

地处青海省柴达木盆地南部，西格铁路和正在建设中的青藏铁路交会于此，为西藏物资转运站和柴达木盆地资源开发基地，是一座现代化盐湖化工、石油天然气化工新城。“格尔木”蒙古语意为“河流密集的地方”。市区原为一片盐碱地，1954年修筑青藏公路时逐渐兴起，1960年设市，1965年改县，1980年复设市。1994年元月被国家民委和国家体改委列为全国民族自治地方改革开放试验区之一。已成为青藏高原列西宁、拉萨之后的第三大城市。拥有江源冰川、昆仑雪景、一步天险、万丈盐桥、盐湖、海市蜃楼等十大名胜景观。

日月山

位于青海湟源县城西南40公里处，属祁连山脉，古称“赤岭”，是古代从内地通往西藏的重要隘口要道。日月山是青海农牧区的分界岭。东麓是富饶美丽的湟水流域，西北是波澜壮阔的青海湖，西南草原无际，牛羊成群。

三江源

地处青藏高原腹地，青海省南部，为长江、黄河、澜沧江的源头汇水区：长江发源于唐古拉山，它的上游沱沱河和当曲贯穿该区；黄河发源于该地区的巴颜喀拉山麓；澜沧江的上源扎曲、解曲均出自唐古拉山脉。长江总水量的25%、黄河总水量的49%和澜沧江总水量的15%均来自这一地区，因而三江源地区素有“中华水塔”之称。这里曾是水草丰美、湖沼遍布、野生动物种群繁多的高原草原草甸区，被称为生态“处女地”。因地处海拔4000多米，亦是我国海拔最高的天然湿地，因而又是生态系统最敏感的地区。随着全球气候变暖，冰川、雪山连年萎缩，加之人类生产经营活动的影响，生态环境已十分脆弱，并在进一步恶化，已影响到三江中下游地区的生态环境和工农业生产。为此，2000年8月成立了省级三江源自然保护区，2003年1月升为国家级自然保护区。

知识补给站

盐湖世界

青海省有“盐的世界”之称。有100多个盐湖，总面积约12万平方公里。青海湖是中国最大的内陆咸水湖，湖水含盐量为6%左右。位于青藏公路线上的茶卡盐湖和柴达木湖盆地，景观奇特，远远望去，银光熠熠，气象万千。

万丈盐桥

位于柴达木盆地察尔汗盐湖之上，南距格尔木市60公里，20世纪50年代盐湖的开拓者为了开发盐湖的资源，利用盐湖盐量承载能力的特点，在千里古盐湖上开辟了一条横跨盐湖，长达32公里的大道，素称“万丈盐桥”。万丈盐桥既无桥墩，又无栏杆，没用一吨钢材，一方木料，甚至未用一块石头，整条公路平整光滑，与柏油马路并无两样，是举世罕见的一种路桥，也是柴达木盆地的一大奇观。随着当地经济的发展和盐湖资源的开发利用，如今，建设者们又在察尔汗盐湖上架起了长达120公里的第二座“万丈盐桥”。

风物链接

塔尔寺

位于湟中县鲁沙尔镇西南隅，藏语意为“十万个佛像”。是喇嘛教格鲁派六大寺院之一。始建于明嘉靖三十九年(1560年)，为纪念格鲁派创始人宗喀巴而建，是西北地区佛教活动的中心。由大金瓦寺、小金瓦寺、小花寺、大经堂、如意宝塔、菩提塔等组成。寺院殿宇相连，白塔林立。酥油花、壁画和堆绣，被称为“塔尔寺三绝”。寺内还珍藏了许多佛教典籍和历史、文学、哲学、医药、立法等方面的学术专著。设有显宗、密宗、天文、医学四大学院。每年举行的佛事活动“四大法会”更是热闹非凡，游人如织。

塔尔寺

宁夏回族自治区

银川长途区号：0951

银川邮政编码：750004

宁夏回族自治区位于我国西北地区，黄河上游，取“夏地安宁”之意而得名，简称宁。三国、西晋时属羌胡；元初于陕西四川行省置中兴府，后改宁夏府路；元中统三年（1261年）属西夏中兴行省，元至元十八年（1281年）复属宁夏行省；明置宁夏卫、宁夏中卫等，属陕西承宣布政使司；清置甘肃省宁夏府。1929年设宁夏省，省会宁夏县（后改贺兰县）。1949年12月，宁夏省人民政府成立，省会银川市。1954年8月，宁夏省撤销并入甘肃省。1957年7月，成立宁夏回族自治区，首府银川市。全区总面积6.6万平方公里，人口573万（居全国第31位），有回、汉、满、蒙古等民族。

境内地势南高北低。南部为黄土高原和六盘山地，六盘山又称陇山，大致南北走向，峰脊岩石裸露，耸立在黄土高原之上，山路曲折，古盘路有六重，故名；北部为银川平原，西起中卫县沙坡头，北止于石嘴山，长约320公里，最宽处40公里，这里土地肥沃，渠川密布，物产丰饶，素有“塞上江南”之称；西北部为贺兰山脉，从平原西望，山脉犹如奔腾的骏马，其主峰贺兰山海拔3556米，为本区最高峰。黄河斜贯西北部，此外有黄河支流清水河、苦水河。

本区地属温带大陆性半湿润－半干旱气候，南暖北寒，南湿北干；风大沙多，雨雪稀少。年平均气温5℃～10℃，1月－10℃～7℃，7月17℃～24℃。年平均降水量190～200毫米。

银川平原素称“塞上谷仓”，亦有“天下黄河富宁夏”之说，是我国重要的商品粮基地，主产小麦、稻谷、玉米、油菜、甜菜等；南部地区产莜麦、胡麻等；畜牧业很具特色，是国内裘皮羊的重要产区，银川平原滩羊（绵羊）和沙毛山羊为优质裘皮羊品种；中宁枸杞在国内外有盛誉；盐池、同心、吴忠、宁武等地盛产甘草；枸杞（红）、甘草（黄）、贺兰石（蓝）、滩羊裘皮（白）、发菜（黑）被誉为宁夏红黄蓝白黑五宝。

本区矿产资源丰富，主要有钾盐、石棉、硫、食盐等矿产。尤以煤为最，品种多，质量好，分布广，石嘴山煤矿已成为西北地区炼焦煤、动力煤基地之一，“太西煤”居全国无烟煤之冠，号称“煤王”；盐池、同心、固原一带盛产石膏；

黄河水车

民俗节庆

圣纪节

时间：	伊斯兰教历三月十二日
地址：	回族居住地区
主要内容：	听阿訇讲经、宰杀牛。

登宵节

时间：	伊斯兰教历七月二十七日
地址：	回族居住地区
主要内容：	做礼拜。

民俗采风

回族服饰

回族人爱戴白帽，白帽是回族服装的主要标志。回族男子喜穿坎肩，妇女有戴盖头的习惯。

盖碗茶

是宁夏回族茶文化的一大特色。盖碗，上有盖，下有托盘，茶碗口大底小，方便实用。喝茶时用宝鼎底座似的掌盘托茶碗，不烫手，还能把洒出的茶汁留在盘里。沏茶与配料也有讲究，有所谓“八味茶”、“十味茶”等不同的沏法。

盐池盛产食盐；中卫、贺兰山一带有丰富的铁矿和石油。煤炭、机械、冶金、电力、化工、轻工、石油、电子是主要的工业部门；青铜峡水电站枢纽工程是本区电力网的中枢。银川、吴忠的毛纺、皮毛加工久负盛名。银川提花绒毯、贺兰石刻是传统手艺品。

交通以铁路和公路为主。包兰铁路斜贯北部，中（卫）宝（鸡）铁路纵贯南部，并与陇海铁路相连；已建成石嘴山－中宁高速公路；银川河东机场有航班飞往全国各地。

银川是国家历史文化名城。西夏王陵为国家重点风景名胜。

知识补给站

塞上江南

黄河流经宁夏平原段，水面宽阔，水流平缓，灌溉方便。早在秦汉时期就修筑灌溉渠道，历代先后修建了秦渠、汉渠、大清渠等九大灌溉渠道，灌溉历史悠久。上世纪60年代青铜峡水利枢纽建成后，灌溉系统更加发达。如今已是沟渠纵横，沃野平畴，瓜果满园，稻香鱼肥，被誉为“塞上江南”。

青铜峡水利枢纽

位于青铜峡市境内。是黄河干流的骨干工程之一，以灌溉为主，兼有发电、防洪、防凌等功效。1958年动工，1967年基本完成。主要工程包括：长697米、高42米的混凝土拦河大坝，7孔溢流坝，3孔泄洪闸，除在河床建有电站外，还在两岸渠首各建一座电站。

回 族

中国人口较多的少数民族之一，现有人口860余万，也是除汉族外分布最广泛的民族。回族信仰伊斯兰教。通用汉语。回族主要从事农业，有的兼营畜牧业、手工业，还擅长经营商业贸易和饮食业。

亮点点击

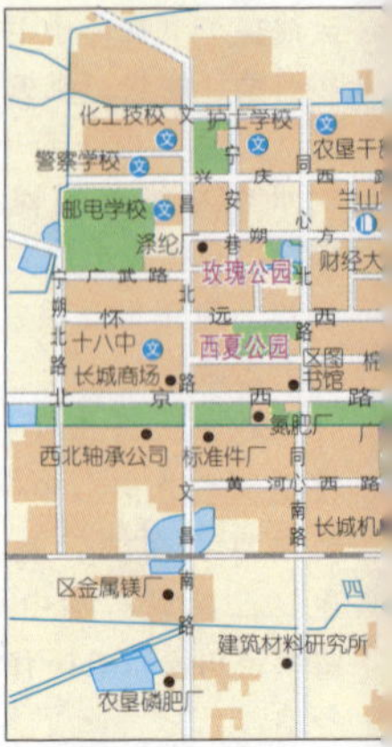

银川市

宁夏回族自治区首府，国家历史文化名城。位于宁夏北部银川平原中部。是中国河套文化和丝路文化交汇地带最具魅力和发展潜力的旅游城市之一。银川又名“凤凰城”北宋置兴州，后为西夏都城。元以后为宁夏路府治。1945年设市。城区分为新城和老城，由一条长约10公里的大道相连，到处可见伊斯兰风格的建筑。市郊渠道纵横，农业发达，向有“塞上江南”之称。名胜古迹有南关清真寺、海宝塔、西夏王陵等。

沙坡头

中卫沙坡头位于中卫市西南的茫茫沙漠之中。这里蓝天白云，沙黄水秀，既具西北风光之雄奇，又兼江南景色之秀美，是世界治沙史上的奇观，被辟为国家级自然保护区。沙坡鸣沙是中国四大鸣沙之一。2001年1月，沙坡头被国家旅游局评为4A级景点。

西夏王陵

国家重点风景名胜。坐落在银川市西郊贺兰山东麓，是西夏历代帝王陵墓所在地。西夏是党项拓跋氏所建的朝代，自1038年元昊称帝始，至1227年被蒙古族所灭，近200年，先后有10个帝王在位，其都城为兴庆府（治今银川），最盛时包括今天的宁夏、陕北、甘肃西北部、青海东北部和内蒙古一部分地区，与宋经济文化关系极为密切。西夏王陵有“东方金字塔”之称。40平方公里分布着裕陵、嘉陵、泰陵、安陵、献陵、显陵、寿陵、庄陵、康陵等9座帝王陵和140多座王公大臣的殉葬墓，规模宏伟，布局严谨。每座帝陵，都是独立完整的建筑群体，规模同明十三陵相当。西夏王陵受到佛教建筑的影响，使汉族文化、佛教文化、党项民族文化有机结合，构成了我国陵园建筑中别具一格的形式，是西夏灿烂文化的缩影。

西夏王陵

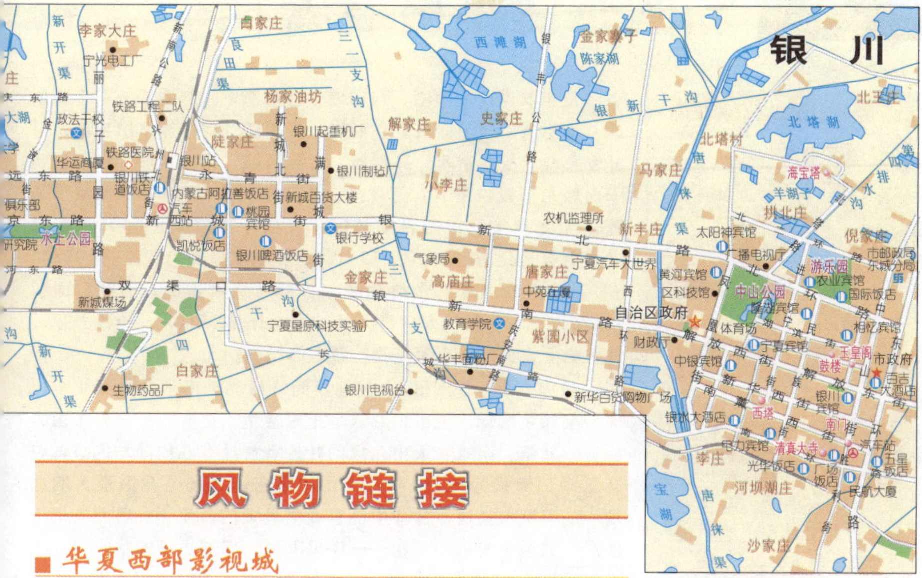

风物链接

华夏西部影视城

位于银川西北郊镇北堡镇。紧邻110国道。西部著名影视城，中国三大影视城之一，具有古朴、原始、粗犷、荒凉和民间化的特色。自从电影《红高粱》在这里拍摄后，西部影视城已逐步被人们所熟知，并逐步走向世界。目前，在此拍摄的影片之多，为中国各影视城之冠。这里还可以让游客充当明星，自由表演，录制成磁带，自娱自乐。

一百零八塔

位于青铜峡水库西岸崖壁下，依山势从上到下按1、3、3、5、5、7…19等奇数排列成12行，整体为三角形，总数为108，是中国现存的大型古塔群之一。为实心喇嘛砖塔，并抹以白灰。最高的一座3.5米，其余均高2.5米。塔群坐西面东，依山临水，随山势凿石分阶而建，其形制之独特与塔数之众多为国内罕见。塔群始建年代不详，明代志书即称其为“古塔”。塔基下曾出土有西夏文题记的帛书。这座塔群是佛教的纪念塔，佛教认为人有108种烦恼，为了去掉人生众多的烦恼，便在这里建108座塔。

一百零八塔

特产快递

宁夏五宝

红宝—枸杞。果实色泽红润，皮薄肉厚，籽少味甘，含有蛋白质、脂肪、氨基酸、维生素等多种营养成分，是滋补扶正之药，有明目、清肝、滋肾益精之功能。

黄宝—甘草。条干顺直，皮细坚实，有解毒、祛痰、止痛、解痉等药理作用。

蓝宝—贺兰石。其结构均匀，质地细密，可用来刻砚、刻制插屏、印章、台灯等工艺品。用其制成的贺兰砚，有发墨、存墨、护笔、耐用等优点。

白宝—滩羊皮。是制作裘皮服装的上乘毛皮。用滩羊皮制作的二毛裘皮弯曲自然，轻暖美观，花穗自然，花案清晰。

黑宝—发菜。宁夏发菜丝体细长，色泽乌黑，富有韧性，吸水膨胀大而柔软，富含钙、磷、铁等元素和各类营养成分，能帮助消化、清肠胃，有较高的食用价值。

新疆维吾尔自治区

乌鲁木齐长途区号：0991

乌鲁木齐邮政编码：830002

民俗节庆

■ 新疆葡萄节

时间：每年8月

地址：吐鲁番

活动内容：

集旅游、经贸、文化为一体，以“团结、友好、合作、发展”为主题，根本宗旨是弘扬“丝绸之路”的开拓精神，广交国内外工商经贸、文化旅游等各界朋友，扩大对外交流，进一步宣传新疆、宣传吐鲁番，提高吐鲁番的知名度，促进中国西部经济的发展。

民俗采风

■ 新疆挂毯

新疆民族传统工艺品，以历史悠久，织工精美，民族特色鲜明而驰名。以本地优质半粗羊毛为原料制作。这种羊毛粗而不粘，柔韧而富有弹力，耐拉、耐压、耐磨，最宜织毯。新疆地毯采用手工打结、编织，织工细密，毯面平滑，质地牢固。

位于我国西北边疆，与印度、巴基斯坦、阿富汗、塔吉克斯坦、吉尔吉斯斯坦、哈萨克斯坦、俄罗斯、蒙古等多国接壤，且开发较晚，故名新疆，简称新。古称西域，汉置西域都护府；明于西域东部置哈密卫；清乾隆二十四年（1759年）改西域为新疆，光绪初年置伊犁将军辖区，光绪十年（1884年）设新疆省，省会迪化府。1949年12月，新疆省人民政府成立；1955年9月，成立新疆维吾尔自治区，首府乌鲁木齐市。全区总面积160多万平方公里，人口1860万（居全国第25位），有维吾尔、汉、哈萨克、回、柯尔克孜、蒙古等民族。

境内有3大山脉和2大盆地相间，从北至南依次为阿尔泰山脉、准噶尔盆地、天山山脉、塔里木盆地、昆仑山脉。以天山为界，分北疆、南疆；天山东段的吐鲁番盆地有我国陆地的最低点艾丁湖，海拔为－155米；天山和昆仑山之间是我国最大的盆地——塔里木盆地，盆地中部有我国最大的沙漠——塔克拉玛干沙漠，我国最长的内陆河——塔里木河。南部边缘的喀喇昆仑山有海拔8611米的乔戈里峰，是本区最高峰，也是世界第2高峰。

南疆属暖温带大陆性干旱气候，气温低，降水量少（年平均降水量仅10毫米）；北疆为温带大陆性干旱气候，1月气温低至－20℃，而吐鲁番盆地的夏季极端最高温可达49℃，有“火洲”之称。山地的年平均降水量约600毫米。

本区以“绿洲农业”著称，吐鲁番、哈密地区的“坎儿井”灌溉闻名中外，农作物以小麦、玉米、棉花、甜菜为主；南疆是我国长绒棉生产基地；盛产瓜果，吐鲁番葡萄、鄯善哈密瓜、库尔勒香梨、伊宁苹果、叶城大籽石榴、阿克苏薄皮核桃、阿图什无花果、库车白杏、雪莲等久负盛名。畜牧业历史悠久，自古为名马产地。伊犁马、巴里坤马是著名品种；塔城牛、福海大尾羊、三北羔皮羊、新疆细毛羊等亦驰名中外。

矿产资源丰富，以煤、铁、石油、盐、金为主，阿尔泰山以盛产黄金和多种有色金属而闻名，昆仑山以出产和田玉而著称。石油、煤炭、冶金、毛纺、皮革、制糖、纺织等是主要工业部门，石河子市的轻纺、制糖工业发展迅速，克拉玛依是我国重要的石油生产基地之一。维吾尔族花帽、英吉沙小刀、新疆地毯、和田羊脂玉为传统工艺产品。

交通以铁路和公路为主。兰新铁路横贯北疆，并延伸至中、哈边境的阿拉山口，南疆铁路从乌鲁木齐西经库尔勒至喀什；有甘新、青新、新藏等省（区）际公路和乌鲁木齐－乌苏、吐鲁番高速公路；有乌鲁木齐地窝铺机场、喀什机场、和田机场、克拉玛依机场、库尔勒机场等。

喀什是国家历史文化名城。国家重点风景名胜有天山天池、博斯腾湖、库木塔格沙漠、赛里木湖。

维吾尔的服饰

维吾尔服饰色彩鲜明、形式清新、纹路多样。维吾尔族男装以“袷袢”(无领，无袋，衣长过膝的外衣）式服饰为主要款式。维吾尔妇女爱穿裙装，喜爱选择鲜艳的丝绸或毛料缝制，常见的有大红、大绿、金黄等色的裙装，内穿淡色衬裙。她们偏爱本民族独创的“爱得来斯绸”缝制连衣裙。维吾尔男女老少有戴花帽——“朵帕”(四棱小花帽)的习俗。

知识补给站

塔克拉玛干沙漠

位于新疆维吾尔自治区南部、塔里木盆地中部。是中国最大的沙漠。气候极端干燥，年降水量不到50毫米。以流动沙丘为主，一般高70—80米，最高达250米。沙漠外围依次为山麓砾石戈壁、冲积平原、绿洲。沙漠里富藏石油、天然气。

亮点点击

乌鲁木齐市

新疆维吾尔自治区首府。地处天山北麓草原地带、乌鲁木齐河沿岸，是世界上离海洋最远的城市。居住着汉族、维吾尔族、哈萨克族、回族等43个民族。是一座拥有现代化工业、民族传统工业和现代化商贸、经济体系的亚洲中部大都市，我国向中亚、西亚乃至欧洲开放的桥头堡。乌鲁木齐蒙语意为“优美的牧场”。汉代已开始屯垦，唐设轮台县，清置乌鲁木齐厅，后升迪化直隶州、迪化府。

1945年设迪化市，1953年改乌鲁木齐市。这里拥有优美的自然风光、绚丽的民族风情。名胜有红山、水磨沟、南山、白杨沟等。

天山天池

位于阜康市境的博格达峰山腰地带，海拔在1980米左右，长约3.4公里，最宽处为1.5公里，最深处达150米。是世界著名的高山湖泊，湖水清澈碧绿，古称“瑶池”，传说是王母娘娘的沐浴池。盛夏，天池附近凉爽，是避暑胜地；到冬季，这里又是良好的高山滑冰场。天池四周的山腰上，有大片云杉林，与清澈湖水和皑皑雪峰构成了迷人的景色。还有铁瓦寺、南天门寺、王母娘娘庙、灯杆山、石峡等景点。

喀什市

国家历史文化名城。位于新疆西南部，东临塔克拉玛干沙漠，南倚帕米尔高原，是中国最西端的一座充满浓厚伊斯兰文化色彩的城市。早在2100多年前，这里是丝绸之路南、北线在西端的交会点，是中国对西方经济文化交流的交通枢纽与门户之地。喀什城不大，人不多，但风景优美，是新疆塔里木盆地西缘最古老、最富饶的绿洲之一，由于地理气候方面的有利因素以及质优量丰的农用灌溉水，喀什盛产甜瓜、西瓜、葡萄、石榴、无花果等，人称“瓜果之乡”。

喀纳斯

位于阿尔泰山森林中部。“喀纳斯”蒙古语意为“美丽富饶而神秘”。喀纳斯湖海拔1374米，面积近45平方公里，湖中盛产哲罗鲑、江鳕等鱼。四周高山森林茂密，有西伯利亚红松、冷杉、云杉和落叶松等珍贵树种。森林中栖息着马鹿、貂熊、雪豹、林蛙等珍稀动物。以喀纳斯湖为中心的2500平方公里范围被辟为国家级自然保护区。喀纳斯湖被列为国家地质公园。

喀纳斯月亮湾

吐鲁番盆地

位于新疆维吾尔自治区中东部，天山山脉东端，面积1.5万平方公里。盆地最低处的艾丁湖低于海平面155米，是中国陆地最低点。吐鲁番盆地是著名的“火洲”，盆地中心7月份的平均气温达40℃，绝对最高温49.6度。盆地还是著名的“风库”，平均每年刮6级以上的大风近40次。盆地农业依赖坎儿井灌溉，盛产瓜果。

天山天池

塔里木盆地

“塔里木”维吾尔语意为“田地”、“种田”，位于新疆维吾尔自治区南部，天山和昆仑山、阿尔金山之间。西起帕米尔高原，东至甘、新两省区界，面积约53万平方公里，是中国最大的盆地。四周是高山，盆地中部是塔克拉玛干沙漠，海拔800—1300米，塔里木河横贯北部。塔里木河以南的中部为广大沙漠及盐湖。富藏石油、天然气等矿。

罗布泊

在若羌县境东北部。古称蒲昌海、盐泽、洛普池、拗泽，曾是我国第二大内陆湖。由于人类经济活动的影响和干预，最终导致了罗布泊于1972年干涸。特殊的环境吸引了不少中外探险家前来考察，近期我国科学工作者对罗布泊地区湖泊河流地貌和生态环境状况展开考察，揭开罗布泊湖泊生态环境变化的历史面目，探讨它们与古楼兰消亡的原因，对研究罗布泊地区油气与盐类资源形成演化规律、沙漠化治理和生态环境建设等都具有重大意义。

美食情报

拉条子

一种不用擀、压的方法而直接用手拉制成的面制品。极受各族人民喜爱。它圆润细长，吃起来别具风味。

烤全羊

新疆的特色美食。选择羯羊或周岁以内的肥羊羔为主要原料，宰杀后，去其蹄及内脏，用精面粉、盐水、鸡蛋、姜黄、胡椒粉和孜然粉等调成糊状，均匀地抹在羊的全身，然后上火烤制而成。

风物链接

高昌故城

位于吐鲁番市东南约40公里的火焰山旁。始建于公元前1世纪，公元14世纪被废弃。高昌故城是古丝绸之路的交通枢纽，西域的文化、贸易、佛教的重地之一。全城分外城、内城和宫城三重，现还依稀可辨。外城西南角有一座较大的寺院遗址，保存得相当完好。

火焰山

位于吐鲁番盆地中部，距吐鲁番市46公里，主峰海拔831米。火焰山形成于5000万年前的喜玛拉雅造山运动时期，由于地壳横向褶皱运动而形成一系列的背斜构造。远远望去，10多个山头，均呈橘红色，在烈日的照耀下，宛若燃烧着的熊熊大火，故名火焰山。神话小说《西游记》中所描写的孙悟空过火焰山，斗铁扇公主的故事，就发生在这里。

坎儿井

新疆坎儿井是一种特殊的灌溉系统，当地人民利用丰富的地下水源灌溉农田的一种地下水道工程，距今已有2000多年的历史。先在平地上挖很多直井，直井之间相距十至几十米。然后在直井井底之间挖通一道地下暗渠，直井的深度由引水处至出水口按一定坡度逐渐渐缩短，地下河水沿着暗渠的坡度源源不断地自流到遥远的绿洲出水口。

天鹅湖

位于巴音布鲁克草原珠勒图斯山间盆地，海拔2000～2500米，东西长30公里，南北宽10公里，面积300多平方公里。四周为雪山环抱，湖水清澈，湖畔水草丰美。天鹅湖鸟类资源十分丰富，水禽种类多，数量大。据考察，有大天鹅、小天鹅、疣鼻天鹅一万余只，还有灰雁等近10余种珍稀鸟类。

五彩湾

位于吉木萨尔县城西北的古尔班通古特沙漠中。该地远古时代是湖泊，地貌变迁后，色彩鲜艳的湖相岩层永久留存下来。岩石上的色泽有紫红、褐红、姜黄、土黄、浅黑、灰绿，斑斓多彩，故名五彩湾。五彩湾由五彩城、火烧山、化石沟组成。

楼兰古城

位于新疆若羌罗布泊西北。是汉魏西晋时期古城遗址。城址略近方形，原东墙长约333.5米，南墙长约329米，西墙与北墙各长约327米，面积约十万余平方米。四面墙正中辟有城门。城墙用红柳枝与粘土相间筑成。城内有一古河道，把城址分为西南区和东北区。西南区保存有四合式院落建筑，东北区存佛塔一座。在故城外有两处两汉时期墓葬。为全国重点文物保护单位。

葡萄沟

位于火焰山西侧的峡谷中，沟长10公里，宽0.5公里。这里水渠纵横，终日流淌着天山雪水。沟中郁郁葱葱，遍布葡萄园，盛产各种优质葡萄，主要有无核白葡萄，这种葡萄晶莹如玉，形似珍珠，被誉为“珍珠葡萄”。另外还有马奶子、玫瑰红等品种，年产葡萄超过6000吨。两米高的葡萄棚构成的长廊藤蔓交织，串串葡萄伸手可及，崖壁间渗出的泉水汇成养鱼池，安静幽雅。这里每年都有欢乐的葡萄节。

世界上最长的沙漠公路

横贯塔克拉玛干大沙漠的塔里木沙漠公路，是世界上第一条在流动性沙漠中修筑的等级公路。1990年6月动工，1995年9月竣工通车。北路连巴音郭楞蒙古自治州轮台境内轮南油田公路，南至和田地区民丰县以东20公里处的315国道。全长535公里，其中沙漠段长446公里。1999年9月这条沙漠公路获吉尼斯世界纪录证书。

特产快递

花帽

维吾尔语音译为“朵帕”。维吾尔、哈萨克、柯尔克孜等民族均喜戴花帽。一般都用黑白丝线或彩色单线绣出各种民族风格的花纹图案，以绣花、挑花、绊金、绊银、串珠等方法，用手工缝绣而成。

花帽

羊绒衫

中国的名优特产品，以山羊绒作原料加工制作而成的。生长在新疆、蒙古等高寒地带的山羊，绒毛的粗细只有一般绵羊毛的一半左右，具有轻盈、柔和、滑爽、保暖等四大特色，是最珍贵的动物毛之一。

伊犁马

产于新疆伊犁地区。与河曲马、蒙古马并称中国三大优良品种马。近数十年来由奥尔洛夫马、顿河马等与哈萨克马杂交育成。眼大眸明，头颈高昂，四肢强健，步伐稳健，宜于山路乘驮及平原役用。适应高原地区群牧生活。

天山雪莲

新疆的著名特产，别名雪荷花，主要生长于天山南北坡、阿尔泰山及昆仑山雪线附近的高山冰碛地带的悬崖峭壁之上。雪莲味辛、微苦、性温，具有通经活血，散寒除湿的功能。

香港特别行政区

长途区号：00852

民俗节庆

■ 香港国际电影节

1977年由香港市政局创办。2000年起，均于每年的复活节期间举行，为期16天，每届举办“火鸟大奖新秀竞赛”，“亚洲数码录像竞赛”和“人道奖纪录片竞赛”颁发“国际影评人联盟奖”，和“天主教文化奖”。以鼓励电影从业者，为实现香港成为真正的“亚洲电影之都”不断努力。

香港特别行政区位于珠江口东侧，临南海，北隔深圳河与广东省深圳市相邻，包括新界、九龙、香港岛和附近岛屿，陆地面积1101平方公里，人口673万（居全国第30位），其中97%以上是中国人，其余为菲律宾、印度、美国、英国、马来西亚等国人。

古时因产沉香而得名香江，明代因转运香木始有香港之称。秦属南海郡番禺县；晋属东宫郡宝安县；唐属东莞县屯门镇；明、清属广州市新安县，设九龙巡检司。

1840年英国发动第一次鸦片战争，1841年1月强占香港岛，1842年8月迫使清政府签订《南京条约》，割让香港岛给英国；1856年英国发动第二次鸦片战争，1860年迫使清政府签订《北京条约》，割让九龙半岛南端今界限街以南的地区给英国；1895年甲午战争后，1898年英国又强迫清政府签订《展拓香港界址专条》，租借九龙今界限街以北、深圳河以南的九龙半岛大片土地以及附近的200多个岛屿（后统称新界），并从1898年起算，租期99年，设香港总督府进行殖民统治。1941年12月，日军侵占香港。1945年8月日本投降，英国重占香港。

1984年12月9日，中国政府和英国政府签署《关于香港问题的

联合声明》，声明中确定中国政府于1997年7月1日对香港恢复行使主权。1997年7月1日，香港特别行政区正式成立，成为中央政府直辖并享有高度自治权的行政区域。

境内以低山和丘陵为主，少平地，多石山、岩岛和港湾。新界的大雾山（大帽山）海拔957米，为本区最高峰。东北部有船湾淡水湖、万宜水库等；居民饮用水主要来自东江－深圳引水工程。

本区属亚热带海洋性气候，春季温暖多雾，夏季炎热多雨，冬季干燥晴朗。年平均气温22.8℃，1月15.6℃，7月28℃。年平均降水量2225毫米，时有台风暴雨成灾。

香港作为自由贸易港已有150多年历史，是远东主要的国际贸易、金融、航运、信息中心。世界各国的货物除可以免征关税进出口外，一般还可以进行加工、储藏、买卖、装卸和重新包装，因此，迅速拓展了香港的过境贸易，其对外贸易总额常排在世界前10名。香港是世界3大银行业务和金融中心之一，并与纽约、伦敦、苏黎世并列为世界4大黄金市场。全港共开办银行140多家，其中汇丰银行排名世界前20家大银行之列。金融业的发达，使香港具有便利、快捷的国际外汇交易场所、重要的保险业务和债券股票中心。香港是世界3大天然良港之一，水深港阔，风平浪静，全球120多个国家和地区的船舶往来香港，港口年吞吐量近亿吨，其中维多利亚港已成为世界第3大集装箱运输中心，是世界最繁忙和高效的港口之一。香港也是世界10大国际空运中心之一，香港新机场是设备一流、效率一流的全天候航空港，与世界各大航空公司和各大中城市有航班往来。香港日益成为一个重要的国际信息中心，电话普及率居世界前列，仅次于纽约和东京；邮局的特快专递业务居世界第3位，仅次于美国和日本；电视节目丰富多采，每天24小时不停播出，包括本地和国际新闻、财经消息；报业蓬勃发展，目前香港报纸的印行量按人均计算排在世界前列，信息咨询服务范围广泛，服务项目包括：通过电脑检索各国、各地区的人口、经济、劳工的资料以及国民生产、工农业产值、劳动成本、进出口、外汇及利率等方面的分析资料、公关咨询、传媒联络、市场趋势、经贸活动等。

对外贸易、加工制造、房地产、旅游业是香港的4大经济支柱，制衣、纺织、电子、塑料、玩具、钟表是香港的主要轻工制造业。世界各国的最新商品可自由进入香港市场。香港是中西文化荟萃之地，既有大型的文化艺术活动中心和各类康乐设施，又有国际一流的综合游乐场。

香港交通极为发达方便，有京九、广九铁路沟通内地，与广东、澳门有飞翔船往来；市内有地铁、并保留了部分有轨电车。

知识补给站

香港回归

1997年7月1日香港当地时间零时，中英两国政府香港政权交接仪式在香港会展中心隆重举行。中国国家主席江泽民宣告中国对香港恢复行使主权。香港特区政府官员以及立法会议员宣誓就职。

回归博物馆

位于中环亚厘毕道，原为香港总督府。1855年建成后，从1891年至1997年间，共有25位香港总督住在这里，如今已成为百年沧桑的历史见证。香港回归后被辟为回归博物馆。

南京条约

1840年6月，英国侵略者发动了侵略中国的鸦片战争。1842年，清朝代表在英方的军事压力下被迫签订了《南京条约》，将香港割让给英国。《南京条约》是近代中国第一个不平等条约，从此，中国逐步沦为半殖民地半封建社会。

北京条约

1860年10月，英法侵略军占领北京。侵略者迫使清政府签订了中英、中法、中俄《北京条约》，作为《天津条约》的补充，续增的条款包括：开放天津为商埠；割九龙司地方给英国；准许外国人在中国买卖人口以及赔款等一系列不平等条款。

浅水湾

■ 自由经济体系

美国传统基金会公布的2003年经济自由度指数，连续第九年把香港评为世界最自由的经济体系。传统基金会根据若干因素厘定各国的评级，这些因素包括：贪污情况、非关税贸易壁垒、政府的财政负担、法治、规管措施对商界构成的负担、政府对银行金融业务的限制、劳资关系和黑市活动(包括走私和盗用知识产权)。

亮点点击

■ 海湾风光

位于港岛南部的浅水湾是香港最具代表性的美丽海湾。浪平沙细，滩床宽阔，坡度平缓，景色秀丽。浅水湾的秀丽景色，使它成为港岛著名的高级住宅区之一，区内遍布豪华住宅。这些依山傍水的建筑，构成了浅水湾独特的景区，令人流连忘返。

■ 城市街景

香港的繁华地段、商业中心及行政官署主要集中在香港岛北部的中区和九龙半岛南部一带。这里大厦如林，酒楼密集，超级市场和摊贩市场并存，东、西方文化兼蓄，是观光者的乐园。中区又称中环，是香港的金融中心，区内银行、商号、股票交易所、酒店林立。九龙东、西部为人口稠密的工业区，北部是住宅区，南部则是著名的商业区。尖沙咀是九龙最繁华的地区，是游客聚集的购物天堂。

购物天堂

香港是自由港，商品来自世界各地，且没有关税，无论是在价钱、种类或服务品质方面，都名列世界之最，每年还有令人心动的换季大减价促销活动，素来被称作“购物天堂”。香港不仅各种货品齐全，而且购物环境宜人，游客在香港购物本身就是一种娱乐和享受。

风物链接

太平山顶公园

太平山古称香炉峰，海拔339米，是香港的标志和最著名的游览胜地之一。从山上俯瞰维多利亚港及九龙半岛。香港的夜景世界著名，最佳观赏位置为狮子亭和太平山顶公园。山顶广场则为观看日落景色最为理想之地。可乘缆车上山。

海洋公园

号称东南亚最大的游乐场，是香港久负盛名的主题公园。山上机动城以各种惊险刺激的游乐活动为主；海洋天地可欣赏海豚表演，趣味十足；在集古村内中国古代建筑，有风土民情表演。公园内有世界第二长的户外手扶电梯，连接各景区。

宋　城

坐落于九龙荔枝角荔园游乐场旁边，1979年建成开放。参照名画《清明上河图》的画意设计，是宋代都城汴京（今河南开封）生活风貌的缩影。

太空馆

位于九龙尖沙嘴梳士巴利道的香港文化中心，濒临维多利亚港。是世界上设备最先进的太空科学馆之一，由展览厅、太阳厅、天象厅三个场馆所组成。展览厅陈列有天文学、太空科学与探险方面的各类展品，太阳厅中有精密的太阳望远镜。

青马大桥

连接青衣和大屿山之间的一座跨海大桥。其悬索式设计配以四周优美的景致，是观景拍照的理想地点。大桥全长2200米，是全球最长的一条铁路和公路两用吊桥；桥面宽阔，净重50000吨；桥塔高206米，如尖峰插云；钢缆千丝万缕，由1000条共长60000千米的钢丝组成。其工程之浩大，堪称前无古人。

香港赛马场

香港的赛马气氛紧张、刺激，而且派彩金额极高，因此投注非常踊跃。1846年已建成跑马地赛马场，1978年增建沙田马场，使赛马成为香港人最热衷的博彩活动。马场内设置有巨型电脑屏幕和各式先进设施。每年九月至翌年六月是赛马季节，每次赛事都吸引数万“马迷”入场。

香港海员大罢工

1922年1月12日，香港海员因要求增加工资遭英国资本家拒绝，在中华海员工业联合总会林伟民、苏兆征等领导下开始大罢工。2月1日香港英国当局以武力封闭海员、运输工会，逮捕工人数名。工人奋起反抗，封锁香港，断绝交通，使之成为死港。3月初罢工人数增至十万余人，4日大批工人徒步回广州，行至九龙沙田时遭英国军警开枪射击，死六人，伤数百人，造成“沙田惨案”。工人坚持罢工。3月8日英国当局被迫在谈判协议上签字，罢工胜利结束。这次罢工成为中国工人运动第一次高潮的起点。

澳门特别行政区

长途区号：00853

澳门特别行政区位于我国大陆东南沿海、珠江口西侧，北与广东省珠海市相连。本区陆地包括澳门半岛、氹仔岛、路环岛，南北长11.9公里，东西宽7公里，陆地面积25.8平方公里，人口43万(居全国第34位)。

澳门原名蚝镜，因近海区盛产蚝(牡蛎)而得名；又因南北夹持的海湾内，海水平静，内河外运船只进出频繁．是进出和停泊的大门，故名澳门(澳与泊同义)。澳门半岛形态如靴，大部分由填海造成，因此多人工海岸，地势低平；其东南2.5公里处为氹仔岛；距氹仔岛2公里的南侧为路环岛，该岛面积最大，地势亦最高，海拔171米的塔石塘山为本区最高点。氹仔、路环两岛现已与陆地相连。

澳门位于热带北缘，受季风影响大。春季潮湿多雾，夏季炎热多雨，秋季晴朗暖和，冬季干燥温暖。年平均气温22.3℃，1月14.5℃，7月28.6℃。年平均降水量2031毫米，5–10月常受台风影响。

秦属南海郡，汉属番禺县，隋属南海县，唐属东莞县，南宋末属香山县(今中山市)，至清代。明嘉靖十四年(1535年)，澳门开始成为中外互市之地。嘉靖三十二年(1553年)，葡萄牙人以“晾晒水浸货物”为名，贿赂当地官员得以上岸，逐渐定居下来。1572年起，葡人每年向朝廷缴纳地租白银500两(后增至515两)，明亡后，葡人继续向清朝交地租，直至清道光二十九年(1849年)为止。1840年鸦片战争后，葡萄牙于1845年宣布澳门为“殖民地自由港”，并于1848年驱逐中国在澳门的官吏，袭击并封闭清廷在澳门的衙门和海关、税馆，拒纳地租。3年后又陆续占领氹仔岛、路环岛，并设“海岛镇行政局”。光绪十三年(1887年)签订《中葡北京条约》，清政府承认“葡国永驻管理澳门”；1914年设“澳门省”，1926年葡国取消海外省后称“澳门殖民地”，1951年恢复“澳门省”。总督府下设澳门、海岛及市政区。1976年4月，葡萄牙颁布新宪法，承认澳门不是殖民地，是葡国管理下的中国领土这一特殊地位，并称为“澳门地区”。1979年中葡两国建交时，双方就澳门主权的归属问题初步达成谅解；1987年4月13日，《中葡联合声明》签字，同时宣布中国政府于1999年12月20日恢复对澳门行使主权，正式成立澳门特别行政区。

从16世纪50年代到17世纪40年代，澳门是明代最大的对外贸易港口广州的外港，是西欧国家在东方进行国际贸易的重要中继港。但是，鸦片战争后清朝开放五口通商，香港崛起，澳门国际贸易地位逐渐下落。长期以来，澳门经济发展缓慢，对外依赖

知识补给站

■ 海事博物馆

外形就像一艘三桅船停泊在妈阁庙前。通过展厅介绍中国南部及澳门渔民的生活情况，系统地阐述了中国和葡萄牙在海事方面的历史，如葡萄牙人的探险航行和中国航海家郑和的业绩等，深刻反映了澳门与大海之间的紧密联系。顶楼主要展出现代航海技术及海上交通工具。馆内还有水族馆、海底漫游模拟器，游客还可以参加“海上畅游”项目、乘坐中式渔船畅游澳门的内、外港。

■ 土地暨自然博物馆

设在路环石排湾郊野公园内，介绍澳门自然地理、昔日农牧业劳动情况及工具、动植物和药用植物。这里收藏了很多昆虫和植物的标本，其中极为珍贵的一颗是来自塞舌尔群岛的海底椰种子，是目前地球上体积最大的种子标本之一。

松山灯塔

性强。从20世纪70年代开始，由于受到香港经济繁荣的影响，经济结构由过去主要依靠“博彩”业向经济多元化发展；旅游博彩、出口加工、银行保险、地产建筑已成为澳门4大经济支柱；服装、纺织品、电子产品、玩具已成为澳门4大出口产品。澳门是世界闻名的赌城，其博彩业收入占澳门生产总值的2成多。

澳门夜景

澳门的旅游业是与“博彩”业结合发展起来的， 因此澳门也被称之为“东方的蒙地卡罗”，与摩纳哥的蒙地卡罗、美国的拉斯维加斯同为世界3大赌城。

澳门的市政建设具有浓厚的欧陆风情，随处可见古老的欧式建筑和各式雕像；澳门的博物馆多，著名的有澳门博物馆、海事博物馆、赛车博物馆、住宅博物馆、葡萄酒博物馆、林则徐纪念馆等；风景名胜有大三巴牌坊、松山(东望洋山)灯塔，以及融和门、澳门观光塔等。观光塔高338米(居世界第10位)，塔内设展厅、会议室、旋转餐厅，登塔眺望，澳门半岛、氹仔北岸景色尽收眼底。

澳氹大桥、友谊大桥把澳门半岛和氹仔岛连在一起，二桥均为世界知名的跨海大桥。澳门国际机场位于氹仔岛东侧，填海而成，有航班来往于北京、上海、台北、高雄、汉城等地。距香港水路64公里，有飞翔船和快轮往来。

澳门购物区集中在中区的新马路、殷皇太子大马路、荷兰园、白马行、水尾坑一带，以及营地大街和卖草地等购物区；澳门饮食以广州、潮州风味的粤菜最多，福隆新街是澳门著名食街。

葡京大酒店

亮点点击

■ 澳门博彩业

澳门素有“赌埠”之称，博彩业在澳门历史悠久，已成为澳门的第一支柱产业。澳门的“博彩”业分为3大类：一是幸运博彩，已有150多年历史，葡京娱乐场是澳门最为吸引游客的地方；二是赛狗、赛马。始于20世纪30年代，澳门赛马场可容纳12000人，是亚洲最大的赛马场；三是彩票。

■ 澳门博物馆

坐落在大炮台上，藏品蕴藏丰富的历史意义和文化底蕴，向人们展示数个世纪东西方文化在澳门交汇、和谐共存的传统、风俗和文化等。博物馆一楼介绍澳门地区的起源，中国和葡萄牙各自的贸易、宗教和文化等在澳门相遇后，历经数百年逐渐形成的独特的澳门文化。二楼展示澳门民间艺术与传统，包括澳门历史各个阶段的日常生活方式、宗教礼仪和庆典、娱乐等，突显不同文化和种族的人民在澳门相互包容、共存形成既丰富又独特的生活方式。三楼为当代澳门，展示城市生活的特色和澳门的前景，充满着对未来的向往。此外，这里还展出一些与澳门深有渊源的作家的作品。在博物馆顶部的大炮台花园，可饱览澳门的旖旎的风光。

■ 葡萄酒博物馆

以介绍南欧葡萄酒酿制文化发展为主题的葡萄酒博物馆于1995年揭幕，馆内介绍葡萄的种植历史、展示收藏的各式古老酿酒器皿和酒桶等用具，令观众可以领略葡萄酒的酿造方法。飘浮着淡淡的酒香的古色古香的地窖里，珍藏了1000多种不同品牌的葡萄酒，其中700多种是销售的牌子。在359种专供收藏的美酒中，最古老的一瓶是1815年的佳酿。馆中酒牌上列有多种葡国佳酿，游客可选其中一种品尝。

■ 赛车博物馆

有悠久历史的澳门格兰披治大赛车以东望洋赛道上的惊险刺激而闻名世界。本馆建于1993年，为了纪念澳门格兰披治大赛车举办40周年。馆内有20多辆车坛名将获得殊荣的各式战车，有方程式赛车、摩托车和车手们用过的物品。特别介绍了包括叶德利、杜德斯、罗路、冼拿和约翰哥斯密等为大赛车作出贡献的杰出人物，最珍贵的有名震车坛的已故车手冼拿的参赛名车和他的赛车服。

■ 中葡北京条约

清光绪十三年（1887年）12月1日，葡萄牙在英国支持下强迫清政府订立《和好通商条约》，主要内容包括：中国仍允葡萄牙永驻和管理澳门以及属澳之地；葡国得派公使驻北京和在通商口岸设领事，取得领事裁判权；葡人可享受中国已给或将给其他国家的通商特权，在通商口岸有居住、租买土地、建造房屋、设立教堂等权利。

■ 填海造陆

澳门填海造陆已有近140年的历史，1912年澳门地区总面积只有12.69平方公里，现在澳门总面积已达25.8平方公里，比1921年增加了一倍。澳门半岛的正式填海始于1863年，经过填海，澳门半岛面积已由1912年的3.49平方公里增加到2001年的8.5平方公里，填海是澳门满足人口增长、经济发展的惟一出路。

风物链接

■ 大三巴牌坊

位于澳门大巴街附近的大炮台西侧，即圣保罗教堂的前壁，因其极像中国传统的牌坊，故名。是澳门最具代表性的古迹。建于1602年的圣保罗教堂，1835年毁于一场大火，只留下用花岗石建成的前壁。牌坊分上下五层，左右九纵列，顶端立有十字架。精美绝伦的艺术雕刻，将大三巴牌坊装饰得古朴典雅，有“立体圣经”的美誉。

大三巴牌坊

■ 妈祖阁

坐落在澳门半岛西南隅，建于1488年，是为了纪念被尊奉为海神的天后娘娘林默而建。它是澳门最古老的庙宇，澳门的葡文名称“Macau”一词即源于此庙的粤语俗称“妈阁”。

■ 澳氹大桥

在澳门半岛与氹仔岛间。北起澳门南环葡京广场，南至氹仔。1970年6月动工，1974年10月5日通车。桥长2569米（连两端引桥长3449米），121孔，桥面宽9.2米，行四道宽7.2米。1994年10月又建新澳氹大桥——友谊大桥，全长4700米。为澳门一景。

台湾省

台北长途区号：00886

台湾省位于我国东南海域，隔台湾海峡与福建省相望，包括台湾岛、澎湖列岛等80余个岛屿和海域，因台湾岛而得名，简称台。古称夷洲，南宋彭湖属福建路晋江县，元置彭湖巡检司，明始称台湾。1624年台湾被荷兰侵占，1662年郑成功收复台湾，设承天府。清康熙二十二年（1683年）统一台湾，设福建省台湾府；清光绪元年（1875年）改设2府：北部设台北府，南部设台湾府；光绪十一年（1885年），由福建省析置台湾省。1895年中日甲午战争后，台湾岛及附属岛屿、澎湖列岛被迫割让给日本。1945年抗日战争胜利后，台湾及澎湖列岛归还中国，恢复台湾省，省会台北市。全省陆地面积3.6万平方公里（其中台湾岛面积3.578万平方公里），人口2228万（居全国第24位），有汉、高山等民族。

台湾岛是我国第一大岛，岛内大部为山地、丘陵。东部有中央、玉山、阿里、海岸等山脉，称台东山地。分水岭中央山脉纵贯南北，海拔3997米的玉山为省内最高峰。西部有台西平原，海拔100米以下。西部与东部之间为台中丘陵。主要河流有淡水河、浊水溪、高屏溪等。日月潭为本省最大湖泊。位于台湾海峡内的澎湖列岛共有64个岛屿，东北部海域有钓鱼岛、赤尾屿、彭佳屿等岛屿；东南部有绿岛、兰屿等岛屿，均为火山岛屿。

本省地跨北回归线，北部属亚热带气候，南部属热带气候。高温、多雨、多风，年平均气温20℃～25℃，1月3℃～20℃，7月24℃～29℃。年平均降水量2000毫米，属我国多雨地区，其中火烧寮达6000毫米，被称为“雨极”。6～10月过境台风频繁。

本省农业发达，已由传统的种植业转向种植、畜牧、渔、林业综合发展。种植业由比较单一的稻、蔗生产转向经济作物、园艺作物、粮食作物等多种经营。粮食作物以水稻为主，经济作物居首位的是甘蔗，此外有花生、大豆、香茅、麻类等；园艺作物包括茶叶、水果、蔬菜和花卉等，茶叶是传统出口商品。香蕉、菠萝、柑桔是本省3大水果，香蕉号称台湾水果之王。蔬菜中的芦笋、洋菇已占蔬菜总产量的30%，并加工成罐头外销。有高雄、基隆、苏澳、花莲、新港、澎湖等著名渔港渔场，海洋捕捞和养殖业都很发达。森林覆盖面积达50%，盛产樟树、红桧、台湾杉等，其中樟木名冠世界，天然樟脑油、香茅油驰名中外。

工业主要由制造业、建筑业、矿业和公用事业组成，制造业是主导部门，包括新兴的电子电器、化学化工等工业，以及传统的纺织、食品等行业。对外贸易被称为台湾经济的生命线，居出口产品主导地位的有塑料制品、计算机、成衣、鞋类、电子原器件、人造纤维、织物、玩具、电动机、发电机等。

民族民风

高山族

高山族指的是世代居住在台湾的九个族群。他们分别是阿美人、泰雅人、排湾人、布农人、卑南人、鲁凯人、曹人、雅美人和赛夏人。主要分布在台湾岛东部山区及东海岸，其中雅美人主要分布在兰屿。台湾世居少数民族是在不同时期，从不同的方向迁移到台湾本岛及其附属岛屿的。其中一些族群的先民是从祖国大陆华东、华南沿海迁徙而来。

高山族

台湾西海岸

交通发达。铁路分为东线和西线两主干线：西线包括纵贯铁路及其支线；东线主要有台东线和回归线。公路网密集，除环岛有公路干线外，基隆—高雄高速公路沟通台湾岛南北。高雄港、基隆港、花莲港、台中港、苏澳港等是台湾主要港口，其中高雄港是本省最大的商港、军港和渔港。有台北桃园、高雄2个国际机场及台北松山、花莲等机场。

台湾素有“美丽宝岛”之誉，自然景观如画，人文景观十分丰富。全岛划分为4大旅游区：北部旅游区、中部旅游区、南部旅游区和东部旅游区。1996年选出本省12个最佳名胜风景：太鲁阁峡谷、阿里山、溪头、阳明山、玉山、合欢山、日月潭、鹅銮鼻、台北“故宫”、野柳海岬、大霸尖山、秀姑峦溪。

台北市区

亮点点击

■ 台北市

台湾省会，台湾最大的城市和政治、经济、文化、交通中心。因位于台岛北部而得名。初名大加蚋，后称艋舺、莽甲，明郑成功收复台湾后，曾派兵到此开垦。清康熙四十七年（1708年），从福建的厦门、福州、泉州、漳州和广东的汕头等地的移民在此地建立村落，十多年后出现街市。清光绪元年（1875年）设立台北府。1945年抗战胜利后设市。台北工商经贸繁荣，旅游业发达。有台北故宫博物院、圆山寺、阳明山、野柳鼻、大片火山群等名胜古迹。

日月潭

位于南投县中央的渔池乡水社村，是台湾八景中的绝胜，也是台湾岛上惟一的天然湖泊，其天然风姿可与杭州西湖媲美。潭中有一小岛名光华岛，也称珠子山，海拔745米。以岛为界，潭水分为丹碧两色。北半部为前潭，水色丹，形如日轮，故名日潭；南半部称为后潭，水色碧，形觚似月，故名月潭，合称日月潭。

日月潭

高雄市

位于台湾西南部，旧名打狗，1920年设州，改称高雄。1945年抗战胜利后设市。是台湾第二大城市、最大的港口和远洋渔业基地。台湾最大的工业区——临海工业区坐落本市，拥有最具规模的钢铁、造船、石化工业，是台湾的工业重心。主要名胜有：西子湾海水浴场、旗津风景区、古庙天后宫、奉山、莲池潭、春秋阁、半屏山等。

阿里山

位于嘉义县以东，是大武峦山、尖山、祝山、塔山等18座山的总称，主峰大塔山，海拔2663米。是台湾著名的天然森林公园和旅游胜地。最著名的四大景点是云海壮观、擎天神木、日出奇景、艳红樱花。阿里山上的奇木异树，汇成一片绿色海洋，让人觉得心旷神怡。其中的一株老红桧高约53米，树龄达3000年，被称为神木。此外，还有慈云寺、高山植物园、高山博物馆、姐妹潭等景点。

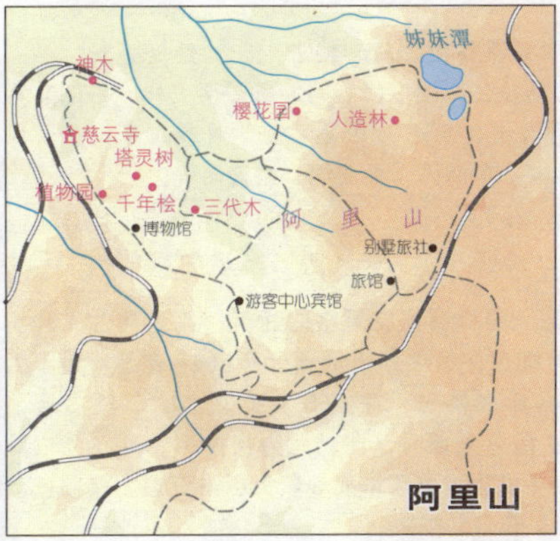

知识补给站

钓鱼岛

位于中国台湾省本岛东北约180公里处。面积约4平方公里，海拔362米。主要由火山岩组成。是台湾省附属岛屿，它和日本琉球群岛之间隔有2000米以上的深海沟，是中国东海的一个渔场。岛上盛产山茶、棕榈、仙人掌、海芙蓉及珍贵药材。周围一带海底富石油资源。

台湾海峡

在福建和台湾两省间，是连接东海与南海的通道。北界从福建平潭岛到富贵角，南界从福建东山岛到台湾最南端鹅銮鼻。自东北到西南长约440公里，东西宽约200公里（最狭处仅130～135公里）。是东海、南海航运要冲。

郑成功收复台湾

1624年，荷兰殖民民主义者侵入台湾。1661年4月21日，郑成功率领将士25000人，分乘战船350多艘，由厦门出发，经澎湖往台湾出击。经过8个月的战斗，1662年2月，荷兰殖民者被迫在投降书上签了字，被荷兰殖民者侵占了38年的台湾，终于又回到了祖国的怀抱。

阿里山

台湾故宫博物院

风物链接

台湾故宫博物院

位于台北市北基隆河北岸，士林镇外双溪，建于1962年。主体为中国宫殿式建筑，前有牌坊，后有文物贮藏库，富有民族特色。院藏文物主要是从北京故宫运来的部分文物珍品以及取自沈阳故宫、承德避暑山庄的旧藏。院内典藏了历代文物艺术精粹，包括书画、铜器、瓷器、玉器、漆器、雕刻、善本图书、文献档案等等，品类丰富，多达65万件，展现了中华文化源远流长的光辉历史。院内还提供中、英、法、德、日、西、韩等七国语言专业导览。

阳明山自然公园

位于台北市北郊，七星山之南，磺溪上游。原名草山，台湾光复后为纪念王阳明先生而改名。以大屯山、七星山为中心，是火山、硫磺、温泉的聚集地。集森林、山泉、瀑布、游憩为一体，有中山楼、七星山、阳明山庄、梦幻湖、马槽温泉、龙凤谷、硫磺谷、擎天岗等风景点。

太鲁阁自然公园

位于花莲县北境立雾溪谷内。从牌楼进入，处处是美景。以高山、峡谷最负盛名，尤其是公园的中横公路太鲁阁至天祥一带的立雾溪谷，两岸全是大理石岩层，长达20公里，最为壮观。东段主要风景区有清水断崖、长春祠、布洛湾、九曲洞、太鲁阁等。

赤嵌楼

位于台南市区，是一座极富民族风格的建筑。原为荷兰人建于明永历年间。因墙砖为红色，故名。清同治元年（1862年）毁于大地震，光绪年间重建。赤嵌楼是一座具有历史意义的名胜古迹，1661年郑成功率军收复台湾失地时，即以此为指挥部，现在楼内陈列有荷兰人的投降书和郑成功与荷军作战等珍贵历史资料。楼前广场中心建有郑成功接受荷军降书的雕塑。

特产快递

珊瑚

台湾盛产珊瑚，产量约占世界总量的80%。珊瑚是珊瑚虫的分泌物及其遗体所构成的，外形似树枝，生活在热带和亚热带海底岩礁上。其中以红珊瑚和黑珊瑚最为珍贵。产于深海底的硬珊瑚可以雕琢成戒指、项链等珍贵饰品；产于浅海底的软珊瑚主要供观赏用。珊瑚可入药，有定惊、明目之功效。

台湾苏铁

亦称铁树、凤尾松、凤尾蕉，是世界上稀有树种，叶集生茎顶，外形与椰子相似，干茎直立。是原始的裸子植物，故有"活化石"之称。

中山堂

曾是清朝布政使司衙门，统筹全台财政。在台湾割让给日本时，是台湾民主国总统府所在地。日本人据台初期，在此地设立总督府；中期建公会堂，成为民众集会场所。台湾光复后，这里不但继续提供民众做各项聚会活动，而且成为光复初期惟一的音乐厅。

指南宫

位于政大后山约2公里的猴山腰上，俗称仙公庙，建于清光绪七年（1881年），主祀吕洞宾，是台湾著名的道教胜地。庙宇建筑分正殿、凌霄宝殿、大雄宝殿及大成殿四部分。自山麓至宫前有1000级石阶，可一览台北市容。

佛光山

位于高雄县大树乡兴田村兴田路153号，是台湾信众最多、最负盛名的佛教圣地，仅农历大年初一至十五日开放朝山。寺院建筑规模宏伟，大雄宝殿、大悲殿、大智殿及大愿殿是四幢主要建筑。佛光山最具特色的是大佛城，其中接引大佛高20米，为佛光山的地标。另有480尊小接引佛环立其下。

玉　山

地处中央山脉中央，为台湾第一高峰，海拔3952米，因山顶常年积雪，远望如玉而得名。玉山挺拔高峰，以其拔萃东南的高度、磅礴大气的雄姿、若银似玉的姿容和热带雪山的奇观而吸引众多的游人。此外，玉山的云瀑、日出、林涛也十分著名。

安平古堡

位于台南市安平镇，乃荷兰人据台时期所建城堡。1661年郑成功率军攻克此地后，作为承天府署，属台湾省一级重点文物保护单位，见证了台湾300多年来的沧桑历史。

香　菇

台湾树木繁盛，有极适合香菇生产的条件。人工培育香菇亦有40多年的历史。台湾产的香菇色泽光亮，个大肉厚，品味纯正，在世界上极负盛名。

香　蕉

堪称“果王”。台湾香蕉除了香甜之外，还具有果形优美、果色纯正、大小适中、整齐的特点。

蝴　蝶

台湾有“蝴蝶王国”之称，已发现的蝴蝶品种达400多种。其中宽尾凤蝶、大紫蛱蝶和珠光凤蝶是台湾最大的蝶类，成蝶展翅达12～15厘米，在阳光下飞舞时金光灿烂，光彩夺目。

图例 LEGEND

分省图

★	首都		世界遗产
	省级行政中心		联合国“人与生物圈”保护区
	地级行政中心		国家重点风景名胜区
	县级行政中心		国家级自然保护区
(在建)	高速公路		国家级森林公园
	铁路		国家地质公园
207	国道及编号		景点
	省道	天山	山脉
	国界	▲2141	山峰及高程
	未定国界		机场、港口
	省级行政区界		常年河、时令河
	香港特别行政区界		常年湖、时令湖

城市图

★ ★	政府驻地		绿地、公园
	铁路及车站		景点
	地铁及车站		宾馆、大厦
	环线		医院
	繁华路段		汽车站
	高速公路	文	学校

景区图

	景点	108	国道
	亭、寺、庙		公路
▲	山峰		景区便道